城市轨道交通工程
常见质量问题控制指南

住房城乡建设部工程质量安全监管司　组织审定

江苏省住房和城乡建设厅
苏州市轨道交通集团有限公司　组织编写
住房城乡建设部城市轨道交通工程质量安全专家委员会

中国建筑工业出版社

图书在版编目(CIP)数据

城市轨道交通工程常见质量问题控制指南/住房城乡建设部工程质量安全监管司组织审定．—北京：中国建筑工业出版社，2015.10

ISBN 978-7-112-18305-0

Ⅰ.①城… Ⅱ.①住… Ⅲ.①城市铁路—铁路工程—工程质量—质量控制—指南 Ⅳ.①U239.5-62

中国版本图书馆 CIP 数据核字（2015）第 172912 号

本书针对城市轨道交通工程常见的质量问题进行系统性分析、研究，从人员、机械、材料、方法和环境等方面进行了原因分析，并从管理制度、管理手段、技术方案等方面提出了预防和控制方法。本书按车站工程，区间工程，车辆段、停车场及基地工程，供电、轨道及系统工程，编制了4篇15章共150个常见质量问题的问题描述、原因分析、标准及控制措施。

本书可作为广大城市轨道交通工程从业人员质量管理的参考资料，也可作为轨道交通工程质量管理人员、一线班组质量培训的教材。

责任编辑：刘　江　范业庶　万　李
责任设计：李志立
责任校对：李美娜　赵　颖

城市轨道交通工程常见质量问题控制指南

住房城乡建设部工程质量安全监管司　组织审定

江苏省住房和城乡建设厅
苏州市轨道交通集团有限公司　组织编写
住房城乡建设部城市轨道交通工程质量安全专家委员会

*

中国建筑工业出版社出版、发行（北京西郊百万庄）
各地新华书店、建筑书店经销
北京永峥有限责任公司制版
北京市密东印刷有限公司印刷

*

开本：850×1168 毫米　1/16　印张：12¾　字数：354 千字
2015 年 10 月第一版　2015 年 10 月第一次印刷
定价：**45.00** 元

ISBN 978-7-112-18305-0
（27541）

本书编审委员会

主　　编： 徐学军

副 主 编： 张大春　蔡　荣

编写人员： 徐学军　张大春　朱　伟　蔡志军
蔡　荣　石平府　张　俭　俞菱庆
刘农光　朱　宁　王健男　王效文
郭　建　罗跟东　陈　贵　朱绍伟
王华兵　朱炎兵　梁志恒　林昶隆
肖　俊　路明鉴　王　辉　查红星
胡有宝　徐　铭　李　海　刘光伟
余　强　许琼果　倪　端　张建鹏
郭耀雄　杨　能　陈　鹏　魏良丰
胡家明　许明博　卢红标　连慧亮
王　鹏　刘永勤

审　　稿： 金　淮　鲁　屹　杨和平　姚春桥
吴鸿军　马天文　张金荣　崔天麟

序

近年来，我国城市轨道交通工程建设不断提速。目前，国务院批复了39个城市的近期建设规划，总里程6300多公里，总投资额接近3.3万亿元，大部分工程将于2020年前建成。未来几年，城市轨道交通工程建设仍将保持高速发展态势。

城市轨道交通多为地下工程，地质条件和周边环境复杂，工程技术难度高，各地尤其是新开始建设轨道交通工程的城市普遍面临着经验不足，技术管理人才缺乏，一线作业人员技能欠缺等问题，亟需加强人员培训。为指导和规范地方培训工作，2015年住房城乡建设部工程质量安全监管司组织专家编纂了城市轨道交通工程质量安全风险控制系列培训手册。编审人员广泛征求意见，充实内容，数易其稿，力求完善。

本套培训手册共分四册，即：《城市轨道交通工程安全风险管理体系构建指南》、《城市轨道交通工程地质风险分析与对策》、《城市轨道交通工程常见质量问题控制指南》、《城市轨道交通工程设备安装调试作业指南》。手册注重实操性，图文并茂、案例详实。既介绍法律法规、标准规范，又分析工程实践重点和难点；既阐释专业技术知识，又剖析常见问题和薄弱环节；力求学以致用，解决实际问题。

本系列手册适用于城市轨道交通工程建设主管部门和有关企业组织开展的针对技术管理和一线操作人员的培训工作。旨在让有关人员了解质量安全风险控制的重点难点和变化规律，强化各项措施落实，提高风险控制能力，确保工程质量安全水平。

住房城乡建设部　副部长：

2015年10月

前　　言

为适应我国城市轨道交通快速发展的需要，进一步提高城市轨道交通工程常见质量问题的防治和控制水平，住房城乡建设部工程质量安全监管司组织编制了《城市轨道交通工程常见质量问题控制指南》。

本书是在住房城乡建设部《城市轨道交通工程常见质量问题及控制研究》课题研究成果的基础上，由江苏省住房和城乡建设厅组织苏州市轨道交通集团有限公司等有关单位和人员编制而成。本书编写组以国家现行法律法规、技术标准等为依据，在广泛调研我国在建城市轨道交通工程常见质量问题的基础上，认真总结国内城市轨道交通建设多年质量管理的实践经验和科研成果，根据《城市轨道交通建设工程验收管理暂行办法》（建质〔2014〕42 号）文件规定，按照车站工程，区间工程，车辆段、停车场及基地工程，供电、轨道及系统工程，编制了 4 篇 15 章共 150 个常见质量问题，分别就问题描述、原因分析、标准及控制措施等方面进行论述。

本书主要针对实体工程存在的质量问题和质量缺陷进行研究，就常见质量问题从人员、机械、材料、方法和环境等方面进行了原因分析，并从管理制度、管理手段、技术方案等方面提出了预防和控制方法，对于临时结构等存在的质量问题，不在本书研究范围之内。

本书编写的特点是：贯彻“抓住重点、问题导向、力求实用”的原则，对城市轨道交通工程常见的质量问题进行系统性分析、研究，提出具体防控措施，注意了与有关规范、标准的衔接，但又有关照与补充，可作为广大轨道交通从业人员质量管理的参考资料，也可作为广大轨道交通工程质量管理人员、一线班组质量培训的教材。

由于编者水平有限，在质量问题分析中难免有遗漏和不妥之处，恳请读者批评指正。

本书编审委员会

2015 年 10 月

目　　录

第1篇　车站工程

城市中修建地下车站，其施工方法受到地面建（构）筑物、道路、管线、地质条件、环境保护、施工机具以及资金条件等多重因素的影响，因此所采用的施工方法也不尽相同。施工方法的选择应综合考虑工程的性质、规模、地质、水文条件、地面和地下障碍物、施工设备、环保以及工期要求等因素，经全面的技术经济比较后确定。

地下车站工程主要有明挖法（有围护结构、无围护结构）、盖挖法（盖挖顺做、盖挖逆做、盖挖半逆做）和浅埋暗挖法三种。

本章节按照车站工程所含主体结构、建筑给（排）水、建筑电气、通风空调及装饰装修等分部工程的施工工艺和工法进行编制，另外，增加了电梯、屏蔽门及人防工程常见质量问题控制。

第1章　车站主体结构工程

目前，国内外城市轨道交通建设中，车站主体结构中明挖、盖挖和暗挖车站均设置有围护结构，围护结构中地下连续墙围护结构有时兼作车站主体结构。

明挖车站是先从地表向下开挖基坑至设计标高，然后在基坑内的预定位置由下而上建造主体结构及其防水措施，最后回填土并恢复路面。作为地铁车站常用施工方法，其常见质量问题较为普遍。

盖挖车站是先盖后挖，即先由地面向下开挖至一定深度后，将顶部封闭，其余的下部工程在封闭的顶盖下进行施工。其中逆作法混凝土结构的水平施工缝的处理较为困难（易漏水）。其常见质量问题多发在施工缝、后浇洞口及预埋件等方面。

暗挖车站是在城镇软弱围岩地层中，在浅埋条件下修建的地下车站，以改造地质条件为前提，以控制地表沉降为重点，以格栅（或其他钢结构）和锚喷作为初期支护手段，遵循“新奥法”大部分原理，按照“十八字”原则（即管超前、严注浆、短开挖、强支护、快封闭、勤量测）进行隧道的设计和施工。浅埋暗挖法不允许带水作业，如果含水地层达不到疏干条件而带水作业，开挖面的稳定性将时刻受到威胁，甚至发生塌方事故。其常见质量问题多发在开洞门、洞身掘进、初期支护、钢管柱安装等方面。

高架车站较地下车站，因其投资小、建设周期短、运营成本相对低廉，而广泛使用在市郊线或大城市的市郊段，钢结构安装、预应力施工、混凝土灌注等是其质量控制的重点。

1.1　地下连续墙渗漏水

1.1.1　存在问题及现象描述

地下连续墙墙体或接缝处渗水、漏水、漏砂（图1.1-1）。

1.1.2　原因分析

1.1.2.1　墙体混凝土灌注过程中，由于槽壁坍塌或者杂土落入，导致地下连续墙墙体夹泥，在开挖过程中，夹泥位置的泥土受坑外水土压力溢出，形成通道，发生渗漏水。

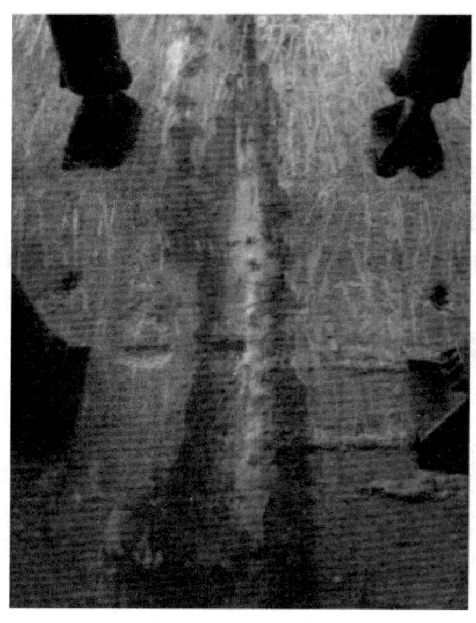

图1.1-1　地下连续墙接缝处渗漏水

1.1.2.2　墙体混凝土灌注过程中，出现混凝土灌注中断，导致墙体出现冷缝，形成渗漏水通道，在开挖过程中发生渗漏水。

1.1.2.3　墙体混凝土灌注过程中，发生导管堵塞、导管脱落、导管卡在钢筋笼中等问题，在处理导管的过程中，已初凝的混凝土或导管内混凝土直接落入槽段中，导致墙体出现冷缝或蜂窝，形成渗漏水通道，导致开挖过程中发生渗漏水。

1.1.2.4　由于槽段接头清刷不彻底，造成先后施工的地下连续墙接缝中的泥皮、渣土等有残留，导致在混凝土灌注完成后，地下连续墙接缝夹泥，在开挖过程中，夹泥位置泥土受坑外水土压力作用脱落，形成通道，发生渗漏水。

1.1.2.5　由于成槽垂直度偏差过大，先后施工的地下连续墙在下部发生错位，导致地下连续墙接缝处分叉，分叉处出现漏水、漏砂现象。

1.1.2.6　混凝土灌注时发生绕流，对绕流混凝土处理不彻底而造成侧壁清刷困难，或锁口管没有锁定而落入槽内，导致无法拔出，地下连续墙接缝处在基坑开挖后发生渗漏。

1.1.2.7　支撑不及时，造成地连墙变形过大，致使地连墙接缝拉裂而漏水。

1.1.3　标准及控制措施

1.1.3.1　避免地下连续墙墙体夹泥。

1　在地下连续墙的施工过程中，保持导墙四周地表清洁，确保无杂土掉落槽段中。

2　做好清槽换浆，确保刷壁效果，避免出现接缝夹泥。

3　确保混凝土灌注前和灌注过程中泥浆性能满足表1.1-1中的循环泥浆各项指标要求。在混凝土灌注过程中，每车混凝土测一次坍落度，每拆两节导管测一次泥浆密度。

4　施工过程中，施工技术人员应严格执行24h值班制度，混凝土灌注过程，监理应旁站监督。

5　钢筋笼的吊装、下放和连接应紧凑，避免停滞时间过长，以减小混凝土灌注前孔底沉渣厚度，避免破坏侧壁泥皮。

6　钢筋笼入槽就位后，混凝土灌注前必须进行二次清底，沉渣厚度不得超过100mm。

地下连续墙成槽泥浆参数表　　表 1.1-1

泥浆性能	新配置		循环泥浆		废弃泥浆		检验方法
	黏性土	砂性土	黏性土	砂性土	黏性土	砂性土	
密度（g/cm^3）	1.04～1.05	1.06～1.08	<1.10	<1.15	>1.25	>1.35	密度计
黏度（s）	20～24	25～30	<25	<35	>50	>60	漏斗计
含砂率（%）	<3	<4	<4	<7	>8	>11	洗砂瓶
pH 值	8～9	8～9	>8	>8	>14	>14	试纸

7　槽段垂直度检测：用超声波测壁仪器在槽段左中右三个平面位置分别入槽扫描槽壁壁面，扫描记录中壁面最大凸出量或凹进量（以导墙面为扫描基准面）与槽段深度之比即为壁面垂直度，三个位置的平均值即为槽段壁面平均垂直度。槽段垂直度的表示方法为：X/L。其中 X 为壁面最大凹凸量，L 为槽段深度。允许偏差为 1/300。

8　对于灌注混凝土时的局部坍孔，可将沉积在混凝土上的泥土用吸泥机吸出，继续灌注。

1.1.3.2　保证混凝土连续供应和连续灌注。

1　施工前与商品混凝土搅拌站签订混凝土连续供应协议，并签约备用商品混凝土搅拌站，确保混凝土连续供应。

2　制定施工现场混凝土连续灌注专项应急预案，确保出现泥浆外运、设备故障、停水、停电以及其他可能导致混凝土不能连续灌注的突发状况时，按事先制定的对策进行有效故障排除，确保混凝土连续灌注。

3　坚持施工技术人员到混凝土搅拌站驻场制度，确保混凝土原材料质量符合配合比要求，还应满足水下混凝土的施工要求，具有良好的和易性和流动性。混凝土配比中水灰比一般小于 0.6，坍落度控制在 18～22cm。对不符合配合比要求的混凝土坚决退场，不得使用。

1.1.3.3　保证导管不脱落、不堵管。

1　严格验收钢筋笼，确保导管仓加强筋按要求制作。导管拼装过程中需有专人进行监督，导管拼接满足气密性要求、拼接牢固。施工过程中，再次检查导管仓，割除影响导管通道的措施钢筋，保证导管上下容易，不被卡滞。

2　控制首次混凝土灌注的用量，保证埋管深度不小于 500mm。

3　实测槽孔混凝土灌注时的混凝土顶面深度，计算导管埋深，确保导管埋入混凝土中的深度保持在 1.5～3.0m 之间，及时按导管埋入混凝土的要求深度进行拔、拆导管，以防导管埋入混凝土过深，导致堵管事件发生，并防止导管被拔出。

4　控制两导管灌注混凝土面的高差不应大于 0.5m，避免出现墙体夹泥现象。

5　坚持每车混凝土测坍落度，并观察混凝土中粗骨料的最大粒径，要求混凝土中粗骨料的最大粒径不超过 25mm。

1.1.3.4　避免地下连续墙因未封闭发生渗漏。

1　为控制混凝土绕流，钢筋笼加工时应在有型钢一侧设防绕流的铁皮。

2　带型钢接头的施工缝，应采用接头箱封闭接头，并在外侧回填土袋，以防止绕流。

1.1.3.5　基坑开挖时，及时安装支撑，以避免支撑不及时造成的连续墙变形过大。

1.2　地下连续墙露筋

1.2.1　存在问题及现象描述

地下连续墙保护层厚度不足，钢筋外露（图 1.2-1）。

图 1.2-1　地下连续墙表面露筋

1.2.2　原因分析

1.2.2.1　槽段开挖宽度小于设计值。

1.2.2.2　槽壁开挖完成至混凝土灌注前产生缩孔。

1.2.2.3　钢筋笼吊放或者混凝土灌注前塌孔。

1.2.2.4　钢筋笼吊放偏向槽段内侧，导致基坑开挖面钢筋保护层厚度不足。

1.2.2.5　槽壁垂直度未达到设计及规范要求，或者钢筋笼变形，钢筋笼在吊放后，部分钢筋紧贴开挖面一侧，造成露筋。

1.2.2.6　清孔质量较差，泥浆浓度大，不稳定，灌注混凝土时无法将泥浆挤出钢筋形成包裹。

1.2.3　标准及控制措施

1.2.3.1　保证内外导墙间距的偏差在 ±10mm 以内，并合理选用成槽机抓斗，确保成槽宽度满足设计要求。

1.2.3.2　保证混凝土灌注前，槽壁不缩孔。

1　控制泥浆的各项指标，灌注混凝土前再次清孔换浆，避免槽段缩孔。

2　尽量缩短成槽完成至钢筋笼吊放及钢筋笼吊放完成至混凝土开始灌注的时间间隔。

3　钢筋笼下放时，应沿设计位置缓慢下放，避免擦碰开挖面槽壁泥皮，破坏泥浆护壁的效果。

1.2.3.3　钢筋笼质量可靠和起吊应规范。

1　施工现场设立专门的钢筋笼制作平台，保证钢筋笼有足够的刚度，钢筋笼焊接质量应符合设计要求，避免钢筋笼起吊变形。

2　钢筋笼两侧的保护垫块的尺寸、刚度、厚度、数量及位置应满足设计要求，对于粉细砂层等不利地层，应增大保护层钢板的面积和数量。

3　在钢筋笼吊放过程中，应准确定位钢筋笼位置，待钢筋笼稳定在设计位置后，再缓缓吊放钢筋笼，并保证钢筋笼下放至槽段底部时，开挖面和迎土面的钢筋保护层厚度满足设计要求。

4　若在吊放钢筋笼时，导致槽壁塌方，应停止钢筋笼吊放，吊出钢筋笼，清除槽底的淤泥和沉渣后方可继续吊放钢筋笼。

1.2.3.4　钢筋笼吊放完成后立即安排导管安装及后续的混凝土灌注施工，尽量缩短钢筋笼吊放完成至混凝土开始灌注的时间间隔，避免因间隔时间过长导致塌孔。

1.2.3.5　针对工程地质和水文特点，合理选用成槽设备，并做好试成槽的施工参数设定，保证成槽垂直度在 3‰H 的范围内，如果垂直度偏差超过 3‰H，则必须对槽壁进行修正，垂直度满足设计要求后，方可进入下道工序施工。

1.2.3.6　槽段的清底要求。

1　除某些土层能自行造浆外，一般应选用优质黏土来制浆，黏土的塑性指数 $I_p > 20$，含砂率 $<5\%$，有条件时或设计有特殊要求时，应选用膨润土。

2　拌制泥浆前，应根据地质条件、成槽方法和用途等进行泥浆配合比试验，试验合格后，方可使用。

3　泥浆池的容积应不小于每一单元槽段挖土量的 2 倍。

4　槽内泥浆面应高于地下水位 0.5m 以上，亦不应低于导墙顶面 0.3m。

5　清孔后距孔底 0.2～1m 处的泥浆密度应控制在 1.1 左右；对于土质较差的砂土层和砂夹卵石层，清孔后孔底泥浆的密度宜为 1.15～1.25，清孔后孔底泥浆的含砂率应 ≤10%，黏度应 ≤28s。

1.3　地下连续墙侵限

1.3.1　存在问题及现象描述

地下连续墙错台、向基坑内侧偏斜、侵限。

1.3.2　原因分析

1.3.2.1　成槽垂直度允许偏差超过规范允许值（图 1.3-1）。

1.3.2.2　导墙外放尺寸不足，一般情况应大于开挖深度的 3‰。

1.3.2.3　混凝土灌注前槽壁塌孔，钢筋笼偏向基坑内侧。

1.3.2.4　导墙埋入不深，底部未插入原状土层中，墙背回填土不密实，拆模后未加木支撑且暴露时间过长向内倾斜，与地墙中心线不平行；养护措施不得当、不及时、混凝土养护龄期不足受力导致开裂；便道与导墙净距不够，其承载力不足，被压坏下陷而损坏。

图 1.3-1　地下连续墙侵限

1.3.3　标准及控制措施

1.3.3.1　严格控制导墙面垂直度。

1.3.3.2　成槽垂直度严格控制在 3‰H 以内。

1.3.3.3　优选纠偏能力强的成槽施工设备，施工过程中及时修正槽壁垂直度。

1.3.3.4　导墙中心线应按 3‰开挖深度进行外放，确保地下连续墙不侵限。

1.3.3.5　在钢筋笼吊放过程中，应准确定位钢筋笼位置，待钢筋笼稳定在槽段设计位置上方后，再缓缓下放钢筋笼。

1.4　地下连续墙鼓包

1.4.1　存在问题及现象描述

地下连续墙墙面不平整、有鼓包，墙面平整度大于 30mm（图 1.4-1）。

图 1.4-1　地下连续墙鼓包

1.4.2　原因分析

1.4.2.1　土层中存在地基土未压实、局部水囊、障碍物等，导致成槽过程中塌方。

1.4.2.2　护壁泥浆质量缺陷，成槽过程中槽壁塌方。

1.4.2.3　地质和泥浆原因，导致成槽过程中地下连续墙表面不平整。

1.4.3　标准及控制措施

1.4.3.1　加强前期地基处理质量控制，确保地下障碍物全部处理完成，且用黏土分层回填压实，必要时在回填土中拌 5% 的水泥或石灰，以保证成槽过程中槽壁稳定。

1.4.3.2　保证混凝土灌注前，槽壁不塌方。

1　控制泥浆的各项指标，避免塌方。

2　尽量缩短成槽完成至钢筋笼吊放和钢筋笼吊放完成至混凝土开始灌注的时间间隔。

3　钢筋下放时，应沿设计位置缓缓下放，避免擦碰开挖面槽壁泥皮，破坏泥浆护壁的效果。

1.4.3.3　针对工程地质和水文地质特点，合理选用成槽设备，并做好试成槽的施工参数设定。

1.4.3.4　不良地质地段，在地下连续墙槽壁两侧宜采用三轴搅拌桩进行加固。

1.5　混凝土结构露筋

1.5.1　存在问题及现象描述

混凝土结构主筋、分布筋或箍筋裸露在结构构件表面。

1.5.2　原因分析

1.5.2.1　灌注混凝土时，钢筋保护层垫块移动、脱落或漏放，致使钢筋紧贴模板。

1.5.2.2　结构构件截面小，钢筋间距小，石子卡在钢筋之间，使水泥砂浆不能充满钢筋周围，造成露筋（图 1.5-1）。

1.5.2.3　混凝土配合比设计不当、未按照配合比进行拌制，或运输过程中不当操作，产生离析，导致钢筋外露。

1.5.2.4　振捣时间短，造成成型混凝土存在蜂窝、孔洞，导致钢筋外露。

1.5.2.5　由于振捣棒撞击钢筋及施工人员踩踏钢筋等情况，致使钢筋位移，造成露筋现象。

1.5.2.6　灌注混凝土前，木模板未浇水湿润或涂刷隔离剂，造成吸水粘结，或脱模过早，导致混凝土缺棱、掉角，钢筋外露（图 1.5-2）。

图 1.5-1　钢筋密集处露筋

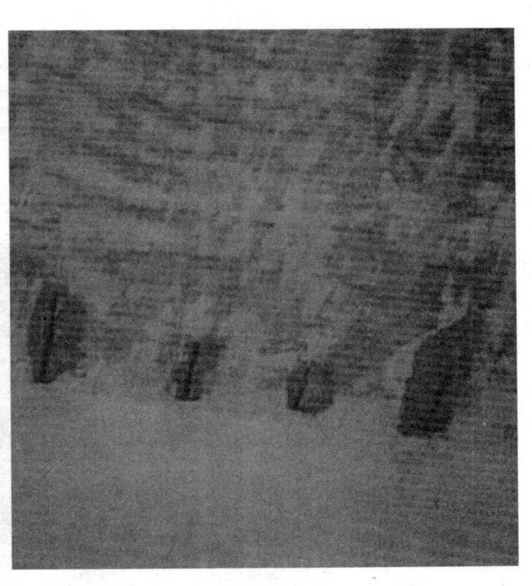

图 1.5-2　板底拆模后露筋

1.5.3　标准及控制措施

1.5.3.1　应按照现行国家标准《混凝土结构工程施工质量验收规范》GB 50204 及《混凝土结构工程施工规范》GB 50666 的规定进行施工。灌注混凝土时应保证钢筋位置和保护层厚度正确，并加强检验检查，保证垫块数量（一般按照 1m×1m 的间距梅花状布置）。

1.5.3.2　钢筋混凝土结构钢筋较密集时，要选配适当石子，以免石子过大卡在钢筋处。在普通混凝土难以灌注的部位，可采用同配比细石混凝土灌注。

1.5.3.3　严格执行施工单位和监理单位的商品混凝土驻场管理制度，严把材料加工源头关，不符合要求的混凝土不予出场放行；对进入现场的混凝土，执行每车必检的规定，不符合要求的混凝土，不允许使用在工程上。

1.5.3.4　混凝土灌注前做好交底工作，在灌注过程中，加强人员检查，杜绝漏振和过振现象的发生。

1.5.3.5　振捣时严禁振动钢筋，防止钢筋变形位移，在钢筋密集处，可采用小型振捣棒进行振捣。灌注前，应铺设走道板，严禁直接踩踏钢筋成品。

1.5.3.6　正确掌握脱模时间，防止提早拆模，碰坏棱角。

1.6　混凝土结构蜂窝、麻面

1.6.1　存在问题及现象描述

蜂窝主要表现为混凝土结构局部出现酥散、气泡，无强度状态；麻面主要表现为混凝土局部表面出现缺浆和麻点，形成粗糙面。

1.6.2　原因分析

1.6.2.1　混凝土运输、灌注措施不当，造成石子与砂浆离析；模板缝隙不严密，造成水泥浆流失。

1.6.2.2　钢筋间距小，未振捣充分就继续灌注混凝土（图 1.6-1）。

1.6.2.3　混凝土漏振或振捣时间不够，气泡未充分排出。

1.6.2.4　模板表面粗糙或粘附的水泥浆、渣等杂物未清理干净，拆模时产生麻面。模板湿润度不够，构件表面混凝土的水分被吸收，使混凝土表面早期失水过多出现麻面（图 1.6-2）。

1.6.2.5　混凝土含气量过大，而且引气剂质量欠佳。

1.6.2.6　混凝土配合比不当，混凝土过于黏稠，振捣时气泡很难排出。

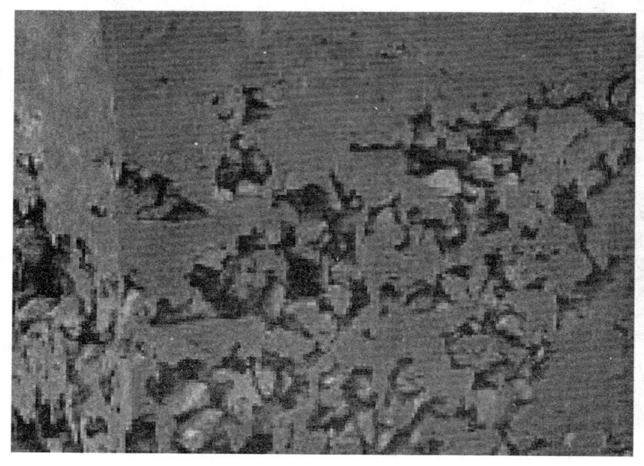

图 1.6-1　混凝土表面出现蜂窝

图 1.6-2　混凝土表面麻面

1.6.3　标准及控制措施

1.6.3.1　应按照现行国家标准《混凝土泵送施工技术规程》JGJ/T 10 中的规定执行。模板及支撑必须具有足够的刚度、强度和稳定性，模板表面清洁平整，均匀涂刷隔离剂。模板安装应横平竖直，做到接缝严密，不漏浆。

1.6.3.2　在混凝土灌注前先清理模板内的杂物，并用水湿润模板，防止混凝土溅落在模板上。严禁向混凝土中加水，严格控制混凝土的坍落度。

1.6.3.3　振动棒要快插慢拔，插点要均匀，避免直接振捣钢筋模板。随浇随振，严禁漏振现象，确保振捣密实，无气孔，可适当进行复振。

1.6.3.4　灌注高度超过 2m 时，应采用串筒、溜槽或振动溜管等进行送料。

1.6.3.5　选择使用优质的引气剂。

1.6.3.6　降低混凝土黏稠度。

1.7　混凝土结构表面不平整

1.7.1　存在问题及现象描述

混凝土结构表面错台、凹凸不平。

1.7.2　原因分析

1.7.2.1　模板外支撑不牢固，混凝土灌注过程中出现局部模板变形引起的外形走样（图 1.7-1）。

1.7.2.2　模板支撑基础没有承载上部荷载的承载力，混凝土灌注过程中模板整体移位或局部变形，造成现浇结构混凝土错台、表面不平整。

1.7.2.3　混凝土灌注过程中振捣器靠模板太近，过振造成模板变形、移位。

1.7.2.4　施工缝处模板连接不牢固，产生错台现象（图 1.7-2）。

图 1.7-1　侧墙模板变形

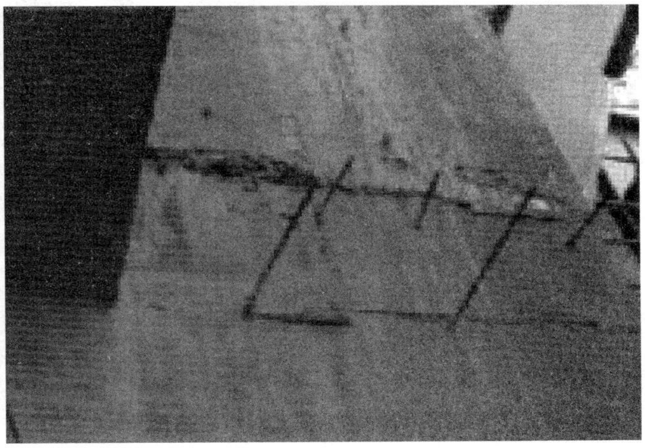

图 1.7-2　施工缝处错台

1.7.2.5　混凝土梁板同时灌注，未采用平板振捣器振捣，标高控制未采取措施，未按规范进行二次收面，导致混凝土表面不平整。

1.7.2.6　混凝土未达到一定强度就上人操作或运输材料，导致混凝土板表面出现凸凹不平的现象。

1.7.3　标准及控制措施

1.7.3.1　应按照现行国家标准《混凝土结构工程施工质量验收规范》GB 50204 及《混凝土结构工程施工规范》GB 50666 的规定进行施工。

1.7.3.2　模板安装时外支撑加固应牢靠，模板接缝处应采取企口或夹双面胶条的措施保证拼接严密。每次模板安装过程中现场技术员应跟班检查，模板安装完成后必须在技术负责人及监理验收合格后方可进行下步施工。

1.7.3.3　混凝土板面应采用平板式振捣器在其表面进行振捣，大面积混凝土应分段振捣，相邻两段之间应搭接振捣 5cm 左右。混凝土收面应严格执行二次收面。

1.7.3.4　控制混凝土板灌注厚度，除在模板四周弹墨线外，还可用钢筋或木料做成与板厚相同的标记，设置在灌筑地点附近，振捣方向宜与浇灌方向垂直，使板面平整，厚度一致。

1.7.3.5　混凝土终凝后，必须在混凝土强度达到 1.2N/mm^2 以后，方可在现浇结构上走动。

1.7.3.6　混凝土模板应有足够的稳定性、刚度和强度，支承结构必须安装在坚实的地基上，并有足够的支承面积，以保证灌注混凝土时不发生下沉。

1.8　混凝土结构施工缝渗漏水

1.8.1　存在问题及现象描述

施工缝处混凝土骨料集中，混凝土酥松，接槎明显，沿缝隙处渗漏水（图 1.8-1）。

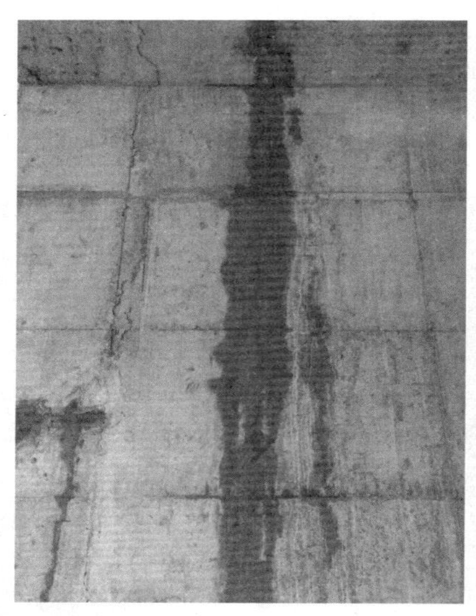
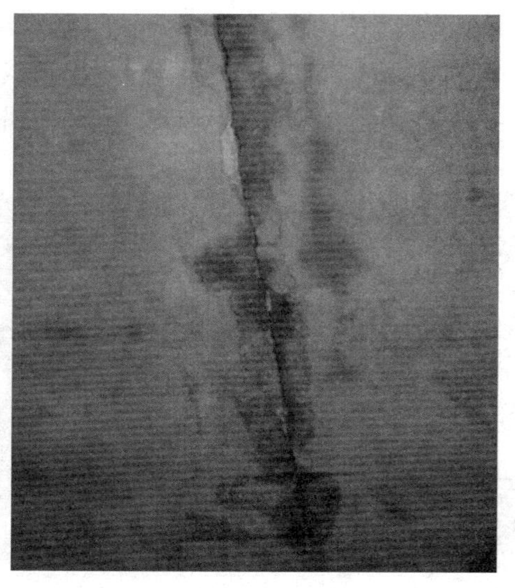

图 1.8-1　施工缝渗漏水

1.8.2　原因分析

1.8.2.1　施工缝旧混凝土面未凿毛，残渣清理不彻底，新旧混凝土结合不牢。

1.8.2.2　在支模和绑扎钢筋过程中，锯末、铁钉等杂物掉入缝内未及时清除，灌注上层混凝土后在新旧混凝土之间形成夹层。

1.8.2.3　施工缝未做企口或没有安装止水钢板。

1.8.2.4　下料方法不当，骨料集中于施工缝处。

1.8.2.5　混凝土墙体单薄，钢筋密集，振捣困难。

1.8.2.6　灌注上层混凝土时，未预先在施工缝处铺设一层水泥砂浆或涂刷一层水泥基渗透结晶型防水材料，上下层混凝土不能牢固粘结。

1.8.3　标准及控制措施

1.8.3.1　防水混凝土结构设计，其钢筋布置和墙体厚度应充分考虑施工的方便性，便于保证施工质量。

1.8.3.2　防水混凝土应连续灌注，少留置施工缝。当需留置施工缝时，水平施工缝不应留在剪力与弯矩最大处或底板与侧墙交接处，应留在高出底板表面不小于 30cm 的墙体上。

1.8.3.3　认真清理施工缝，凿除表面浮浆和松散的骨料，用钢丝刷或錾子将旧混凝土面凿毛，并用压力水冲洗干净，且不得有积水。预先在施工缝处铺设一层水泥砂浆或涂刷一层水泥基渗透结晶型防水涂料。

1.8.3.4　混凝土应采用补偿收缩混凝土，即在混凝土中按水泥重量掺入 UEA 或 WG-HEA 微膨胀剂。

1.8.3.5　灌注上层混凝土前，木模板润湿后，先在施工缝处灌注厚度 25 ~ 30mm 与混凝土同配比去石子的水泥砂浆，增强新旧混凝土粘结。

1.8.3.6　加强施工缝处振捣频次和振捣质量控制，保证混凝土密实度满足要求。

1.8.3.7　钢板止水带须中置埋设，连接可采用搭接焊，搭接长度不小于设计图纸要求，且应满焊。钢边橡胶止水带、橡胶止水带接头应采用热接，不得叠接，接缝应平整牢固，不得有裂口或脱胶。

1.9　混凝土结构变形缝及诱导缝渗漏水

1.9.1　存在问题及现象描述

地下车站混凝土结构变形缝及诱导缝渗漏水。

1.9.2　原因分析

1.9.2.1　变形缝构造形式和材料未根据工程特点、地基或结构变形情况以及水压、水质和防水等级等条件去确定。

1.9.2.2　原材料未抽样复检。

1.9.2.3　橡胶止水带未采用热熔焊接，或塑料止水带接头没有挫成斜坡并粘结搭接或搭接长度不满足规范要求（图 1.9-1）。

1.9.2.4　变形缝及诱导缝处混凝土振捣不密实。

1.9.2.5　车站主体与附属接口部位在破除围护结构时未对预留防水材料进行有效保护，导致附属与主体间变形缝处止水带等防水材料破损（图 1.9-2）。

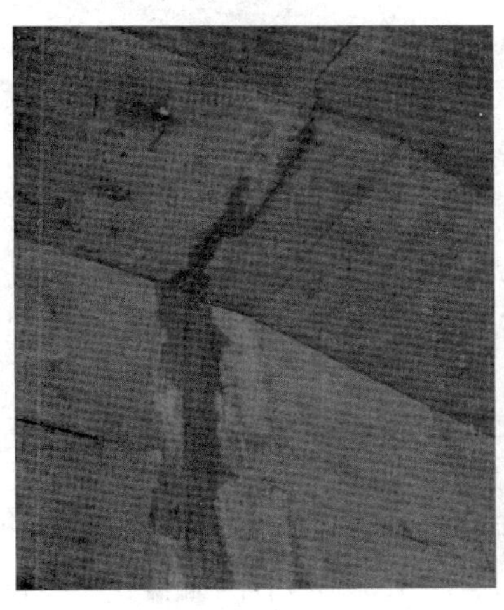

图 1.9-1　诱导缝处渗漏水

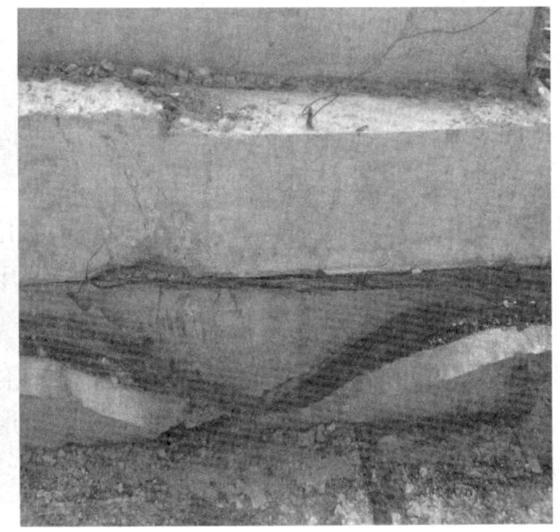

图 1.9-2　变形缝处止水带破损

1.9.3　标准及控制措施

1.9.3.1　地下车站的变形缝宜设置在结构截面的突变处、地面荷载的悬殊段和地质明显不同的地方，不得设置在结构的转角处。

1.9.3.2　地下车站宜尽量减少变形缝及诱导缝。当必须设置时，应根据该工程地下水压、水质、防水等级、地基和结构变形情况，选择合适的构造形式和材料。

1.9.3.3　地下防水工程在施工过程中，应保持地下水位低于防水混凝土以下 500mm 以上，并应排除地表水。变形缝及诱导缝施工应注意以下几点：

1　用木丝板和麻丝或聚氯乙烯泡沫塑料板作填缝材料时，木丝板或麻丝应经沥青浸湿，填缝前，先在缝内涂热沥青一道。

2　橡胶或塑料止水带，应经严格检查，如有破损，须经修补合格后，方可使用。金属止水带，焊缝应满焊严密，且搭接长度应符合规范的规定。

3　埋入式橡胶或塑料止水带，施工时严禁在止水带的中心圆圆环处穿孔，应埋设在变形缝横截面的中部，木丝板应对准圆环中心。

4　采用 BW 膨胀止水条嵌缝，止水条必须具有缓胀性能，规格一般为 20mm×30mm，亦可按缝宽在工厂预先订货。BW 止水条运输、贮存不得受潮、沾水，使用时，应防止先期受水浸泡膨胀。

5　底板埋入式橡胶（塑料）止水带，要把止水带下部的混凝土振捣密实，然后将铺设的止水带由中部向两侧挤压按实，再灌注上部混凝土。

6　墙体变形缝两侧，应分层灌注混凝土，并用插入式振动器分层振捣，切勿漏振或过振，振动棒应避免碰撞止水带。

7　表面附贴式橡胶止水带的两边，填防水油膏密封。金属止水带压铁上下应铺垫橡胶垫条或石棉水泥布，以防渗漏。

1.9.3.4　在施工主体结构时，应对钢边止水带等柔性防水材料，用薄钢板进行保护。

1.10　混凝土侧墙裂缝渗漏水

1.10.1　存在问题及现象描述

侧墙混凝土结构开裂、渗漏水（图 1.10-1）。

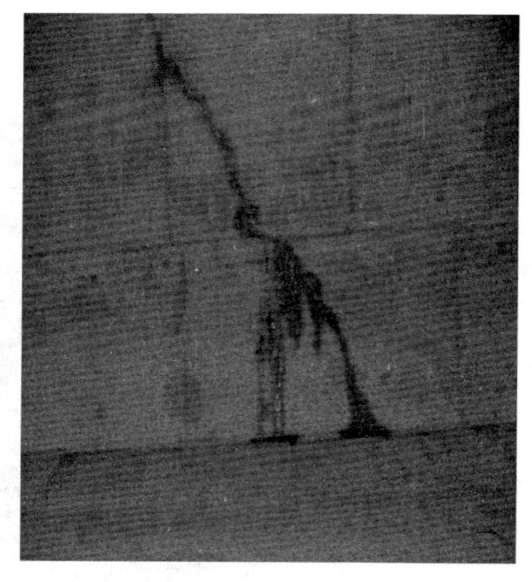

图 1.10-1　侧墙混凝土裂缝渗漏水

1.10.2　原因分析

车站结构侧墙渗漏水主要发生在混凝土结构裂缝处，结构裂缝主要可分为以下几类：

1.10.2.1　温度裂缝：大体积混凝土水泥水化热或环境温度变化较大的混凝土中，或两者的共同作用引起的裂缝。

1.10.2.2　塑性收缩裂缝：混凝土收缩主要有干燥收缩、塑性收缩和自身收缩三种，当这些收缩变形在混凝土内部引起的内应力超过混凝土的抗拉强度时，就会产生收缩裂缝。

1.10.2.3　干缩裂缝：由于混凝土养护不及时，水泥浆中水分蒸发产生干缩，导致混凝土结构产生裂缝，这种收缩是不可逆的。

1.10.2.4　化学反应裂缝：主要包含碱集料反应（AAR）引起的裂缝、钢筋锈蚀引起的裂缝等。

1.10.2.5　结构裂缝：主要包含超荷载作用、地基不均匀沉降、过度振动（如地震）引起的裂缝。

1.10.2.6　裂缝产生的主要原因：

1　模板及其支撑不牢，产生变形或局部沉降。

2　混凝土和易性差，灌注后产生分层，出现裂缝。

3　养护措施不及时及拆模不当，引起开裂。

4　主筋严重位移，使结构受拉区开裂。

5　混凝土初凝后受扰动，产生裂缝。

6　构件受力过早或超载引起裂缝。

7　基础不均匀沉降引起侧墙混凝土开裂。

8　混凝土灌注不连续、中断时间过长，因施工冷缝而产生裂缝。

9　防水混凝土的原材料未按配合比进行正确计量和复检。

1.10.2.7　混凝土搅拌不均匀，或水泥品种混用，收缩不一产生裂缝。

1.10.2.8　设计中，对土的侧压力及水压作用考虑不周，结构缺乏足够的刚度。

1.10.2.9　施工段设置过长，导致侧墙混凝土收缩裂缝。

1.10.3　标准及控制措施

混凝土裂缝预控的重点在于减少、控制或避免温度裂缝、干缩裂缝、塑性收缩裂缝和结构裂缝的产生，尤其要预控贯穿性裂缝的产生。可采取以下预控措施：

1.10.3.1　地铁车站的防水混凝土大多采用商品混凝土，应加强在原材料、施工配合比、称量、搅拌、坍落度、运输等方面的质量控制，并降低混凝土的单位用水量。

1.10.3.2　对掺入混凝土中的粉煤灰、膨胀剂和减水剂等各种外加剂，应做试验以确定其性能、掺量、对水泥的适应性、用水量和工艺等。

1.10.3.3　可在混凝土中掺入纤维（如聚丙烯纤维）减少混凝土早期的塑性裂缝。

1.10.3.4　在混凝土终凝前对底（顶、中）板表面用木抹子搓压至少三遍，以释放混凝土表面的收缩应力和消除塑性裂缝的产生，大体积混凝土采用分层连续灌注，合理采用降温法和保温法控制混凝土内外温差，并适当延长拆模时间。

1.10.3.5　内衬墙拆模后，施工缝凿毛清理后，随即涂刷两道水泥基渗透结晶型防水涂料，并及时浇水养护。

1.10.3.6　严禁在混凝土灌注过程中，用振捣棒振动钢筋，以防止裂纹的产生。

1.10.3.7　用促凝胶浆或氰凝灌浆堵漏（图 1.10-2）。

1.10.3.8　对不渗漏的裂缝，可用灰浆或用水泥压浆法处理。

1.10.3.9　严格按设计和规范要求设置施工段，严禁施工段长度超过设计要求进行设置。

1.10.3.10　在易产生裂缝的部位，采取加强措施（如采用增设暗梁、暗柱的方式），或采用混凝土微膨胀等补偿收缩的方法。

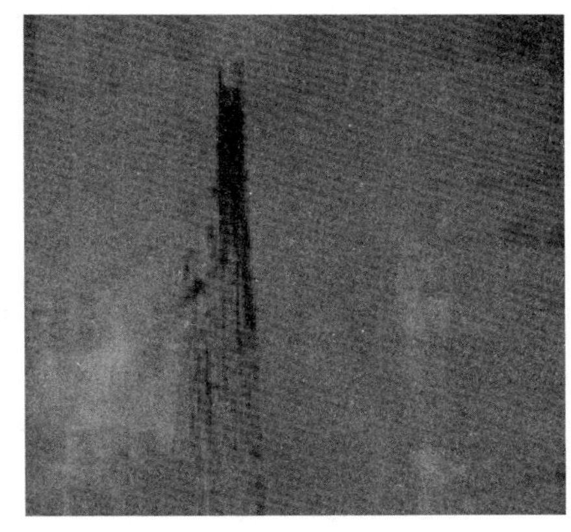

图 1.10-2　侧墙混凝土裂缝堵漏

1.11　混凝土结构后浇洞口渗漏水

1.11.1　存在问题及现象描述

后浇洞口（盾构吊装孔、出土孔、轨排孔等临时预留洞口）结合部位产生渗漏水（图 1.11-1）。

1.11.2　原因分析

1.11.2.1　后浇洞口两侧粘贴橡胶止水条与旧混凝土面不密贴，固定不牢易脱落。

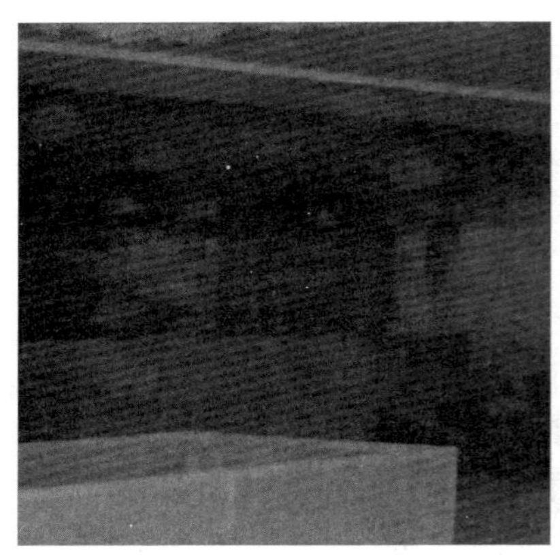
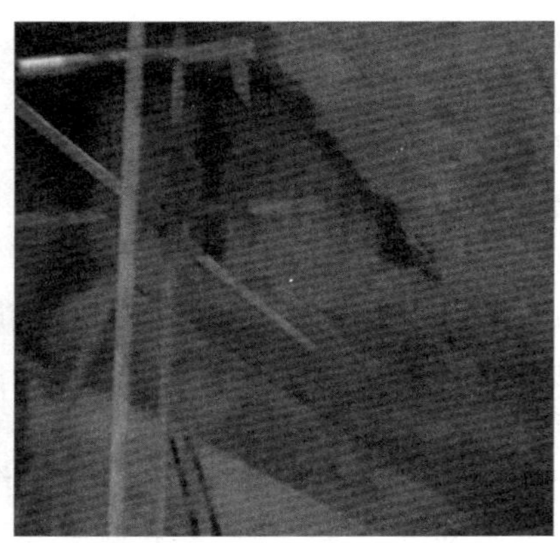

图 1.11-1　盾构吊装口后浇混凝土洞口渗漏水

1.11.2.2　两侧旧混凝土面未凿毛，灌注过程中，混凝土坍落度检测次数不足，结合处未振捣，新旧混凝土面结合不牢固。

1.11.2.3　混凝土养护不及时，或拆模过早。

1.11.2.4　结构外包防水层施工有漏洞，未达到防水要求。

1.11.3　标准及控制措施

1.11.3.1　缝缘未做企口带也没有安装钢板止水带，应粘膨胀橡胶止水条。

1.11.3.2　后浇洞口混凝土须用补偿收缩混凝土，内掺水泥重量的 14% ~15% 的 UEA 或 WG – HEA 的膨胀剂。

1.11.3.3　在后浇洞口两侧粘贴 BW 橡胶止水条时，其混凝土界面应保持清洁，无积水。

1.11.3.4　灌注后浇洞口混凝土时，先做好凿毛处理，然后在接口部位刷一层与混凝土同配比去石子的水泥砂浆，边灌注混凝土，边用插入式振动器细致捣实。

1.11.3.5　混凝土接近终凝，立即覆盖土工布，充分浇水养护，待强度达到要求后，方能拆模。

1.11.3.6　严格按设计要求施工外包防水层，确保防水层达到设计要求。

1.12　混凝土结构预埋件渗漏水

1.12.1　存在问题及现象描述

穿墙套管等预埋件与混凝土结合处渗漏水。

1.12.2　原因分析

1.12.2.1　穿过地下工程墙体的水电套管、固定式主管、模板对拉螺栓等，未满焊止水环，或环板宽度太窄，起不到延长渗水距离的作用（图 1.12-1）。

1.12.2.2　暗线管接头不严或套管有缝隙，水渗入管内后又由管内渗出。

1.12.2.3　施工中预埋件固定不牢受振松动，与混凝土间产生缝隙。

1.12.2.4　预埋件周围，尤其是预埋件密集处，混凝土灌注困难，振捣不密实，形成渗水通道（图 1.12-2）。

1.12.2.5　未清除预埋铁件表面锈蚀层，致使预埋铁件不能与混凝土粘结严密。

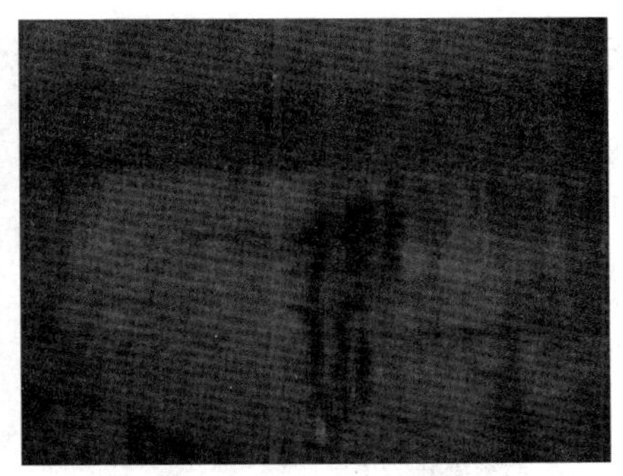

图 1.12-1　格构柱止水钢板有缺口、宽度不足

图 1.12-2　钢支撑用钢垫箱周边渗漏水

1.12.3　标准及控制措施

1.12.3.1　应合理布置预埋件，预埋位置应利于保证预埋件周围混凝土的灌注质量。必要时预埋件部位的截面应局部加厚，使埋设件或预留孔（槽）底部的混凝土厚度不小于 250mm。

1.12.3.2　所有穿过防水混凝土的预埋件，必须满焊止水环，焊缝要密实无缝。环片净宽应大于 50mm，大管径的套管环片净宽不得小于 100mm。安装时，须固定牢固，不得有松动、漏焊现象。

1.12.3.3　地下防水混凝土结构的电源线路，应尽量避免暗埋在混凝土结构内，以减少结构的渗水通道。如必须采用暗埋时，应保证接头严密，穿线管必须采用无缝管，确保管内不进水。

1.12.3.4　防水混凝土结构内部设置的钢筋或绑扎铁丝，不得接触模板：固定模板用的对拉螺栓穿过混凝土结构时，应在螺栓或套管上加焊止水环，止水环必须满焊。

1.12.3.5　灌注混凝土时，加强预埋件周围混凝土的振捣。振动棒不得碰撞预埋件。

1.12.3.6　预埋铁件表面锈蚀，必须作除锈处理。

1.13　混凝土结构竖向构件“烂根”

1.13.1　存在问题及现象描述

钢筋混凝土结构的现浇柱、墙等竖向构件的底部，混凝土出现灌注质量问题如蜂窝、空隙、露筋、新旧混凝土接槎不密实等弊病，在工地常称做“烂根”。这个部位是竖向构件（柱、墙）与水平构件（梁、板）交接处，是传递垂直荷载（如结构自重、使用荷载）和水平力（如地震剪力）的关键部位，其混凝土灌注质量不容忽视。

1.13.2　原因分析

1.13.2.1　钢筋过密不利灌注和振捣。

1.13.2.2　板面不平整，模板底部与混凝土板面相接处缝隙不严密，易跑浆。

1.13.2.3　混凝土灌注高度过高，造成模板底部侧力过大，在振捣过程中容易发生跑浆或胀模，产生“烂根”。

1.13.2.4　模板过高振捣棒过长，不易控制振捣头。

1.13.2.5　新旧混凝土接槎处（模板底部）清理不干净，如浮土，木屑，老混凝土浆皮残渣等。

1. 13. 2. 6　因混凝土自由倾落高度过高，混凝土中的水泥砂浆受钢筋的阻力被粘结浮挂或离析，产生“烂根”（图 1. 13-1）。

图 1. 13-1　侧墙、柱根部“烂根”

1. 13. 3　标准及控制措施

1. 13. 3. 1　严格控制混凝土粗骨料粒径不大于 25mm。

1. 13. 3. 2　当支设立柱、墙模板前，应沿模板位置做水泥砂浆找平层，但应注意，找平层不应过宽伸入柱、墙断面之内，以免影响新老混凝土连接的整体性和减小构件断面。若仍有较小缝隙应用水泥砂浆再勾堵一遍。

1. 13. 3. 3　严格控制混凝土分层灌注高度，每层不大于 50cm。

1. 13. 3. 4　新旧混凝土接槎处（模板底部）应清理干净，常温施工时，应用水冲刷干净，冬季需用压缩空气吹干净，更重要的是在封模之前要做好最后一遍清理和检查工作。

1. 13. 3. 5　在开始灌注时应先铺设一层同配比去石子的水泥砂浆，厚度不小于 10cm，一是作为新旧混凝土的结合层，二是防止下落的混凝土离析。

1. 14　混凝土结构钢筋间距不均

1. 14. 1　存在问题及现象描述

受力钢筋、分布筋、箍筋安装时，钢筋间距不均匀。

1. 14. 2　原因分析

1. 14. 2. 1　钢筋测量定位不准确或没有对每根钢筋定位。

1. 14. 2. 2　钢筋绑扎不牢固。

1. 14. 2. 3　成品保护工作不当。

1. 14. 3　标准及控制措施

1. 14. 3. 1　钢筋安装前，沿纵横向按照设计间距尺寸，在定位钢筋上逐根画出钢筋安放位置。针对侧墙及柱钢筋，可采用定位“梯子筋”（按钢筋间距焊接的钢筋梯子，必要时可将该钢筋提高一个级别，或在两根结构受力钢筋中间设置Φ 12“梯子筋”）控制钢筋间距。

1. 14. 3. 2　钢筋的交叉点应用铁丝全部绑扎牢固。

1. 14. 3. 3　受力钢筋间距允许偏差 ±10mm，绑扎箍筋、横向钢筋间距允许偏差 ±20mm。

1.14.3.4　加强成品保护管理，严禁在已绑扎完成或验收完成的竖向钢筋骨架上任意攀爬。已完成的板面钢筋上必须铺设走道板，水电安装作业不得随意调整钢筋间距及位置。

1.15　混凝土结构钢筋保护层超限

1.15.1　存在问题及现象描述

钢筋保护层厚度偏差超过规范允许的要求。

1.15.2　原因分析

1.15.2.1　使用的材料不规范，有砂浆垫块、石子垫块、钢筋垫块和大理石垫块，甚至还有砖渣垫块等，垫块的大小尺寸也不一，强度高低不匀，在使用过程中很难保证保护层厚度。

1.15.2.2　垫块的位置和数量较随意，固定不牢，支模时掉落或转移了方向，起不到保护层应有的作用。

1.15.3　标准及控制措施

1.15.3.1　《混凝土结构工程施工质量验收规范》GB 50204 对混凝土保护层厚度的要求有了明确的规定，受力钢筋保护层厚度的允许偏差值，基础：±10mm，梁、柱：±5mm，板、墙、壳：±3mm。对梁板构件上部纵向受力钢筋保护层厚度控制的合格点数应达到90%及以上，且不得有超过上述数值1.5 倍的尺寸偏差。

1.15.3.2　制定钢筋保护层厚度控制措施，并认真组织实施，对各班组要进行技术交底。制作混凝土垫块时，要控制好混凝土的配比，强度不得低于结构混凝土设计强度，为保证垫块强度，还要加强养护，厚度要按不同要求分开堆放，以免混用。尺寸面积要不小于 40mm × 40mm。混凝土灌注时，振动棒不应撬动钢筋，以免钢筋发生偏位等。

1.15.3.3　柱、斜板等竖向构件中要使用带扎丝的垫块，垫块厚度、数量、位置要符合规范要求。木工班组支模时特别是支柱、墙模时不能因自己操作不便，将垫块敲掉或转移方向。

1.15.3.4　严格执行“自检、互检、交接检”制度，同时加强成品保护工作。

1.15.3.5　要根据具体的构件特点，制定合理的工序穿插，要统筹安排，尽量避免因各工种的施工对构件质量的形成造成影响，有利于保护层厚度的控制。

1.15.3.6　抓好混凝土灌注过程中的质量控制，管理人员在灌注时应铺设走道板，尽量避免灌注人员直接踩踏在钢筋上，从而确保钢筋成形质量和保护层的厚度。

1.15.3.7　采取新技术或新工艺，目前推广的塑料卡子垫块使用的效果比较好，梁、板、柱都有专用的保护层垫块，能用于各类建筑构件，而且脱模后在混凝土表面不留任何疤痕材料。

1.16　混凝土顶板贯穿性裂缝

1.16.1　存在问题及现象描述

混凝土结构顶板局部开裂，产生贯通或不贯通裂缝。

1.16.2　原因分析

1.16.2.1　水泥、砂、石、外加剂等原材料质量不合格。

1.16.2.2　混凝土配合比及拌制不符合设计及规范要求。

1.16.2.3　混凝土施工工艺不符合设计及规范要求。

1.16.2.4　地基不均匀沉降。

1.16.2.5　环境温度发生变化时，引起混凝土产生温度变形，由此产生附加应力，当这种应力超过混凝土的抗拉强度时，就会产生裂缝（图 1.16-1）。

1.16.2.6　养护措施不当，混凝土收缩或膨胀产生裂纹。

1.16.2.7　混凝土早期受振、拆模过早或方法不当、构件堆放、运输、吊装时的垫块或吊点位置不当、施工超载、张拉预应力值过大等均可能产生裂缝（图 1.16-2）。

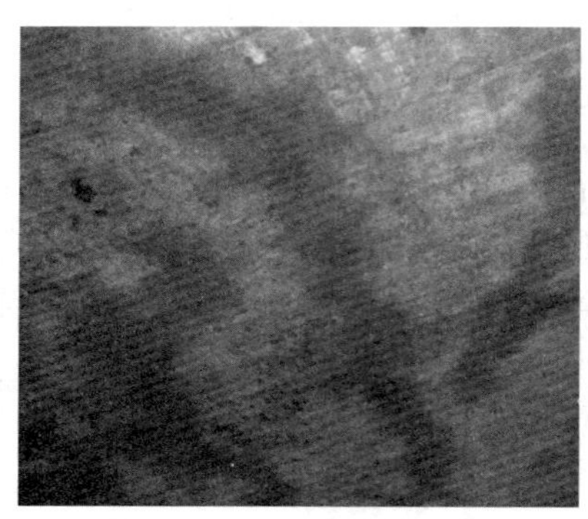

图 1.16-1　顶板温度应力产生裂缝

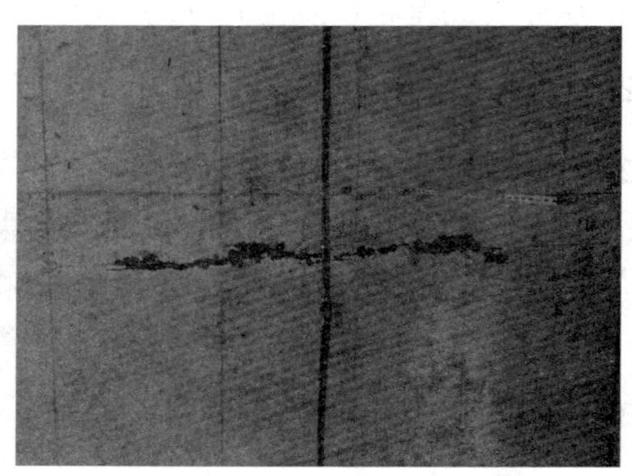

图 1.16-2　顶板施工应力产生裂缝

1.16.2.8　结构构件断面突变或因开洞、留槽引起应力集中，构造处理不当，主、次梁交叉处未设置附加吊筋，或附加吊筋以及各种结构缝设置不当等因素均容易导致混凝土开裂。

1.16.2.9　混凝土徐变造成开裂或裂缝发展。

1.16.3　标准及控制措施

1.16.3.1　确保原材料质量。

1　水泥：应选用水化热较低的水泥，严禁使用安定性不合格的水泥。

2　粗骨料：宜用表面粗糙、质地坚硬、级配良好、空隙率小、无碱性反应的石料；有害物质及黏土含量不超过规定。

3　细骨料：宜用颗粒较粗、空隙较小、含泥量较低的中砂。

4　外掺加料：宜采用减水剂等外加剂，以改善混凝土工作性能，降低用水量，减少收缩。

1.16.3.2　确保混凝土拌制质量。

1　配合比设计：应降低水灰比，减少水泥用量。

2　禁止任意增加水泥用量。

3　配制混凝土时计量应准确，要严格控制水灰比和水泥用量，搅拌均匀，离析的混凝土必须重新拌匀后，方可灌注。

1.16.3.3　确保钢筋设计及施工质量。

1　钢筋品种、规格、数量的代换，必须考虑对构件抗裂性能的影响。

2　钢筋的位置要正确，钢筋间距过大，易引起钢筋之间的混凝土开裂。保护层过大或过小也可能导致混凝土开裂。

1.16.3.4　确保模板施工质量。

1　模板构造合理，以防止模板各杆件间的变形不同而导致混凝土裂缝。

2　模板和支架要有足够的刚度，防止施工荷载（特别是动荷载）作用下，模板变形过大造成开裂。

3　合理掌握拆模时机，应保证拆模时混凝土不损坏或不开裂，并尽可能不要错过混凝土水化热峰值，即不要错过最佳养护介入时机。

1.16.3.5　确保混凝土灌注质量。

1　混凝土灌注时应防止离析现象，振捣应均匀、不得漏振、过振。

2　加强混凝土的早期养护，在气温高、湿度低或风速大的条件下，更应及早进行喷水养护，在浇水养护有困难时，或者不能保证其充分湿润时，可采用覆盖保湿材料等方法。

1.16.3.6　设计构造合理。

1　合理调整各部分承重结构的受力情况，使荷载分布均匀，防止受力过于集中。

2　减少地基的不均匀沉降，除了前述的措施外，在基础设计中可以采取调整基础的埋深度，不同的地基采用不同的垫层厚度等方法，来调整地基的不均匀变形。

3　适当加强基础的刚度和强度。

4　正确地设置变形缝、诱导缝等。沉降缝位置和缝宽的选定应合适，构造要合理。

1.16.3.7　加强施工技术控制。

1　加强地基的检查与验收工作，基坑开挖后应及时通知勘察及设计单位到现场验收，对较复杂的地基，设计方在基坑开挖后应要求勘察补钻探，当探出有不利的地质情况时，必须先对其加固处理，并经验收合格后，方可进行下一步施工。

2　开挖基槽时，要注意不扰动其原状结构。

合理安排施工顺序。当相邻建（构）筑物间距较近时，一般应先施工较深的基础，以防基坑开挖破坏已建基础。当建（构）筑物各部分荷载相差较大时，一般应先施工重、高部分，后施工轻、低部分。

1.17　现浇结构大体积混凝土裂缝

1.17.1　存在问题与现象描述

现浇结构大体积混凝土表面出现裂缝（图 1.17-1）。

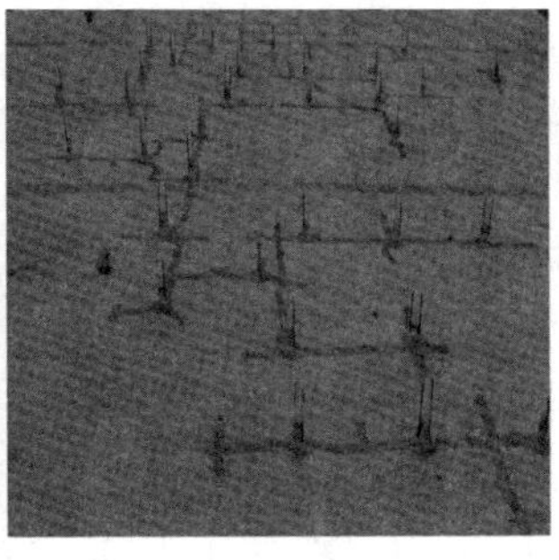

图 1.17-1　大体积混凝土底板裂缝

1.17.2　原因分析

1.17.2.1　混凝土灌注初期，水泥水化产生大量的水化热，混凝土表面散热条件好，内部散热条件差，内外形成温度的梯度，变形不同形成内约束。

1.17.2.2　混凝土灌注后数日，降温、水分蒸发、碳化等原因引起混凝土收缩，受到地基和结构边界条件的约束（外约束），形成温度裂缝。

1.17.2.3　混凝土浇捣不符合要求、养护不当、拆模过早，模板变形等因素，导致降温梯度大，形成裂缝。

1.17.2.4　在水泥活性大、混凝土温度较高，或在水灰比较低的条件下会加剧引起开裂。因为这时混凝土的泌水明显减少，表面蒸发的水分不能及时得到补充，这时混凝土尚处于塑性状态，稍微受到一点拉力，混凝土的表面就会出现分布不均匀的裂缝，出现裂缝以后，混凝土体内的水分蒸发进一步加大，于是裂缝进一步扩展。

1.17.3　标准及控制措施

1.17.3.1　应优先选用水化热低和安定性好的水泥品种，施工大体积混凝土结构多采用 32.5 级和 42.5 级矿渣硅酸盐水泥。

1.17.3.2　在混凝土拌制过程中，要严格控制原材料计量，同时严格控制混凝土出机坍落度。要尽量降低混凝土拌合物出机温度，拌合物可采取以下两种降温措施：一是送冷风对拌合物进行冷却，二是加冰拌和，一般使新拌混凝土的温度控制在 6℃左右。

1.17.3.3　有资料显示，利用混凝土后期强度，根据结构承受荷载情况，采用 f45、f60 或 f90 作为评定强度，可使混凝土用量每立方米混凝土的水泥用量减少 40～70kg，混凝土的水化热升温相应减少 4～7℃。在拌和混凝土时，还可掺入适量的微膨胀剂或膨胀水泥，使混凝土收缩得到补偿，减小混凝土的温度应力。

1.17.3.4　改善配筋。为保证每个灌注层上下均有温度筋，可建议设计人员将分布筋作适当调整。温度筋宜分布细密，一般用 ϕ8 或 ϕ6 钢筋，双向配筋，间距 150mm，可以增强抵抗温度应力的能力。

1.17.3.5　设置后浇带。当大体积混凝土平面尺寸过大时，应设置后浇带，以减小外约束力和温度应力；同时也有利于散热，降低混凝土的内部温度。

1.17.3.6　规范施工工艺，加强施工过程监控，做好混凝土养护工作，以减少混凝土收缩，提高混凝土的极限拉伸值。

1　审核施工方案中的施工工艺，确定最佳的灌注路线，在施工时应严格按工艺要求分层布料、振捣，混凝土表面沁水应及时排除。

2　严格控制好混凝土的入模温度和内外的温差，一般不宜超过 20℃；目前，多数大体积混凝土采取蓄热养护法，在混凝土表面采取保温或加热措施，降低混凝土内外温差，从而减小温度应力。

3　混凝土灌注应采用二次振捣工艺，对未初凝的混凝土进行二次振捣，排除因泌水在粗集料和水平钢筋下部生成的水分和空隙，提高钢筋握裹力，防止因混凝土沉落而出现裂缝，减少混凝土内部微裂，增强混凝土的密实度，使混凝土的抗压强度提高 15% 左右，从而提高混凝土的抗裂性。

4　混凝土整平抹面采用二次抹压工艺，在混凝土初凝后用铁抹子对混凝土表面实施二次抹压，消除混凝土浆体早期失水产生的微裂缝，控制混凝土表面龟裂。二次抹压时间宜控制在混凝土表面上人仅留很轻微脚印或脚印不明显时进行。对于强度大于 C50 的混凝土，建议在混凝土强度小于 4MPa 前，采取多道收面，确保没有裂缝产生。

5　严格按照规范要求控制好拆模时间。

6　采用纤维混凝土增加混凝土的韧性，有效控制因混凝土脆性引起的开裂问题。

1.17.3.7　延缓混凝土降温速率。

1　目前国内有项目对大体积混凝土的监测采用计算机温度监控系统，采用上位机管理监视与下位机智能巡检的二级监视控制。根据温度值及温度变化曲线等，从远端随时监控大体积混凝土内部温度变化情况，指导现场大体积混凝土施工、养护工作。

2　控制温度梯度小于 12.5℃/m 时，可适当放宽内外温差至 30～33℃。

1.17.3.8　若是在高温季节施工，则要在初期采用通冷水来降低混凝土最高温度峰值，但注意，通水时间不能过长，因为时间过长会造成降温幅度过大而引起较大的温度应力。为了削减内外温差，还应在夏末秋初进行中期通水冷却，通水历时两个月左右。

1.18　逆作法车站混凝土结构裂缝

1.18.1　问题及现象描述

逆作法混凝土结构由于内外因素的作用出现裂缝。

1.18.2　原因分析

1.18.2.1　混凝土配比不合理。

1.18.2.2　混凝土灌注时内外温差大，后期养护措施不正确。

1.18.2.3　混凝土未达到设计要求强度，提早拆模。

1.18.2.4　由周边环境及盖挖逆作工法特点造成的车站结构差异沉降。

1.18.3　标准及控制措施

1.18.3.1　严格按照现行国家标准《混凝土结构工程施工质量验收规范》GB 50204、《混凝土结构工程施工规范》GB 50666 及《地下铁道工程施工及验收规范》GB 50299 的规定进行优化、比选配合比。

1.18.3.2　优先选用低水化热的矿渣水泥拌制混凝土，并适当使用缓凝减水剂；在保证混凝土设计强度等级的前提下，适当降低水灰比，减少水泥用量。结构顶板宜优先选用早强混凝土。

1.18.3.3　降低混凝土的入模温度，控制混凝土内外的温差（当无设计要求时，控制在 25℃以内）；及时对混凝土覆盖保温、保湿。

1.18.3.4　顶板、中板和梁结构不得直接利用地基做模板，如必须在地基上铺设底模时，地基承载力和各项允许偏差应符合设计及规范要求。

1.18.3.5　结构拆模时间应符合设计及规范要求。

1.18.3.6　桩基是盖挖逆作法车站的主要竖向承载结构，在施工前应进行桩基承载力试验，验证桩基承载力是否满足设计规范要求。

1.18.3.7　中间支撑柱设计应考虑到基坑围护结构偏移、内支撑杆件变形、坑内土体回弹及坑内动荷载变化的影响，宜优先选用钢管混凝土结构作为中间支撑柱。

1.18.3.8　优化墙、柱、梁、板二次连接节点，避免节点破坏，减弱梁板传递内力作用，导致结构开裂甚至破坏。

1　钢筋穿过支撑柱时，可采用钻孔置筋法、传力钢板法和加腋处理法，其中加腋处理法施工简便、安全可靠且经济适用。

2　地下连续墙与内部结构楼板、梁的连接接头宜优先采用预埋钢板法、预埋剪力件法和预埋钢筋接驳器法。

1.18.3.9　梁柱节点施工缝处的灌注方法。

地下楼板结构与竖向结构间存在空隙，为此必须采用可靠措施，如：

1　直接法：施工缝处灌注相同的混凝土，添加一定的铝粉以减少收缩，或为灌注密实，接头处做假牛腿，在后期凿除。不管采用哪种直接法（漏斗口压注法、再振动法、套管浇捣法），后期仍需要注浆处理。

2　充填法：在施工缝处留出充填接缝，充填膨胀混凝土或无浮浆混凝土。再充填前，接头处混凝土表面应处理干净，该方法可达到完全无缝接头。

3　注浆法：待混凝土硬化后用压力压入水泥浆（添加复合外加剂）或树脂填充。

1.18.3.10　立柱桩与地下连续墙之间的差异沉降比沉降值本身更重要，应加强监测，实施动态控制，及时施工水平支撑，加强水平方向的约束，协调沉降差异。

1.19　暗挖车站初期支护混凝土结构裂缝

1.19.1　问题及现象描述

喷射混凝土出现裂纹、剥离、剪切破坏。

1.19.2　原因分析

1.19.2.1　喷射混凝土在硬化的过程中，由于干缩引起的体积变形在受到约束时会产生裂缝，这主要反映为钢拱架边缘开裂这种情况，当喷射混凝土完成后，整个喷射混凝土产生硬化干缩，由于包裹钢拱架的喷射混凝土在硬化过程中受到钢拱架限制而产生裂缝，这种裂缝的宽度有时会很大，甚至会贯穿整个构件（图 1.19-1）。

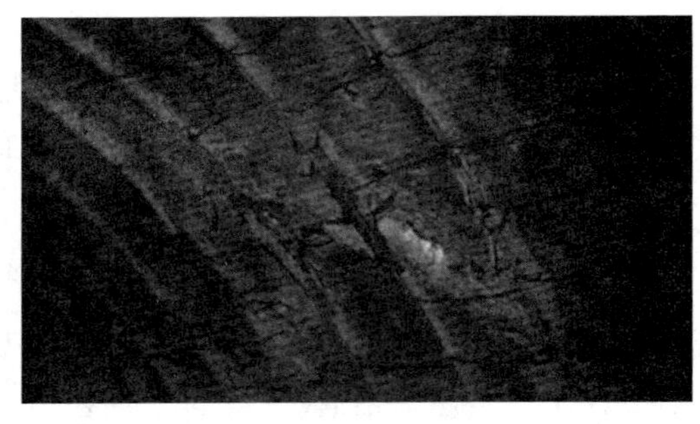

图 1.19-1　初支混凝土产生裂缝、剥离现象

1.19.2.2　喷射混凝土在施工过程中由于是分段进行，在新旧混凝土之间存在一个界面即施工缝，当新喷射混凝土喷完后，由于其干缩变形与原混凝土不一致，而产生环向裂缝。

1.19.2.3　喷射混凝土在施工过程中由于掺加速凝剂的不均匀，造成喷射混凝土在硬化过程中速度不一致，导致喷射混凝土出现崩壳现象。

1.19.2.4　当钢拱架与喷射混凝土在围岩变形产生的应力作用下，钢拱架与喷射混凝土的弹性模量不同，从而产生不同的变形，造成裂缝的产生。

1.19.2.5　未严格按照设计及相关规范要求进行混凝土厚度、密实度检测，未及时对初支衬砌空洞进行处理。

1.19.3　标准及控制措施

1.19.3.1　喷射混凝土作业前将受喷面的粉尘、杂物用高压风或水彻底清除干净，防止混凝土与受喷面结合不良。

1.19.3.2　严格控制喷射混凝土所用各种材料质量：

1　水泥优先选用普通硅酸盐水泥，且强度等级不得低于 42.5 级，因其凝结时间较快，且与速凝剂有良好的兼容性。对于软弱围岩选用早强水泥或在拌和时掺加早强剂。

2　拌合用水必须符合工程用水标准，不得含有影响水泥正常凝结与硬化的有害成分。采用的速凝剂必须是合格产品，其掺量根据水泥品种、水灰比不同通过试验确定，使配置的混凝土初凝时间不超过 5min，终凝时间不超过 10min。

1.19.3.3　喷射混凝土施工需紧随开挖进行，为避免爆破作业影响初期支护的质量，施工中要严格控制开挖爆破距喷射混凝土作业完成时间，时间间隔不小于 4h。

1.19.3.4 喷射混凝土前在受喷面上埋设厚度标志，按频率要求认真检查喷射混凝土的厚度：区间或小于区间断面的结构每 20m 检查一个断面，车站每 10m 检查一个断面。每个断面从拱顶中线起，每 2m 凿孔检查一个点。断面检查点 60% 以上喷射厚度不小于设计厚度，最小值不小于设计厚度 1/3，厚度总平均值不小于设计厚度时，方为合格。

1.19.3.5 喷射作业应遵守下列规定：

1 喷射作业应分段分片依次进行，喷射顺序应自下而上。

2 素喷混凝土一次喷射厚度应按照表 1.19-1 选用。

素喷混凝土一次喷射厚度（mm） 表 1.19-1

喷射方法	部　位	掺速凝剂	不掺速凝剂
干法	边墙	70～100	50～70
	拱部	50～60	30～40
湿法	边墙	80～150	—
	拱部	60～100	—

3 分层喷射时，后一层喷射应在前一层混凝土终凝后进行，若终凝 1h 后再进行喷射时，应先用风、水清洗喷层表面。

4 喷射作业紧跟开挖工作面时，混凝土终凝到下一循环放炮时间，不应小于 3h。

1.19.3.6 对于已经形成的混凝土裂缝，采取下列措施加强控制：

1 在裂缝两端各设置一个水泥钉，挂上棉线以测量两点之间的距离，观察裂缝变形情况。

2 为直接观察裂缝的发展，在局部裂缝处涂抹水泥砂浆、黏土或制作石膏饼，观察砂浆、黏土或石膏饼是否开裂，以确定裂缝是否发展。

3 在裂缝处设置收敛观察点以监控裂缝周边围岩变形情况。

4 对非围岩变形引起的裂缝采用喷射混凝土补喷的方式处理。

5 对因围岩变形引起的裂缝采用中空注浆锚杆加固或小导管帷幕注浆加固方式处理。

6 加强喷射混凝土回弹量和厚度的控制，保证隧道结构的稳定。

1.20 暗挖车站开挖面流砂、漏浆

1.20.1 问题及现象描述

采用 wss 或袖阀管方式深孔注浆控制不到位，出现流砂、坍塌或地面隆起、跑浆现象。

1.20.2 原因分析

注浆孔位、方向偏差大，注浆扩散不均匀；注浆过程计量不准确，注浆量、注浆压力控制不均衡。

1.20.3 标准及控制措施

1.20.3.1 配备好施工机具和计量工具以满足施工要求；根据施工程序，现场值班技术人员要严把钻孔深度、配料注浆压力、注浆量关，每一道工序均安排专人负责，并记录好每一道工序的原始数据。

1.20.3.2　加强现场施工材料管理，严格执行进料检验制度，保证施工材料满足设计和规范要求，不合格材料不得进场使用，确保工程质量。注浆材料应符合下列规定：

1　具有良好的可注性。

2　固结后收缩小，具有良好的粘结力和一定的强度、抗渗、耐久和稳定性，当地下水有侵蚀作用时，应采用耐侵蚀性的材料。

3　无毒并对环境污染小。

4　注浆工艺宜简单，操作方便、安全。

1.20.3.3　钻孔施工：开钻前，严格按照施工布置图，布好孔位。钻机定位要准确，开钻前的钻头点位与布孔点之距相差不得大于2cm，钻杆角度度偏差不得大于1°。如施工偏差较大，必须增加钻孔。钻孔过程中应做好钻探详细记录，包括钻进进尺、起止深度、土层性质、地下水情况等。

1.20.3.4　注浆：注浆前应检查止浆墙（垫）密封情况。注浆开始前应检查高压管路连接是否牢固，注浆过程采取跟踪监测，督促按照设计进行注浆，严格将注浆压力控制在0.3~2.0MPa范围内，实行专人操作。

当压力突然上升或孔壁溢浆，督促工人立即停止注浆，采取相应的补救措施以满足设计要求。注浆过程采用注浆压力、注浆量双重控制。

注浆施工还应满足下列规定：

1　应设立必要的防护，保持场地清洁，注浆检查孔应封填密实。

2　应经常观察泵压和流量的变化，出现工作面漏浆、跑浆及串浆等异常现象应及时处理。

3　地下水流动的地层，注浆顺序应从上游到下游。

4　内圈注浆顺序应从外向内。

5　双液浆注浆结束时应先停水玻璃泵，后停水泥浆泵，及时清洗管路。

6　隧道开挖后，应对注浆效果进行观测与分析，对于薄弱带应进行动态补充注浆。

7　注浆过程中出现管路堵塞、跑（串）浆等问题时，应分析原因及时处理。

1.20.3.5　注浆施工严格按照《建筑工程水泥-水玻璃双液注浆技术规程》JGJ/T 211进行，施工过程做好浆液配比检测，使用波美计、密度计检测浆液密度是否满足设计参数要求。

1.20.3.6　注浆完成后，必须对注浆效果进行检查，确认已达到注浆目的，否则必须进行补孔注浆。

1　深孔注浆效果检查宜采用过程控制、检查孔检验的方法评价，指标有抗压强度、渗透系数等。

2　检查孔观察法：通过察看检查孔成孔是否完整、涌水、涌砂、涌泥、坍孔等，定性评定注浆效果。

3　检查孔取芯法：对检查孔进行取芯，通过检查孔取芯率、岩芯的完整性、岩芯强度试验等进行综合分析，判定注浆效果。

1.21　暗挖车站钢管柱偏位

1.21.1　存在的问题及现象描述

钢管柱定位偏差超标（图1.21-1）。

图1.21-1　钢管柱安装

1.21.2　原因分析

1.21.2.1　定位器的安装不牢固，定位器安装没有做到安装前精确放线定位、安装后重新复验。

1.21.2.2　定位器的制作质量没有严格控制，其强度、刚度及精确度不达标。灌注混凝土时，对定位器产生冲击或灌注前已移位。

1.21.2.3　深井作业投点的精确度不够。

1.21.2.4　钢管柱吊装过程中造成钢管柱的变形。

1.21.3　标准及控制措施

1.21.3.1　对钢管柱生产厂家的资质和质量管理及质量保证体系提出明确要求。生产厂家推行全过程质量控制是确保钢管柱质量稳定并不断改进的最基本的条件。

1.21.3.2　编制施工技术方案，使钢管柱生产有序。合理安排施工，采取各种预控措施，保证质量。

1.21.3.3　钢管柱原材料（钢管或钢板、连接件）的质量必须符合设计要求。监理及施工单位对材料出厂合格证和检验报告全数检查。

1.21.3.4　钢管制作宜在有资质的工厂进行。钢管端平面应与管轴线相垂直；当钢管对接时，竖向焊缝要错位，钢管柱所有焊接必须经过超声波检查，焊缝质量应达到二级标准，并应达到与母材等强的要求。监理及施工单位对材料出厂合格证和焊接质量进行全数检查。

1.21.3.5　钢管柱进场后现场质检员及监理必须进行逐一检验，合格后方可进行安装。钢管柱制作允许偏差应符合表 1.21-1 规定。

钢管柱加工制作允许偏差　　表 1.21-1

序号	检查项目	允许值（mm）	说　明
1	钢管纵向弯曲矢高	$f \leqslant L/1000$；且 $f \leqslant 10$	L—钢管长度；f—矢高
2	管径椭圆度	$\leqslant 3D/1000$	D—钢管柱设计直径
3	管端不平度	$\leqslant D/1500$；且 $\leqslant 0.3$	D—钢管柱设计直径
4	钢管长度	$\Delta L \leqslant \pm 3$	ΔL—钢管设计长度与实际长度之差

1.21.3.6　定位器的制作质量必须严格控制，保证其具有足够的强度、刚度及精确度，其中心误差 <3mm，固定边与水平面成直角误差小于 1‰，锥底宽度比钢管内径小 6mm。安装时应注意通过调节螺栓调节定位器标高，推移定位器调节其中心，调整好中心位置后，用钢筋把定位器锚钉与桩基主筋焊接在一起，并精确校核其平面位置、标高、垂直度后，紧固定位器调节螺栓，防止在灌注混凝土过程中对定位器产生冲击而移位。

1.21.3.7　钢管柱定位采用底部定位器与顶部花篮螺栓，为保证钢管柱安装精度，定位器安装前要精确放线定位，严格测量和控制定位器标高和中心，安装后要重新复验。底部法兰预埋螺栓要采用定位钢圈（双法兰）精确固定，以利于钢管柱与预埋法兰连接，避免出现割除螺栓的现象，影响钢管柱安装质量。

钢管柱定位器安装允许偏差应符合以下规定：

1　定位器中心线偏差不大于 2mm。

2　定位器标高与管底设计标高偏差：+4mm，-2mm。

检验数量：施工单位、监理单位全数检查。

检验方法：尺量。

1.21.3.8　深井作业应注意投点的精确度。为避免投点仪投点视镜铅垂误差，每次投点时变化三个方向，三个方向点 A、B、C 组成一个三角形，此三角形中心点 O 即桩心。

1.21.3.9　钢管柱安装完成后要在挖孔桩内用型钢进行初步固定，然后回填砂并间隔回填 C20 混凝土，保证回填的密度，防止钢管柱灌注混凝土和后续的顶纵梁和扣拱施工中桩顶发生位移。钢管柱安装允许偏差应符合表 1.21-2 的规定。

钢管柱安装允许偏差　　表 1.21-2

序　号	检查项目	最大允许偏差（mm）
1	钢管柱不垂直度	柱长的 1/1000，且≤15
2	钢管柱中心线	5
3	钢管柱顶面标高	+10，0
4	钢管柱顶面不平度	5
5	钢管柱间距	设计柱距的 1/1000

1.21.3.10　钢管柱吊装过程应采用多点吊装，避免吊装过程中钢管柱的变形。

1.21.3.11　在初支和二次扣拱施工过程中，要注意左右对称施工，防止偏压过大造成钢管柱和顶纵梁移位。

1.21.3.12　施工过程中，定位器安装精确定位后，先进行定位器混凝土灌注以固定定位器，在确定混凝土强度能保证安装作业要求时，再进行钢管柱安装。

1.22　暗挖车站扣拱变形

1.22.1　存在的问题及现象描述

暗挖车站扣拱变形，初支沉降。

1.22.2　原因分析

1.22.2.1　没有严格按照设计步骤组织施工，工序质量控制不严，信息化施工管理不到位。

1.22.3　标准及控制措施

1.22.3.1　减少对地层的扰动是扣拱施工的关键。分部开挖时应缩短每次循环作业时间，尽快将开挖后支护结构闭合成环，且施工中严格遵循“管超前、严注浆、短开挖、强支护、快封闭、勤量测”的十八字方针。

1.22.3.2　扣拱施工中钢筋格栅和钢筋网采用的钢筋种类、型号、规格应符合设计要求，焊接应符合设计及钢筋焊接标准的规定。钢筋格栅和钢筋网加工允许偏差应符合表 1.22-1 的规定。

钢筋格栅、钢筋网加工允许偏差　　表 1.22-1

序　号	检查项目		允许偏差（mm）
1	拱架	拱架矢高及弧长	+20，0
		墙架长度	±20mm
		拱、墙架横断面尺寸（高、宽）	+10，0
2	钢筋格栅	高度	±30mm
		宽度	±20mm
		扭曲度	20mm
3	钢筋网	钢筋间距	±10mm
		钢筋搭接长度	±15mm

1.22.3.3　钢筋格栅安装应符合下列规定：

1　基面应坚实并清理干净，必要时应进行预加固。

2　钢筋格栅应垂直线路中线，允许偏差为：横向 ±30mm，纵向 ±50mm，高程 ±30mm，垂直度 5‰。

3　钢筋格栅与壁面应楔紧，每片钢筋格栅节点及相邻钢筋格栅必须连接牢固。

1.22.3.4　钢筋网铺设应符合下列规定：

1　铺设应平整，并与格栅或锚杆连接牢固。

2　钢筋格栅采用双层钢筋网时，应在第一层铺设好后再铺第二层。

3　每层钢筋网之间应搭接牢固，且搭接长度不应小于 200mm。

1.22.3.5　边导洞与中导洞之间的扣拱施工应对称同时进行，防止两边不同步对顶梁产生推力而发生剪切破坏。

1.22.3.6　扣拱土方开挖时，应尽量降低开挖面高度，避免出现拱顶坍塌。

1.22.3.7　在施工接近管线位置时，打超前水平探孔，以探明前方的水文地质情况，如存在残留水，应通过探孔排出。

1.22.3.8　扣拱格栅安装完成后，在喷射混凝土前，必须将导洞连接处的渣土、松散混凝土及时清理干净；检查开挖尺寸；埋设控制喷射混凝土厚度的标志；对机具设备进行试运转；喷射混凝土作业应紧跟开挖工作面，并符合下列规定：

1　混凝土喷射应分片依次自下而上进行，并先喷钢筋格栅与壁面间混凝土，然后再喷两钢筋格栅之间混凝土。

2　每次喷射厚度为：边墙 70～100mm；拱顶 50～60mm。

3　分层喷射时，应在前一层混凝土终凝后进行，如终凝 1h 后再喷射，应清洗喷层表面。

4　喷层混凝土回弹量，边墙不宜大于 15%，拱部不宜大于 25%。

5　喷射混凝土 2h 后应养护，养护时间不应少于 14d，当气温低于 +5℃时，不得喷水养护；喷射混凝土低于设计强度的 40% 时不得受冻。

6　喷射混凝土应密实、平整、无裂缝、脱落、漏喷、漏筋、空鼓、渗漏水现象。平整度允许偏差为 30mm，且矢弦比不应大于 1/6。

1.22.3.9　扣拱施工中应加强监控量测，重点监测洞室拱顶沉降和管线本身沉降，防止分部连接处出现反弯点而对主拱受力产生影响。如果变形量和变形速率超过允许值时，立即采取应急措施，包括加强超前支护、初期支护、增设临时支撑、改变开挖步骤、修改施工方案等。

1.23　钢结构基础预埋件偏位

1.23.1　存在问题及现象描述

高架车站站台层预埋件平面位置偏差大，定位不准，钢梁或钢柱安装困难（图1.23-1）。

图1.23-1　钢结构预埋件螺栓偏位

1.23.2　原因分析

1.23.2.1　测量定位不准，误差大。

1.23.2.2　基础混凝土结构模板加固不牢，跑模移位，导致预埋件偏移。

1.23.2.3　预埋件与主体混凝土结构钢筋冲突，安装误差超限。

1.23.2.4　施工时，预埋件被人员、机械碰触偏移。

1.23.2.5　预埋件焊接不牢固，混凝土灌注时移位。

1.23.3　标准及控制措施

1.23.3.1　确保预埋件测量定位准确。

1　测量放线前，检查导线基点和水准基点平面位置。

2　测量仪器通过计量部门鉴定。

3　测量人员持证上岗，并通过专业技能培训。

4　测量点样标志清楚，并测放在稳定的基础上。

5　施工前，专人对测设点进行复核检查。

6　施工前，与相关专业进行设备房标高线的交接，确认装修标高水平线。

1.23.3.2　预埋件安装时，采用定位支架、定位板等辅助措施固定。

1.23.3.3　预埋件安装时，在基础上将其位置标明，调整下部有冲突的钢筋及障碍物，便于预埋件有足够的位置空间。

1.23.3.4　螺栓和预埋件安装到位后，应可靠固定；当锚栓埋设精度要求较高时，可采用预留孔洞、二次埋设等工艺。

1.23.3.5　基础混凝土灌注前，检查模板加固是否到位。采取有效措施防止模板偏位，从而避免预埋件随之移动。

1.23.3.6　基础混凝土振捣时，必须保证捣固密实，避免振捣器碰触预埋件，保证其不发生偏位。

1.23.3.7　混凝土灌注过程中必须对预埋件进行跟踪复核，发现问题及时调整。

1.23.3.8　锚栓采取防止损坏、锈蚀或污染的保护措施。

1.23.3.9　钢柱地脚螺栓紧固后，外露部分应采取防止螺母松动或锈蚀的措施。

1.23.3.10　预埋件安装位置应符合表1.23-1的规定。

支承面、地脚螺栓（锚栓）位置的允许偏差　　表 1.23-1

项目		允许偏差（mm）
支承面	标高	±3.0
	水平度	L/1000
地脚螺栓（锚栓）	螺栓中心偏移	5.0
预留孔中心偏移		10.0
螺栓（锚栓）露出长度		+30.0，0.0
螺纹长度		+30.0，0.0

1.24　高架车站雨污水管堵塞

1.24.1　存在问题及现象描述

墩柱或站厅层盖梁中预埋的 DE160UPVC 雨水管和 DE110UPVC 污水管破裂、堵塞。

1.24.2　原因分析

1.24.2.1　设计时，雨污水管采用 UPVC 塑料管，抗压强度低。

1.24.2.2　墩柱混凝土振捣时，振动棒碰触预埋管，导致预埋管破裂，混凝土流入管道内造成堵塞。

1.24.2.3　设计管径较大，与墩柱侧面和站厅层盖梁钢筋位置冲突，安装困难，造成挤裂现象。

1.24.2.4　管道接头连接不牢固，固定不当，混凝土灌注时易发生偏移。

1.24.2.5　钢筋焊接时烧伤管道。

1.24.3　标准及控制措施

1.24.3.1　设计时，采用强度高的塑合金管或钢管，明确预埋位置钢筋分布尺寸，给管道施工预留足够的空间位置。明确孔洞位置周边加强钢筋型号及数量，并加强施工过程控制。

1.24.3.2　严格控制管材质量。采购时选取大型生产商、质量信得过的品牌，质量员严把原材质量关，进场时查验品牌是否与设计要求一致，检查是否有合格证，否则不予进场使用。

1.24.3.3　材料进场后，由施工单位试验员会同监理、检测单位人员共同进行材料取样，送到具有相应检测资质的单位进行管材强度复检，复检合格后方可用于施工中。

1.24.3.4　管道下料前检查尺寸、数量是否符合设计图纸要求，避免误用或尺寸不符现象。

1.24.3.5　管道安装牢固，采用辅助钢筋焊接或绑扎在主体结构钢筋上，并确保模板、支架稳固，混凝土灌注时不发生移位变形。

1.24.3.6　管道内灌注砂料物，两端采用封口胶封堵，确保施工时不受挤压变形或避免混凝土灌入。

1.24.3.7　管道连接接头牢固，内壁采用强力胶连接，外壁采用封口胶缠绕紧固。

1.24.3.8　混凝土灌注前，对作业人员做好技术交底工作，严禁振动棒碰撞预埋管道。施工时，专人进行监控，有异常情况，及时更换、调整。

1.24.3.9　管道内预埋铁丝引线，混凝土灌注时，专人进行抽动，确保管道通畅。

1.24.3.10　施工完成后，及时将预埋管道孔洞清理，并做好周边防护工作。

1.25　高架车站屋面积水、漏水

1.25.1　存在问题及现象描述

屋面不平顺、有凹凸情况，存在积水现象；屋面面板搭接不严密、松动，存在漏水现象（图1.25-1）。

图1.25-1　高架车站屋面压型板搭接不严、破损等导致渗漏水

1.25.2　原因分析

1.25.2.1　压型板与主次梁交接处贴合不紧密，底板与底板之间搭接不够紧密，铆钉直线度较差，底板长度误差较大。

1.25.2.2　压型底板在加工排板时未充分考虑主次梁宽度对底板宽度的影响。压型底板铆钉固定时，未牢固压紧。

1.25.2.3　压型底板加工时对曲率半径计算不够准确，相邻板端部误差较大。

1.25.2.4　屋面铝镁锰在压型时，压型设备导轮出现偏心，导致凹痕出现。标准段与收口段过渡区域处的异形板加工精度较低。

1.25.2.5　屋面外板彩板设计过薄，经过一段时间的使用，外板腐蚀或者受温度影响变形，板上积雪的压力等造成板之间缝隙增大。

1.25.2.6　使用不合格的材料，未严格按施工规范要求操作。

1.25.2.7　施工过程中对已安装完毕的彩钢板不注意保护，随意踩踏屋面，破坏了屋面的平整。

1.25.2.8　天沟横向坡度不满足设计要求，安装时应留一定坡度，至少0.5%。天沟搭接处，焊接有缝隙、漏焊、夹渣或防腐处理不到位等缺陷。天沟防腐只刷防锈漆或者沥青漆，使用一段时间后，天沟腐蚀严重。

1.25.2.9　关键节点部位施工质量差。伸出屋面的管道、通风口根部堵洞不严，防水层泛水高度不够。保温层施工遇雨，排气槽堵塞，排气孔设置不合理，造成保温层长期浸水。

1.25.3　标准及控制措施

1.25.3.1　设计人员严格按照规范设计，不得降低设计指标，并应结合实际情况进行设计。设计屋面的檩条时，不得降低檩条的高度和壁厚。

1.25.3.2　施工及监理人员应对需用材料及配件进行严格检验，检查产品是否有质量保证书、材质检验合格证明等，以杜绝不合格材料进场。

1.25.3.3　屋面板应采用防水性能较好的板型。屋面防水材料应选用质量信得过的厂家。应选用适合金属板屋面的防水材料。

1.25.3.4　施工前，技术人员要对作业人员进行技术交底，作业人员严格按照设计图纸和施工规范要求进行操作，加强节点的细部处理。增强工人素质，提高工人责任心。注意成品保护，同时加强过程控制，加强现场质量抽查。

1.25.3.5　加工前，应根据现场实际测量尺寸绘制详细的屋面排板图。

1.25.3.6　进行底板铆钉施工时应设置与主体结构通长的水平拉线，确保铆钉的直线度和牢靠性。

1.25.3.7　下料时应充分考虑檩条、T 型角码高度对屋面曲率半径的影响，长度误差控制在 ±9mm 之内，宽度误差控制在 ±6mm 内，相邻压型金属板端部错位应控制在 ±6mm 以内。

1.25.3.8　大面积加工前应事先进行 20～50m^2 的试加工段，并及时调整压型设备。

1.25.3.9　对于异形板的加工应根据现场实际尺寸制作硬纸板模型，根据模型尺寸在厂内进行异形板加工，满足现场安装准确，避免出现有空缺现象。

1.26　高架车站钢结构线型不顺畅

1.26.1　存在问题及现象描述

站台层钢结构安装线型不顺畅，观感质量差。

1.26.2　原因分析

1.26.2.1　钢梁冷弯成型过程中精度较差，拉弯机各千斤顶推力控制不均匀。

1.26.2.2　钢梁在整体拉弯后，分段过程中尺寸控制较差。

1.26.2.3　钢梁与系杆连接处的相贯口切割精度较差。

1.26.2.4　现场安装定位测量不够精细。

1.26.3　标准及控制措施

1.26.3.1　冷弯成型所用的模具应根据构件不同的曲率半径进行单独加工，并充分考虑模具自身的厚度对构件曲率半径的影响。

1.26.3.2　构件在弯曲过程中应严格控制，型钢弯曲矢高误差应控制在 $L/1000$ 且不大于 5mm。

1.26.3.3　弯曲成型时应考虑到夹具对构件两端头影响，下料尺寸应放大 20～25cm，作为夹具的接触面，避免成型后构件两端头竖向变形过大。

1.26.3.4　弯曲完成后的构件在进行分段时，应根据现场实际测量的尺寸进行分段，保证次梁现场安装尺寸。

1.26.3.5　次梁与系杆连接处的相贯口切割必须在工厂内采用相贯线切割机进行切割，切割面平面度应控制 0.05～2.0t 之间，严禁现场手工进行相贯口切割。

1.26.3.6　现场进行安装时应严格控制垂直度和侧向弯曲，定位前用线坠控制构件侧向弯曲和垂直度，控制标准为 $L/1000$ 且不大于 10mm；调整完毕后构件两端应同时进行固定，避免构件受力不均出现倾斜现象。

第 2 章　车站机电安装工程

城市轨道交通工程车站机电安装工程主要包含车站和区间的电气、通风和给水排水工程。机电安装工程常见质量的发生会影响到消防、环境评价、安全评价及防雷等项目的验收，甚至影响整条线路的正常运营。

2.1　金属风管表面不平整

2.1.1　存在问题及现象描述

矩形风管表面凹凸不平（图 2.1-1），安装好的风管发生变形，底部下沉（俗称“塌腰”）。

图 2.1-1　大口径风管加固

2.1.2　原因分析

2.1.2.1　风管制作时所用钢板厚度达不到规范要求。

2.1.2.2　风管制作时法兰尺寸与风管尺寸不配套。

2.1.2.3　大口径风管未按规范要求加固，导致风管表面不平，安装后出现底部下沉。

2.1.2.4　采用共板式自承法兰连接的大口径风管，法兰强度低，导致风管变形。

2.1.2.5　采用插条连接的大口径风管，接口强度低，导致风管变形。

2.1.2.6　镀锌钢板采用卷材，加工前未将板材调平。

2.1.2.7　防排烟系统风管一般采用法兰连接并用 3mm 厚的耐热橡胶垫和硅钛合钢材料等硬质材料作法兰垫料，由于法兰内侧在垫料的两边各有一层风管翻边，而外侧则没有，因此在螺栓紧固时，会出现法兰间距内宽外窄的情况，即两个法兰在连接面处互不平行，与风管铆接的那一面本应在一个平面上却成了外翻的“八”字形，与之相连的风管也随之外翻，因而造成风管外表鼓凸不平。

2.1.3　标准及控制措施

2.1.3.1　选用风管的板材厚度应符合设计或规范要求。

2.1.3.2　风管制作时风管及法兰的尺寸误差应控制在规范要求的允许偏差范围内。

2.1.3.3　按规范要求对大口径风管进行加固。

2.1.3.4　采用共板式自承法兰连接的风管，其使用条件应有一定的限制。根据工程应用经验，建议长边尺寸 2000mm 以下的矩形风管采用共板式自承法兰，大于 2000mm 的采用角钢法兰。

2.1.3.5　插条连接的风管应满足规范要求，应在长边尺寸≤630mm 的风管中采用。

2.1.3.6　镀锌钢板采用卷材时，在加工风管前应采用风管卷圆机等机械将卷材压平，消除圆弧。

2.1.3.7　采用法兰连接并用耐热橡胶垫等硬质材料作法兰垫料的防排烟系统风管，在法兰连接时可在螺栓外侧的垫料两边各垫一条与风管板材等厚、宽度约 10mm 的镀锌板条，这样可以消除因螺栓紧固而引起的风管外表面鼓凸变形。

2.2　防火阀功能失效

2.2.1　存在问题及现象描述

防火阀缺少支吊架（图 2.2-1），发生变形，无法满足正常使用功能。

图 2.2-1　风阀缺少支吊架

2.2.2　原因分析

2.2.2.1　防火阀安装后，没有及时安装支、吊架，最后统一安装时出现漏装的情况。垂直风管上安装的防火阀只在阀体一侧安装了支架，固定不稳。

2.2.2.2　支、吊架安装时，没有标出阀体中心线，导致支、吊架没有固定在阀体中间位置。

2.2.2.3　风阀预留位置不准，安装防火阀时未认真核对尺寸及标准、距墙表面超过 200mm。

2.2.2.4　防火阀长边尺寸大于等于 630mm 时，未设独立支、吊架。

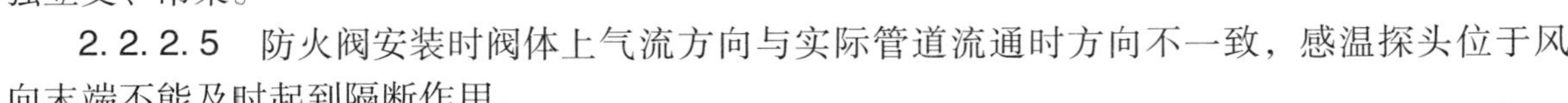

2.2.2.5　防火阀安装时阀体上气流方向与实际管道流通时方向不一致，感温探头位于风向末端不能及时起到隔断作用。

2.2.3　标准及控制措施

2.2.3.1　每一个防火阀安装完成后必须按设计及现行技术标准的规定安装支、吊架，然后再进行下一个防火阀的安装。施工过程中，对已安装的防火阀的支、吊架的设置情况进行复核。

2.2.3.2　防火阀支、吊架的大小、位置及标高要准确并满足设计及现行技术标准规定的要求。风阀支、吊架必须有足够的刚度和强度，在施工安装时必须对阀体两端进行四角吊装，以确保防火阀的独立与稳定性，保持受力均匀，不易变形。

2.2.3.3　垂直风管上的风阀在没有执行机构的两个相对的侧面均要设置支、吊架，支、吊架的大小、位置及标高要准确，不能影响风阀的正常开关。

2.2.3.4　防火阀的安装方向、位置应正确，距墙表面不应大于 200mm。在进行风管制作安装时，要精确控制穿越防火分区的风管管段，确保防火阀预留安装位置距墙表面不大于 200mm，同时不小于 100mm，在满足防火要求的同时，留出足够的操作及检修空间。

2.2.3.5　严格要求生产厂商的气流方向标示的正确性及明显性，实际安装施工时应仔细核对图纸确认管道气流方向后再进行安装。

2.3　出风口风量小

2.3.1　存在问题及现象描述

部分风口风量明显偏小甚至无风。

2.3.2　原因分析

2.3.2.1　风管安装采用法兰铆接连接时不规范，造成漏风量偏大。

2.3.2.2　支管接入干管时，支管直接 90°接入干管中。

2.3.2.3　风管接风口不规范或风管与风口间无连接管。

2.3.2.4　现场存在爬高弯时，施工单位擅自改变风管的尺寸。

2.3.2.5　风阀布置不符合设计要求。

2.3.2.6　空调器内的空气过滤器、表冷器、加热器堵塞。

2.3.2.7　总风管或支风管的风阀关闭。

2.3.2.8　风阀质量不佳，局部阻力大。

2.3.2.9　设计选用的风机全压和风量过小。

2.3.2.10　管道系统中矩形弯头导流片数量、角度及长度不满足规范要求。

2.3.3　标准及控制措施

2.3.3.1　应符合现行国家标准《通风与空调工程施工质量验收规范》GB 50243 的规定。

系统无生产负荷的联合试运转及调试应符合下列规定：系统总风量调试结果与设计风量的偏差不应大于 10%。

通风工程系统无生产负荷联动试运转及调试应符合下列规定：系统联动试运转中，设备及主要部件的联动必须符合设计要求，动作协调正确，无异常现象，系统经过平衡调整，各风口及吸风罩的风量与设计风量的允许偏差不应大于 15%。

2.3.3.2　风管与法兰采用铆接连接时，铆接应牢固、不应有脱铆和漏铆现象；翻边应平整、紧贴法兰，其宽度一致，且不小于 6mm；咬缝与四角处不应有开裂与孔洞；法兰垫片的厚度宜为 3 ~ 5mm，垫片应与法兰齐平，不得凸入管内；吊装前需做漏光试验，满足规范要求，漏光处采用不燃的密封胶进行密封；支管接入干管时，应通过一段变径管后方可接入，且连接处应有调节装置。

2.3.3.3　风管接风口时，需要通过引入管将风管与风口连接起来，且引入管与风口的连接处须牢固、密封。

2.3.3.4　遇到爬高弯时，尽量做到改变风管尺寸的同时，不改变风管的截面积。

2.3.3.5　风机运转前，空调器内应清扫干净，对初效过滤器敬请清除，减少空气阻力。

2.3.3.6　测定风量时，应将各支管及风口风阀全部开到最大位置，然后根据风机的电机运转电流将总风阀逐渐开到最大。

2.3.3.7　如风阀质量有问题时，应拆下风阀，后检查叶片与连杆是否有脱落现象。

2.3.3.8　检查风管系统阻力较大的部位，根据实际情况进行整改，以减少风机的压力损失。

2.3.3.9　空调器的选型应考虑表冷器或加热器的冷热负荷，不应忽略气流速度过大增加的动压损失。

2.3.3.10　矩形弯头导流片的设置应参照《建筑设备施工安装通用图集：11BS6-1 通风与空调工程》进行制作安装。

2.4　风机运行噪声大

2.4.1　存在问题及现象描述

风机运行时产生较大噪声或存在异响。

2.4.2 原因分析

2.4.2.1 风机安装不水平，有偏斜。

2.4.2.2 风机基础刚度不够。

2.4.2.3 风机叶轮失去原平衡精度。

2.4.2.4 平衡风机支承部件联接松动或减震座破损。

2.4.2.5 减震台座风机进出口管道安装不良，产生共振。

2.4.2.6 动叶积灰，污垢过量或腐蚀严重。

2.4.2.7 电机电流过大或温升过高。

2.4.2.8 流量超过规定值或风管漏风。

2.4.2.9 风道阻力过大，电机超负荷运行。

2.4.2.10 风机内存在异物。

2.4.3 标准及控制措施

2.4.3.1 风机安装时对轴承箱的找正、调平应符合下列要求：

1 轴承箱与底座应紧密结合。

2 检验整体安装的轴承箱的安装水平，在轴承箱中分面上纵、横向放置水平仪进行测量，其纵向安装水平也可在主轴上放置水平仪进行测量；其水平仪读数均不应大于 0.10/1000。

3 左、右分开式轴承箱的纵向和横向安装水平，以及轴承孔对主轴轴线在水平面的对称度应符合下列要求：

在每个轴承箱中分面上纵向放置水平仪，其水平仪读数不应大于 0.04/1000。

在每个轴承箱中分面上横向放置水平仪，其水平仪读数不应大于 0.08/1000。

在主轴轴颈处放置水平仪，其水平仪读数不应大于 0.04/1000。

轴承孔对主轴轴线在水平面内的对称度偏差不应大于 0.06mm。

可测量轴承箱两侧密封径向间隙之差不应大于 0.06mm。

叶轮安装在两独立的轴承箱之间，叶轮悬臂安装在两独立的轴承箱之间。

2.4.3.2 风机基础的制作应按照现行国家标准《风机、压缩机、泵安装工程施工及验收规范》GB 50275、《机械设备安装工程施工及验收通用规范》GB 50231 及相应的安装说明书进行。设备混凝土基础的位置、几何尺寸和质量要求，应符合现行国家标准《混凝土结构工程施工质量验收规范》GB 50204 的规定，并应有验收资料或记录。

2.4.3.3 风机安装完成后，需重新调节叶轮的静、动平衡精度。静平衡测试时将叶轮装上轴和轴承再放在平衡架上即可。动平衡测试需找一个双通道的动平衡仪，或找一些有专业平衡机的厂家。

2.4.3.4 须对风机各联接部件进行检查，是否有松动脱落的情况，须确保减震座的完好，避免破损引起的支承不稳情况。

2.4.3.5 规范风管的安装，应符合现行国家标准《通风与空调工程施工质量验收规范》GB 50243 的规定。

1 风管变径要采用渐扩或渐缩管，不能骤变。

2 分支管与主风管采用非 90°顺接。

3 矩形弯管的曲率半径为一个平面边长的内外同心弧，其他形式的弯管当平面边长大于 500mm 时，必须设置导流片。

4 风管弯头与弯头的间距不宜过小，避免涡流严重；风管制作的接缝和接管连接处必须牢固、严密；风管制作的接缝和接管连接处采取密封措施，密封面在风管的正压侧。

5　风管内导流片和消声器的制作必须符合设计或规范要求。

6　严格按照设计要求对风管进行加固（加固形式有横筋、立筋、内外角钢、扁钢、加固筋、管内支撑等）。

7　风管配件、风管部件与风管必须牢固连接，开关要灵活。

8　风管的隔振钢支、吊架的结构形式、尺寸、间距必须符合设计或设备技术文件规定，焊接要牢固，墙体、楼板不能刚性接触，要做隔振处理。

2.4.3.6　风机使用环境应经常保持整洁，风机表面保持清洁，进出风口不应有杂物。定期清理风机及管道内的灰尘等杂物。

2.4.3.7　风机启动时需注意启动电流和启动电压，全压启动时的电流为 5 ~ 7 倍的额定电流，降压启动转矩与电压平方成正比，当电网容量不足时，应采用降压启动。在运行过程中，应检查各相运转电流是否平衡、电流是否超过额定电流；若有不正常现象，应停机检查。风机达到正常转速时，应检查风机各相输入电流是否正常，风机的运行电流不能超过额定电流，若超过额定电流，应检查风机的电压是否正常。

2.4.3.8　风管设计时，流量不可过大，安装后需做漏风测试，减少噪声。

1　风管设计风速不宜过高，以减小空气涡流产生的噪声。一般干管内风速控制在 10m/s 以内，有特殊消声要求的空调系统的干管风速控制在 5m/s，支管风速不高于 3m/s，送风口风速控制在 2m/s 内。

2　在管路布置时人为地增加风管走向变化以便合理利用噪声的自然衰减。

3　各支路风管的设计风量尽量达到自然平衡。

4　当同一系统的不同房间噪声要求不同时，风管按照噪声要求由低到高的顺序进行布置，有特殊消声要求的房间加设支管消声器。

5　送风量与回风量应尽量接近平衡，避免室内外形成明显的压力差。

2.4.3.9　减少风道内的阻力对噪声的影响。

1　矩形风管宽高比不宜大于 4，最大不应超过 10；风管的截面尺寸宜按《通风与空调工程施工质量验收规范》GB 50243 中的规定确定。

2　风管弯头曲率过小或采用直角弯头时，应设导流叶片。

3　风管的变径应做成渐扩或渐缩形，其每边扩大收缩角度不宜大于 30°。

4　风管改变方向、变径及分路时，不应过多使用矩形箱式管件代替弯头、渐扩管、三通等管件；必须使用分配气流的静压箱时，其断面风速不宜大于 1.5m/s。

5　弯头、三通、调节阀、变径管等管件之间间距宜保持 5 ~ 10 倍管径长的直管段。

6　风机入口与风管连接，应有大于风口直径的直管段，当弯头与风机入口距离过近时，应在弯头内加导流片。

7　风管与风机出口连接，在靠近风机出口处的转弯应和风机的旋转方向一致，风机出口处到转弯处宜有不小于 3*D*（*D* 为风机入口直径）的直管段。

8　减少空气处理设备的阻力。

2.4.3.10　需做好风机的开箱检查工作，按设备装箱单清点风机的零件、部件和配套件及随机技术文件，并应齐全。

1　应核对叶轮、机壳和其他部位的主要安装尺寸，并应与设计相符。

2　风机型号、输送介质、进、出口方向（或角度）和压力应与设计相符。

3　叶轮旋转方向、定子导流叶片和整流叶片的角度及方向应符合随机技术文件和设计的规定。

4　风机外露部分各加工面应无锈蚀；转子的叶轮和轴颈、齿轮的齿面和齿轮轴的轴颈等主要零件、部件的重要部位应无碰伤和明显的变形。

5　风机的防锈包装应完好无损；整体出厂的风机，进气口和排气口应有盖板遮盖，无尘土和杂物进入。

2.4.3.11　通风机的安装应符合现行国家标准《通风与空调工程施工质量验收规范》GB 50243 的规定。

1　型号、规格应符合设计规定，其出口方向应正确。

2　叶轮旋转应平稳，停转后不应每次都停留在同一位置上。

3　固定通风机的递交螺栓应拧紧，并有防松动措施。

2.4.3.12　除此之外，为达到减振效果，风机的钢支架必须固定在混凝土基础上，钢支架与基础之间必须增加橡胶减振垫。全部风机及电动机组件都安装在整块的钢支架上，钢地架安装在基础顶部的减振垫上，减振垫宜采用多孔型橡胶板。

2.4.3.13　检查确认风机内没有异物，方可进行安装。

2.5　风管结露

2.5.1　存在问题及现象描述

风管表面与保温棉未密贴，保温功能失效，产生结露现象（图 2.5-1）。

图 2.5-1　风管与保温材料未密贴，结露后拆除

2.5.2　原因分析

2.5.2.1　风管在预制的过程中没有做好成品保护，风管吊装完成粘胶钉时没有对风管进行清理，风管不清洁，灰尘较多，保温胶钉与风管粘结不牢固。

2.5.2.2　进场的材料、配件的规格、型号及材质不符合设计及规范要求。

2.5.2.3　未做好技术交底工作，施工工艺未符合设计及规范要求。

2.5.2.4　保温钉长度不够，玻璃棉被压产生反作用力，将压板顶开。

2.5.2.5　玻璃棉施工前，保温胶干化时间太短，胶钉与风管未完全粘结牢固。

2.5.2.6　保温钉的分布不均匀或数量不够，尤其是侧面和顶部因难观察，容易少装。

2.5.2.7　未有效进行成品保护，造成保温棉破损。

2.5.2.8　过滤网积尘太多，空气流速太大，挡水板带水。

2.5.3　标准及控制措施

2.5.3.1　风管绝热层采用保温钉连接固定时，应符合下列规定：

1　保温钉与风管、部件及设备表面的连接，可采用粘接或焊接，结合应牢固，不得脱落。

2　矩形风管或设备保温钉的分布应均匀，其数量底面每平方米不应少于 16 个，侧面每平方米不应少于 10 个，顶面每平方米不应少于 8 个。首行保温钉至风管或保温材料边沿的距离应小于 120mm。

2.5.3.2　风管粘胶钉前应对风管表面进行全面清理，去除表面污垢，保温钉的长度应保证不压缩玻璃棉。

2.5.3.3　保温胶要同时涂在保温钉及风管的粘接面上，待干透固定牢固后方可安装玻璃棉。

2.5.3.4　加强对进场的材料、配件的规格、型号及材质的检查工作，其技术指标应符合设计及规范要求。

2.5.3.5　在施工前应做好技术交底工作，施工工艺应符合设计及规范要求。

2.5.3.6　保温钉长度应按照规范要求选定，不可随意变换长度。

2.5.3.7　玻璃棉施工前，保温胶的干化时间应按相关规范要求执行。

2.5.3.8　保温钉应按规范规定的数量均匀分布，重点要检查风管顶部等不易看见的部位。

2.5.3.9　应符合现行国家标准《通风与空调工程施工质量验收规范》GB 50243 的规定。

1　管道安装应符合以下规定：保温管道与套管四周间隙应使用不燃绝热材料填塞紧密。

2　当采用玻璃纤维布作绝热保护层时，搭接的宽度应均匀，宜 30 ~ 50mm，且松紧适度。

2.5.3.10　制定专项成品保护措施，由专人进行巡查，发现保温棉有破损的部位，及时修复。

2.5.3.11　及时清理滤网，保证气体流动顺畅，调节进风温度，降低温差。

2.6　管道穿楼板、墙面处漏水

2.6.1　存在问题及现象描述

管道穿楼板、墙面处锈蚀、漏水，管道使用年限缩短。

2.6.2　原因分析

2.6.2.1　管道穿楼板处未设置套管（图 2.6-1）。

2.6.2.2　管道穿楼板的套管高出装饰面高度未满足规范要求。

2.6.2.3　套管与管道之间缝隙未填实。

2.6.2.4　套管与楼板之间封堵不密实（图 2.6-2）。

图 2.6-1　管道穿楼板未设置套管

图 2.6-2　套管周边封堵不严密

2.6.3　标准及控制措施

2.6.3.1　管道穿越楼板处为固定支承点时，管道安装结束应配合土建进行支模，并应采用 C20 细石混凝土分二次浇捣密实。灌注结束后，结合找平层或面层施工，在管道周围应筑成厚度不小于 20mm，宽度不小于 30mm 的阻水圈。

2.6.3.2　管道穿越楼板处为非固定支承时，应加装金属或塑料套管，套管高出地面不得小于 50mm。

2.6.3.3　管道穿过墙壁和楼板，应设置金属或塑料套管。安装在楼板内的套管，其顶部应高出装饰面 20mm；安装在卫生间内的套管，其顶部应高出装饰面 50mm，底部应与楼板底面相平；安装在墙壁内的套管其两端与饰面相平。

2.6.3.4　穿过楼板的套管与管道之间缝隙应用阻燃密实材料和防水油膏填实，端面光滑。穿墙套管与管道之间缝隙应用阻燃密实材料填实，且端面光滑。管道的接口不得设在套管内。

2.6.3.5　随土建施工同时安装。在套管施工之前，各专业应核实施工图纸，编写书面的技术资料，资料内容包括：预留出套管的专业、功能、管径、数量、距相邻轴线的位置，以便施工和检查。

2.6.3.6　套管在管道安装前安装。在灌注混凝土结构的时候按图纸要求留置孔洞，装管前吊线定位，埋设套管，管口两头要做好封堵。防水套管焊防水圈，做好套管防腐。

2.7　自动喷淋头喷水、排水不畅

2.7.1　存在问题及现象描述

喷头喷水时被吊顶上的灯盘、烟雾感应器、扬声器等装置挡住了喷水的方向，末端试水装置处未设置排水装置或排水不畅。

2.7.2　原因分析

2.7.2.1　严格按照图纸要求安装相应位置的喷头。

2.7.2.2　末端试水装置处未设置排水措施或末端试水装置设置不合理。

2.7.2.3　喷头的安装未按规范要求设置。

2.7.3　标准及控制措施

2.7.3.1　严格按照装修的二次排板图来布置喷头，防止各专业之间产生交叉。

2.7.3.2　水平支管的位置必须保证准确，水平支管尽量贴底梁敷设，保证充足的施工作业面。连接喷头的垂直短管应在水平支管处固定牢靠，其长度应在吊顶龙骨调整完毕后，根据吊顶材料厚度再进行制作、安装。

2.7.3.3　喷淋系统最不利喷头附近常常没有排水设施，少数施工单位从系统管网的非末端接入试水装置，导致无法真实检测系统最不利点的流量和压力。

2.7.3.4　末端试水装置的压力表及控制阀的安装高度宜离地面 1.5m。末端试水口的下端应设有间接排水的漏斗和排水管，以便于试水时的排水。

2.7.3.5　应按现行国家标准《自动喷水灭火系统设计规范》GB 50084—2001（2005 版）第 5.7.1.1 条中规定：喷头应布置在顶板或吊顶下易于接触到火灾热气流并有利于均匀布水的位置。试水装置由表前阀门、压力表、试水接头等组成，此装置的表前阀门在打开之前阀后管内应无水，表读数应是零；而在打开后其静压值也应为零。

2.7.3.6　按现行国家标准《自动喷水灭火系统施工及验收规范》GB 50261—2005 第 6.5.2 条图示要求在压力表后多设置一个阀门，试水操作人员可以在“准工作状态”下把表后阀门常闭，表前阀门常开，这样压力表可以随时显示管网末端的压力。

2.7.3.7　加强沟通协调，把握施工时机。喷头安装的关键是与装修单位做好配合协调工作，避免管材在施工过程中发生冲突。例如：喷淋支管应在天花板龙骨安装前安装完毕；安装喷头短管前，精装吊顶基准线及标高线要投射完毕，与装修队伍做好交接工作；喷头短管在龙骨调整定位后才能安装；天花板开孔需要装修单位配合完成等等。

2.7.3.8　贯彻执行放线制及样板制。

2.7.3.9　天花板开孔位置要准确。开孔大小应合适，过大则影响外观，过小则影响施工操作和喷头动作的灵敏度。一般情况下，开孔直径以大于支撑盖最大外径5～10mm为宜。

2.7.3.10　喷头安装必须使用规定的专用扳手安装，安装时严禁对喷头的框架、活动溅水盘施加外力。护盖安装时要小心，保护好溅水盘。护盖与天花板的间隙宜调整至约5mm。隐蔽式喷头的护盖相对于支撑盖可进行一定范围的高度调整，可以根据现场护盖与天花板的间隙进行微调。

2.8　水管连接处漏水

2.8.1　存在问题及现象描述

水管连接处发生偏位、下垂，造成管道漏水。

2.8.2　原因分析

2.8.2.1　管道平整度有误差，切口处有毛刺。

2.8.2.2　橡胶圈内存在杂质或老化，造成管道连接处不密闭。

2.8.2.3　卡箍安装时，螺栓未对称拧紧，或丝扣连接管道未涂白乳漆或涂层太薄。机械卡箍处未与开孔位置对准或开孔过大，管道连接处容易渗漏。

2.8.2.4　沟槽深度以及宽度不符合规范要求。

2.8.2.5　支架缺失严重，造成管道卡箍连接处受力过大，当系统通水时，引起管道下垂渗漏。

2.8.3　标准及控制措施

2.8.3.1　管道连接处平整度误差不应大于1.5mm，确保管道连接是对接平直，切口处若有毛刺，应用砂轮机打磨平整。

2.8.3.2　在操作中，应先用刷子将橡胶圈清扫干净后再使用。

2.8.3.3　在卡箍安装过程中应对称拧紧螺丝，使橡胶圈受力均匀，确保管路密闭。

2.8.3.4　在施工过程中，根据管道规格的不同调整限位，使压制的沟槽宽度、深度在规定范围内，管道压槽工序后，用游标卡尺、深度尺再次检查沟槽的深度和宽度。

2.8.3.5　按管路设计及结合现场情况安装管道支架、吊架，确保支（吊）架设置在接头和三通、四通、弯头、异径管等管件两侧，且与接头的净距离应控制在150～300mm范围内。

2.8.3.6　管道的沟槽压制加工后，应检查沟槽加工的深度和宽度，管端与沟槽外部必须无划痕、凸起或滚轮的印记等缺陷，保证管道的密封性能；同时应对管道内壁沟槽挤压加工部位涂刷防锈漆加以保护。

2.8.3.7　利用电动机械压槽机加工，管道压槽预制时，应根据管道口径大小配置（调整）相应的压槽模具，同时调整好管道滚动托架的高度，保证被加工管道的水平，并与电动机械压槽机中心对直，确保沟槽加工质量。

2.8.3.8　管道经检验合格后，按照管道的预制加工单线图，进行管道的下料、压槽预制；同时按照管道的坐标、标高、走向，进行管道的支（吊）架的预制、加工和安装。

2.8.3.9　管道在组对安装前，检查使用的夹箍衬垫的型号、规格；夹箍衬垫安装时，应在衬垫的凸缘和外侧涂抹薄层润滑剂，再将衬垫套在一侧管道上，保证衬垫不伸出管端，待另一侧管道对口到位后，将衬垫安装到位，衬垫不应延伸到任何一个槽中。

2.8.3.10　管道及管件在组对安装前，应检查使用的夹箍外壳的型号、规格；应检查管道安装的同心度、管道的三通、弯头与阀类安装、开启方向，确认无误后，方可轮流、均匀地上紧两侧螺栓，确保管道的夹箍外壳两条筋与管道沟槽均匀、紧密接触。

2.8.3.11　管道夹箍式“机械三通”安装：在管道安装到位后，根据施工图设置的坐标位置现场定位，并采用专用配套的电动机械钻孔机钻孔（选用专用配套钻头），其孔径应比“机械三通”的“定向器”安装环稍大一点；“机械三通”安装时，应检查其产品规格、尺寸是否符合产品设计要求，安装“定向器”与安装环时，应确保与开孔口对准，安装定位后，应均匀带紧两侧螺栓，使“机械三通”与管道紧密、均匀地结合，保证“机械三通”的接口部位的严密性、刚度与强度。

2.9　消火栓箱不能正常使用

2.9.1　存在问题及现象描述

消火栓口朝向不正确，单栓消火栓安装于门轴一侧（图 2.9-1）；栓口中心距地面高度、箱底标高、栓口距箱后面及侧面距离不满足规范要求；暗装的消防箱箱体变形，箱门启闭不灵活；公共区暗装的消防箱由于墙体到玻璃门的距离不够，导致装修装饰门无法关严；箱门开启角度不足 160°。

图 2.9-1　消火栓箱门开启方向错误，导致箱门无法开启到正常位置

2.9.2　原因分析

2.9.2.1　消火栓箱的几何尺寸不符合规范要求，箱体厚度过小，不能满足栓口朝外的规定；消火栓安装时未按规范安装。

2.9.2.2　消火栓预留孔洞位置或尺寸不正确，安装消火栓箱时未认真核对尺寸及标准。

2.9.2.3　砖墙上的消火栓箱孔洞上部未采取承重措施，箱体受力变形。

2.9.2.4　消火栓箱在运输、储存中乱堆乱放，箱体碰撞变形，导致箱门开启不灵活。

2.9.2.5　箱门开启方向障碍物阻挡或门体装饰面厚，门轴距离小，致使开启角度不足，影响使用。

2.9.3　标准及控制措施

2.9.3.1　消火栓箱体的几何尺寸和厚度尺寸应符合设计及现行国标图集的规定。消火栓应参照标准图集安装，单栓消火栓的栓口出水方向宜向下或与设置消火栓的墙面相垂直。

2.9.3.2　暗装消火栓应在土建主体施工时预留孔洞，预留孔洞大小、位置及标高应准确并满足消火栓及箱体安装的要求。消火栓箱体安装时要考虑装饰层的厚度，应保证箱体安装高度正确。

2.9.3.3　设于砖墙上的暗装消火栓箱体上部应采取承重措施，以防止箱体受压变形而影响箱门的开启。

2.9.3.4　按照规范要求，应将栓口接管与箱底留孔间隙处进行防火封堵，箱体背板不得外露出墙面，如箱体所在的墙面厚度小于箱体厚度，应采用防火材料对箱体背板后面进行处理，且处理后不应低于同房间耐火等级。

2.9.3.5　消火栓箱内栓、水枪、水龙带及快速接扣应按设计及图纸要求配置齐全，其产品必须符合消防部门批准生产、销售、使用的合格品，水龙带与快速接扣一般采用 16 号铜丝（ϕ16）缠绕 2 ~3 道，每道缠绕 3 ~4 圈，扎紧后将水龙带和水枪挂于箱内挂架或卷盘上。

2.9.3.6　按规范要求，确保箱门开启角度。

2.10　盘柜母线无法搭接

2.10.1　存在问题及现象的描述

成套箱（柜）型钢底座不平整，水平度和垂直度偏差过大。嵌装箱、盘箱体不垂直、顶部受压变形。柜、箱、盘的金属框架及基础型钢不符合要求。导致柜、箱、盘内母线接线不能有效紧固。

2.10.2　原因分析

2.10.2.1　柜、盘本身几何尺寸误差大，安装过程中又未及时进行调整。

2.10.2.2　柜、盘安装时没有准确的测量及复核安装高度。

2.10.3　标准及控制措施

2.10.3.1　柜、盘安装前，应对基础地面平整度进行复核，合格后，方可进行安装。

2.10.3.2　焊接预埋型钢前，应将钢材校平、校直，焊接过程中预防焊接变形，施工完成后注意成品保护。

2.10.3.3　严格按规范、图纸要求进行配电箱、盘柜的测量及安装。

2.10.3.4　柜、屏、台、箱、盘安装垂直度允许偏差为 1.5‰，相互间接缝不应大于 2mm，成列盘面偏差不应大于 5mm。

2.10.3.5　柜、屏、台、箱、盘相互间及与基础型钢应用镀锌螺栓连接，且防松零件齐全。如安装方式为点焊，应注意焊接前的盘柜固定及防腐。

2.11　电缆非正常发热、漏电

2.11.1　存在问题及现象的描述

图 2.11-1　电缆扭曲

电缆在敷设时因碰到尖锐物或人为原因造成电缆划伤、扭曲，甚至严重划伤等（图 2.11-1），导致电缆非正常发热、漏电。

2.11.2　原因分析

2.11.2.1　采购的配线管道的管径或厚度达不到规范要求，造成配管弯曲段的截面变小，敷设时造成电线、电缆表面损伤。

2.11.2.2　配管切口不平且毛刺未清理，配管过长未按规范设置接线盒，配管采用了焊接连接。

2.11.2.3　敷设时场地未清理，地面上有尖锐的材料。

2.11.2.4　桥架弯曲半径偏小，造成电缆芯产生的压缩拉伸严重，从而损伤了缆芯的绝缘外层。

2.11.2.5　暗埋式配管采用卡套连接的，在灌注混凝土前部分卡套脱落，造成砂浆流入配管中，敷设时造成电线、电缆表面刮破。

2.11.2.6　电缆敷设时，直接在地上拖引，造成电缆表面磨损。

2.11.2.7　机械施放电缆时，牵引力过大，从而损坏电缆。

2.11.2.8　施放时电缆盘的旋转方向错误，造成压扁或刮伤电缆外护套。

2.11.3　标准及控制措施

2.11.3.1　电缆桥架转弯处的弯曲半径，不小于桥架内电缆最小允许弯曲半径，电缆最小允许弯曲半径应符合表 2.11-1 的规定。

电缆最小允许弯曲半径　　表 2.11-1

项目			弯曲半径
电缆最小允许弯曲半径	油浸纸绝缘电力电缆	单芯	$\geqslant 20d$
		多芯	$\geqslant 15d$
	橡皮绝缘电力电缆	橡皮或聚氯乙烯护套	$\geqslant 10d$
		裸铅护套	$\geqslant 15d$
		铅护套钢带铠装	$\geqslant 20d$
	塑料绝缘电力电缆		$\geqslant 10d$
	控制电缆		$\geqslant 10d$

2.11.3.2　金属导管严禁对口熔焊连接。镀锌和壁厚小于等于 2mm 的钢导管不得套管熔焊连接。

2.11.3.3　配管超过下列长度，中间应加装接线盒或拉线盒：直线部分不超过 30m，一个弯不超过 20m，二个弯不超过 15m，三个弯不超过 8m。

2.11.3.4　采购的配线管道的管径及厚度必须达到设计要求。

2.11.3.5　施工前，对施工人员进行相关的交底工作。

2.11.3.6　架设时，应注意电缆轴的转动方向，电缆引出端应在电缆轴的上方。人工拉引电缆时为避免电缆受拖拉而损伤，可把电缆放在滚轮上，拉引电缆的速度要均匀，采用机械牵引时，一般牵引速度为 5～6m/min。

2.11.3.7　电缆穿管前清除管内垃圾及积水，敷设时管口做好保护措施。

2.11.3.8　暗埋式电缆在灌注混凝土前，应对配管进行全部检查，发现卡套脱落的及时补设。

2.11.3.9　电缆敷设应避免电缆交叉现象。

2.12　盘柜无法检修

2.12.1　存在问题及现象的描述

配电间狭小或者配电间存放的箱柜太多造成盘柜开启角度过小，无法检修。

2.12.2　原因分析

设计或施工时未充分考虑现场条件。

2.12.3 标准及控制措施

2.12.3.1 柜、屏、台、箱、盘安装垂直度允许偏差为1.5‰，相互间接缝不应大于2mm，成列盘面偏差不应大于5mm。

2.12.3.2 照明配电箱（盘）安装应位置正确、部件齐全，箱体开孔与导管管径适配，暗装配电箱箱盖紧贴墙面。安装牢固，垂直度允许偏差为1.5‰，底边距地面为1.5m，照明配电板底边距地面不小于1.8m。

2.12.3.3 盘柜开启面距离墙面应大于1.2m，防止盘柜无法正常开启后造成无法检修。

2.13 灯具不亮或闪烁

2.13.1 存在问题及现象的描述

灯具供电回路闭合后，灯具不亮或者闪烁。

2.13.2 原因分析

2.13.2.1 连接灯具的火线或零线出现断路或短路。

2.13.2.2 连接灯具的线缆有虚接及接地现象。

2.13.2.3 灯具选择不合格，使用劣质产品，使用后发生损坏，未及时检修。

2.13.3 标准及控制措施

2.13.3.1 接线工作应由经过培训的持证人员完成。灯具接线尽量避免中间接头，如果有，做好中间接头的制作工艺，尤其注意电缆接头绝缘的保护。

2.13.3.2 电缆头制作前应检查其位置、型号、规格电压等级是否与设计图纸相符。电缆绝缘状况应良好，无受潮，电缆内不得进水。

2.13.3.3 须选用与线芯截面相同的线鼻子，铜线鼻子镀锡表面应光滑、干净，压接模具与线鼻子配合恰当，压接后应将端子的凸痕修理光滑，不得残留刺头。

2.13.3.4 制作电缆头时，从剥切电缆开始应连续操作，尽量减少电缆绝缘的暴露时间。剥切时不应损伤线芯和保留的绝缘层。线芯及电缆终端头的附件必须清洁。

2.13.3.5 对于灯具选择必须严格按照设计要求，不得私自调换。

2.14 设备外壳漏电

2.14.1 存在问题及现象的描述

电气设备没有接地或接地不符合要求，使得设备和人之间产生电势差，导致人员触电、设备损坏。

2.14.2 原因分析

2.14.2.1 施工人员对TN-S、TN-C、TN-C-S、TT系统不熟悉。强电接地弱电接地不分，工作接地保护接地不分。施工前技术交底未落实到人，现场作业人员未按要求进行接地施工。

2.14.2.2 接地线不能有效贯通，在螺纹链接的线管与线管之间、非镀锌桥架与桥架之间、水管等接地点常出现漏接。

2.14.3　标准及控制措施

2.14.3.1　加强对一线施工人员的培训，施工人员应熟悉 TN-S、TN-C、TN-C-S、TT 系统，理解强电接地、弱电接地，工作接地和保护接地不能混用。

2.14.3.2　施工过程中安排专人排查接地施工的贯通性（图 2.14-1）。

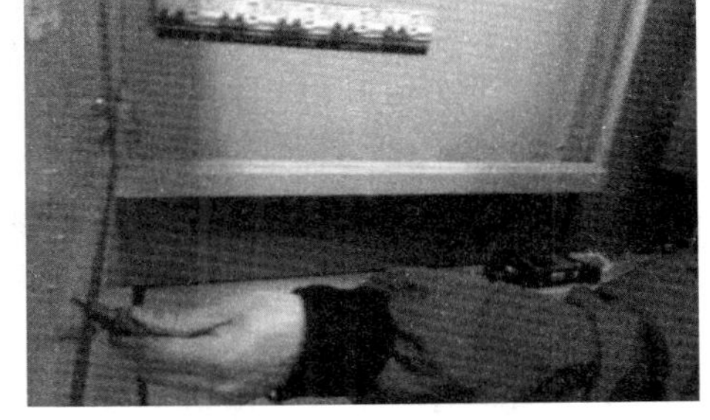

图 2.14-1　通电前进行阻值测试

2.15　桥架过沉降缝出现形变

2.15.1　存在问题及现象的描述

桥架经过变形缝或者沉降缝时没有设置补偿措施或者补偿措施设置不正确，桥架变形或者断裂。

2.15.2　原因分析

2.15.2.1　施工人员为了减少支、吊架数量，节省材料和工时，或技术人员的技术交底不清楚。

2.15.2.2　施工单位未按照设计要求采用正确型号的吊杆，为节约成本私自降低标准，或设计单位未明确吊杆型号。

2.15.2.3　未认真审阅图纸，不清楚变形缝设置位置，不清除变形缝处需增加补偿装置。

2.15.2.4　设计人员考虑不周，现有桥架走向不能满足桥架内所有电缆的弯曲半径，或施工单位未按照施工图纸私自改动桥架或电缆走向。

2.15.2.5　水平方向安装的支吊架间距大于 3m，有可能会造成部分桥架段无支、吊架，导致桥架连接处受力，造成机械破坏。

2.15.2.6　垂直方向安装的支吊架间距大于 2m，容易造成电缆固定不牢靠，甚至滑落的风险。

2.15.2.7　所用的吊杆型号过小，造成垂直方向承受的拉力极限小，若桥架内电缆过多，会有桥架坠落风险。

2.15.2.8　桥架设置补偿措施不充分，易造成桥架的变形拉断。

2.15.2.9　桥架与支架间固定不牢靠，会造成桥架松动，遇外力有滑动风险。

2.15.3　标准及控制措施

2.15.3.1　当设计无要求时，电缆桥架水平安装的支架间距为 1.5～3m。

2.15.3.2　当设计无要求时垂直安装的支架间距不大于 2m。

2.15.3.3　施工中所用吊杆，必须严格按照设计要求采购，并经过专业部门现场测试，合格后方可使用。

2.15.3.4　直线段钢制电缆桥架长度超过 30m、铝合金或玻璃钢制电缆桥架长度超过 15m 应设有伸缩节。电缆桥架跨越建筑物变形缝处应设置补偿装置。

2.15.3.5　桥架与支架间螺栓、桥架连接板螺栓固定紧固无遗漏，螺母应位于桥架外侧。当铝合金桥架与钢支架固定时，有保证绝缘的防电化腐蚀措施。

2.15.3.6　电缆桥架转弯处的弯曲半径，不小于桥架内电缆最小允许弯曲半径。

2.15.3.7　电缆桥架安装前，用红外线测距仪定位，保证其水平支吊架间距符合标准。在进出接线盒、箱、柜及转角、转弯、变形缝两端、丁字接头三端处，在 500mm 以内应设置固定点。安装支、吊架时应注意：调顺直吊架或支架，再分段将线槽放在吊架或支架上。调整后支、吊架的受力点受力应均匀，固定牢固，平整美观，无扭曲、变形等现象。

2.15.3.8　桥架遇垂直方向安装路径时，应提前弹好定位线，确保支吊架间距小于 2m，垂直方向与水平方向转弯处，两端均应当增加支架固定。

2.15.3.9　施工单位应当按照设计要求采购正确型号的吊杆，做好进场材料检测工作，合格后方可现场使用。

2.15.3.10　技术人员在施工前应当找出现场变形缝位置，明确哪些地方需要设置补偿装置，安装过程中遇到变形缝处，桥架本身应断开，桥架用内连接板搭接，一段可自由活动，但此处应跨接接地，缺补偿装置的地方应增加补偿装置。

2.15.3.11　严格管理，加强施工人员的责任心，螺栓缺失的应补齐，螺母应在线槽外侧，以防止割线。

2.15.3.12　桥架敷设应横平竖直，桥架进行交叉转弯、丁字连接或变径时，应采用配套专用单通、弯通、三通、四通或变径等进行变通连接。桥架与箱、盘、柜等分支连接，应采用配套专用定型产品，进行固定连接。

2.16　接地扁钢腐蚀严重

2.16.1　存在问题及现象的描述

接地扁钢未作防腐蚀处理，扁钢腐蚀严重，接地电流不能迅速、大量地导入大地，有可能导致人员、设备受损。

2.16.2　原因分析

2.16.2.1　土壤酸碱性较大，腐蚀严重。

2.16.2.2　接地焊接处未进行防腐处理。

2.16.2.3　地网材料的选择未根据土壤酸碱性进行适当调整。

2.16.3　标准及控制措施

2.16.3.1　土壤的酸碱性如不符合要求，应进行土壤改良，必要时可进行换土作业。

2.16.3.2　地网材料可选用热镀锌钢材或渗锌钢材，亦可采用铜材。

2.16.3.3　焊接处应先进行防腐处理（涂刷两遍铁红防锈漆），再刷银粉。所有焊接部位至少应有 3 个棱边要焊接。

2.16.3.4　接地体引出线的地面以下部分及接地装置的焊接处都要用沥青防腐，在做防腐之前，表面必须除锈并去除焊接处残留的焊药。

2.16.3.5　在折弯处禁止采用高温加热处理，因为高温加热后，钢铁的有效截面发生变化，不能保证足够的通流量。

2.16.3.6　为避免遗留事故隐患，接地网回填土之前必须经专业人员验收，验收资料及改造图纸存档待查。

2.17　灯具安装不规范

2.17.1　存在问题及现象的描述

灯具安装过程中偏位、不顺直（图 2.17-1）。成排灯具安装时水平度垂直度偏差大。天花吊顶筒灯开孔过大不整齐。

图 2.17-1　灯具中心线不顺直

2.17.2　原因分析

2.17.2.1　个别灯具的型号、规格、安装位置、安装高度不符合设计要求。如厨厕间设计为防水灯，而实际安装多为普通灯。

2.17.2.2　施工人员放线时责任心不强，致使灯具安装时不垂直或者不水平。

2.17.2.3　测量时或者开孔时没有按照既定的灯具尺寸来开孔造成开孔过大影响美观。

2.17.3　标准及控制措施

2.17.3.1　应按照设计图纸对灯具的位置进行精确放线，同时制作开孔图，以确保灯具的位置、数量、孔洞尺寸符合设计图纸要求。

2.17.3.2　灯具重量大于 3kg 时，固定在螺栓或预埋吊钩上。

2.17.3.3　软线吊灯，灯具重量在 0.5kg 及以下时，采用软电线自身吊装。大于 0.5kg 的灯具采用吊链，且软电线编叉在吊链内，使电线不受力。

2.17.3.4　灯具固定牢固可靠，不使用木楔。每个灯具固定用螺钉或者螺栓不少于 2 个。当绝缘台直径在 75mm 及以下时，采用 1 个螺钉或者螺栓。

2.18　设备、盘柜电缆损伤

2.18.1　存在问题及现象的描述

因鼠患可能造成线路接地、短路等原因，不仅烧坏设备，还常造成变电所跳闸，扩大停电事故。

2.18.2　原因分析

2.18.2.1　外部环境造成老鼠多，老鼠常在变电所内啃咬。

2.18.2.2　孔洞封堵不严，门窗损坏或破损，门窗未关或未关严。未装防鼠挡板或防鼠挡板损坏不起作用。

2.18.2.3　主变过桥未装防鼠罩。

2.18.2.4　盘柜柜门缝隙大关不严。

2.18.2.5　主进柜、联桥柜水平母线对地（防鼠）距离小。

2.18.3　标准及控制措施

2.18.3.1　挡鼠板应由特质铝合金材质制作而成，挡鼠板表面经过防腐处理，坚硬、美观。

2.18.3.2 挡鼠板安装在门框上，施工方便快捷，易拆卸，方便搬运设备。

2.18.3.3 挡鼠板上部贴有反光条，夜间容易辨别，防止人员被绊倒。

2.18.3.4 挡鼠板的高度常规尺寸为50cm，宽度可根据实际要求制作。

2.19 线缆号牌、标示混乱

2.19.1 存在问题及现象的描述

调试或者检修时相关控制电缆无法迅速辨识（图2.19-1）。

图2.19-1 线缆号牌安装不规范

2.19.2 原因分析

2.19.2.1 技术交底不清，未落实到一线操作人员，未标套线号。

2.19.2.2 施工人员责任心不够，未安装对应号牌。

2.19.2.3 施工过程中，施工人员粗心大意，未整理线路，导致线路混乱缠绕，无法分清。

2.19.3 标准及控制措施

2.19.3.1 二次回路所有线路必须采用打码机打好线号套管，并套在线路上。

2.19.3.2 加强一线施工人员交底及培训，要求电缆号牌统一用电脑打印机打印在白色套管上，号牌排列要整齐，标字一律朝外，号牌长度一致，写法一致。

2.19.3.3 电缆敷设时每间距5~10m悬挂一处电缆牌，电缆转弯处须悬挂电缆牌。

第 3 章　车站建筑装饰装修工程

城市轨道交通装饰装修工程主要集中体现在抹灰工程、门窗工程、吊顶工程、墙饰面工程、地面工程、幕墙工程等方面，经常会出现的质量问题有：涂料装饰层空鼓、开裂；外立面装饰材料变形、变色；墙面装饰材料节点处理不当；门窗变形、不牢固导致无法正常开启；地面石材铺贴局部空鼓、泛碱等。

3.1　环氧地坪起泡、起皮、不平整

3.1.1　存在问题及现象描述

环氧地坪起泡（图 3.1-1）、起皮（图 3.1-2）、表面不平整。

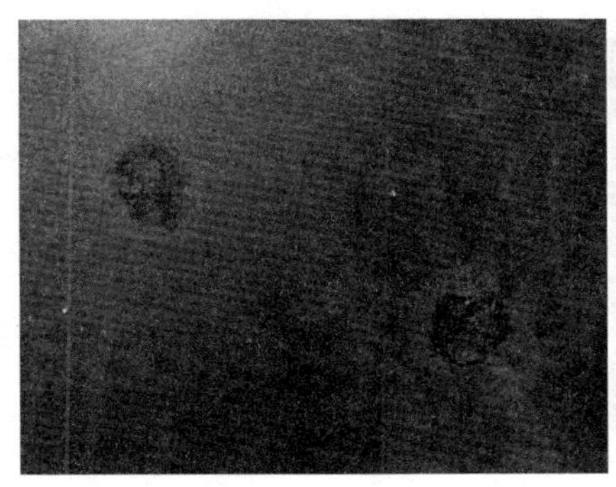

图 3.1-1　起泡

图 3.1-2　起皮

3.1.2　原因分析

3.1.2.1　结构体地面水气湿度偏高；未做断水处理或底漆封闭不良。

3.1.2.2　涂料混合后反应速度过快，混合液黏度过高，气温较低，造成消泡较慢；地坪粗糙多孔。

3.1.2.3　环氧地坪涂料与基层附着力差，涂料本身遮盖力不佳。

3.1.2.4　施工中混入杂质，地面不平整，起伏过大或施作地坪规格太薄；材料涂布时，黏度过大，甚至产生硬块；施工过程中断料。

3.1.3　标准及控制措施

3.1.3.1　施工前，应按照现行国家标准《环氧树脂地面涂层材料》JC/T 1015 的规定，对材料及施工方法进行试验。

3.1.3.2　结构混凝土须有 C20 以上强度，表面平整无起砂现象，灌注后养护期应达到 28d，表面平整度（要求 2m 靠尺测量）≤3mm。

3.1.3.3　混凝土地坪含水率 <8%，空气湿度 <80%，施工温度控制在 20～25℃，低于 5℃以下须延期施工。

3.1.3.4　冬季选用黏度低、流动性较好的涂料；夏季选择反应速度较慢的涂料；环氧树脂涂料必须充分搅拌均匀。

3.1.3.5　底板混凝土结构层下须做防潮处理，避免底板环氧地坪受水气影响，发生起泡

脱层现象。

3.1.3.6　涂料混合均匀后，宜静置消泡3~5min，涂布抹平时，表面不允许有气泡。

3.1.3.7　正确使用镘刀均匀涂布，涂层厚薄均匀，施工过程中不得断料。

3.1.3.8　环氧施工完后避免阳光的照晒，减少环氧层表面和里面温差的变化。

3.1.3.9　在基层或防水层上施工前应把灰尘杂物等清理干净。施工后的环氧层、基层或防水层之间不得留空隙。

3.1.3.10　施工完工后3d内地坪不得上人或受压，应做好成品保护。

3.2　人造石变形、空鼓、变色

3.2.1　存在问题及现象描述

人造石变形、开裂（图3.2-1）、空鼓、变色（图3.2-2）。

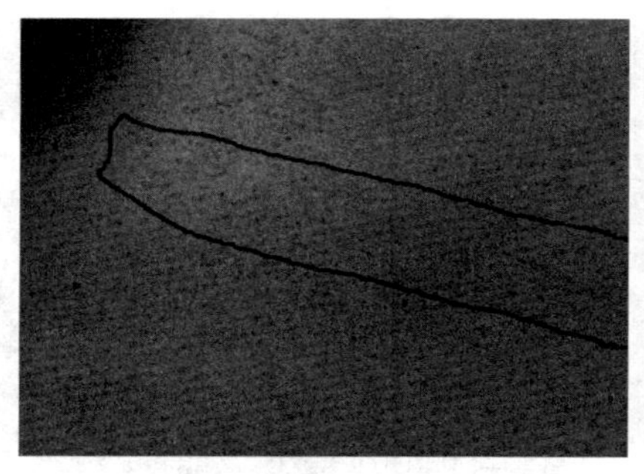

图3.2-1　开裂

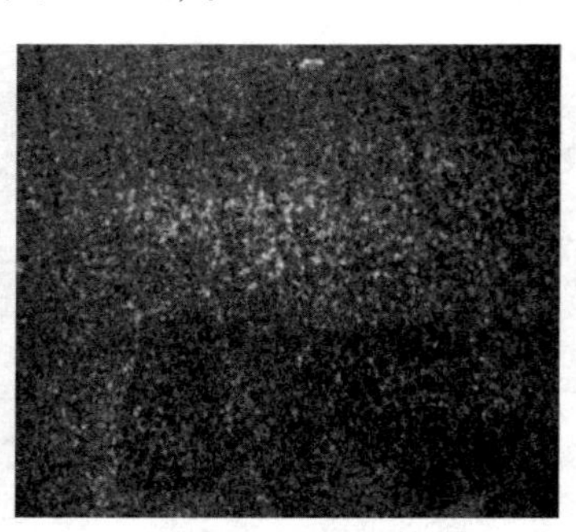

图3.2-2　变色

3.2.2　原因分析

3.2.2.1　铺贴施工时人造石原材存在变形、开裂等质量缺陷。

3.2.2.2　采用水泥砂浆或水泥浆直接铺贴，未使用专用粘结剂。

3.2.2.3　未留置施工缝或施工缝留置不合理。

3.2.2.4　施工完成后成品保护不当，影响石材粘结力，造成人造石变形、空鼓、开裂。

3.2.3　标准及控制措施

3.2.3.1　人造石石材进场时应对材料品种、规格、外观和尺寸进行验收，必须提供产品的合格证书和及相关性能的检测报告。材料进场后按规定进行抽样检测，经检测合格后方可施工。

3.2.3.2　面层施工前应对基层的施工质量进行验收，经验收合格后方可进行人造石面层的施工。

3.2.3.3　应制定石材铺贴原材料选用标准并严格执行，严禁使用存在变形、裂缝等问题的石材。

3.2.3.4　铺贴时用人造石专用粘结剂，严禁直接采用水泥浆铺贴。

3.2.3.5　按设计要求留置变形缝。

3.2.3.6　石材铺贴时应先铺贴标准块，并向标准块两侧及后退方向顺序铺贴，铺贴过程中随时用水平尺和直尺校准，确保石材水平度及板块间高低差满足相关规范要求。

3.2.3.7　石材铺贴完成后应及时进行灌浆擦缝处理，选择适宜材料调制灌缝材料，灌浆时使浆液充满板块之间空隙。

3.2.3.8　人造石面层应分块、分区域铺贴，铺贴完成后应做好成品保护工作，新铺贴的石材板块区域应临时封闭，严禁在石材面层上踩踏或压重物。

3.2.3.9　铺贴完成后要定期复测平整度及观察人造石有无变形情况，并做好相关记录，及时整改。

3.3　天然石材泛碱、污损

3.3.1　存在问题及现象描述

天然石材颜色局部加深、光泽暗淡、板缝处析出白色结晶体且长年不褪（图 3.3-1），或缺棱掉角等。

图 3.3-1　车站内地面天然石材泛碱

3.3.2　原因分析

3.3.2.1　天然石材本身存在缺陷，如：裂缝、砂眼、疏松、夹生等。

3.3.2.2　由于站厅层离壁沟内防水层破坏、混凝土侧墙裂缝渗漏水等原因导致的渗漏水，致使石材长期处于潮湿或被水浸泡的环境。

3.3.2.3　材料运输、码放、倒运及铺装过程中外力导致天然石材裂缝、污损等。

3.3.3　标准及控制措施

3.3.3.1　加强材料进场检查，防止石材存在“暗缝”、空洞修补等情况。石材现场检查应符合：同一石材板块的对角尺寸误差不得大于 1mm；方正尺寸不得大于 0.5mm；板面平整度不得大于 1mm；背切阳角的直边尺寸为 3mm，阳角角度小于等于 45°。

3.3.3.2　天然石材应做六面保护，在石材板底涂刷树脂胶，再贴化纤丝网格布，形成抗拉防水层，现场可抽样浇水检测其防护性能。石材进场后应对切割好的板材再次涂刷专业石材防污剂并做好石材表面的保护，这样可以有效防止因施工造成的污染问题。

3.3.3.3　加强离壁沟防水层的检查验收工作，加强混凝土侧墙与中板交接处裂缝、渗水点的封堵工作，防止石材长期处于受潮或被水浸泡的环境。

3.3.3.4　可在石材铺贴前，基底表面设置防潮层。

3.3.3.5　可在拌制水泥砂浆时，用白水泥代替普通水泥，淡化析出物，能有效防止泛碱。

3.3.3.6　材料运输、码放及现场倒运过程中应选用合适的水平机械或垂直吊装机械，做好材料的保护工作，尽量在作业面拆除包装箱，避免形成外加破坏力。天然石材不宜平压放置，应光面向外，倾斜度不大于15°放置，且应加垫方木。

3.3.3.7　铺装过程中应严格按照技术交底进行施工，宜轻力多敲，分散敲击。

3.3.3.8　石材地面铺装完成后应养护不得少于7d，然后覆盖保护物（篷布等），在工作面甩口处，应用水泥砂浆做护角保护。

3.4　墙体抹灰层空鼓、脱落

3.4.1　存在问题及现象描述

抹灰层空鼓、开裂、墙面接槎明显，墙体与门窗框交接处抹灰层空鼓、裂缝脱落（图3.4-1）。色泽不均，面层爆灰，阴阳角不方正、不顺直等。

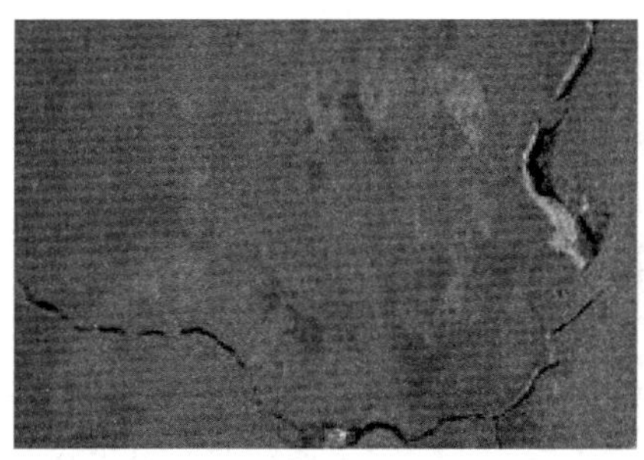
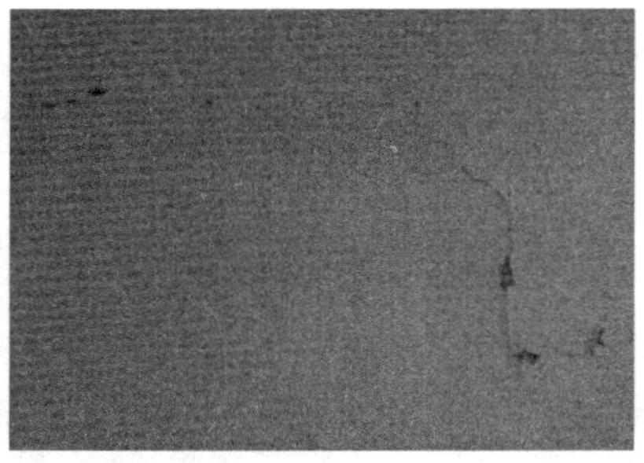

图3.4-1　抹灰层空鼓、开裂

3.4.2　原因分析

3.4.2.1　基层清扫不干净，浮灰、油污等未按规范要求处理。

3.4.2.2　墙面不平整，允许偏差超过规范要求，一次找平过厚；未分层抹灰。

3.4.2.3　砂浆和易性、保水性差，硬化收缩大，粘结强度低。

3.4.2.4　电气线路暗敷管埋设过浅且暗管未作固定，直接嵌填砂浆与砖墙面找平，导致沿埋管开裂。

3.4.2.5　操作违规，预埋砖（件）位置不当，门框安装松动不牢，导致抹灰层脱落。

3.4.3　标准及控制措施

3.4.3.1　抹灰前，应进行基层处理，扫除浮灰、油污，砖墙应提前1d润湿，混凝土构件表面光滑、有油污的应进行凿毛处理，或采取刮、甩素水泥浆的方法、处理好基层。

3.4.3.2　抹灰前应对基层质量情况进行检查，严格控制分层抹灰厚度，对厚度超过35mm的应采取加强措施，防止脱落；对不同材料交接处要挂网，防止开裂，做好隐蔽验收。大面积施工前应进行样板检验工作，确定工艺和质量标准。

3.4.3.3　严禁使用强度和安定性不合格的水泥、细砂和特细砂以及受冻过的石灰膏等。施工用水泥的凝结时间、安定性应经复试合格，中砂含泥率应控制在3%内。抹灰砂浆必须具备良好的和易性和保水性能，水泥砂浆保水性能差时，可掺入石灰膏、粉煤灰或塑化剂等，以改善其保水性。

3.4.3.4　抹灰过程中，应随时检查、严格控制砂浆配比是否符合设计要求。

3.4.3.5　电气线路暗敷管埋设深度必须保证管面离墙面10～15mm，暗管要做好固定，不得松动，嵌填的砂浆用1:3水泥砂浆分层嵌实，认真养护。大面积抹灰前应检查是否存在空鼓，否则不得进行下一道工序施工。

3.4.3.6　不同基层材料交接处宜铺钉钢丝网，每边搭接长度100～150mm。加气混凝土砌块墙与门窗框联结时，宜采用混凝土预制块，随加气混凝土砌块同时砌入，每侧不少于三块。固定后塞口木门框应采用连接铁片，两侧用射钉固定在混凝土预制块上。门窗框塞缝宜采用混合砂浆，塞缝前先浇水湿润，缝隙过大时，应分层多次填嵌，砂浆流动性较好。护角抹灰宽度不宜过宽，50mm即可，避免水泥砂浆紧挨门框。

3.4.3.7　抹灰前必须对基层进行测量，保证横平竖直；面层施工时，应将接槎位置留在阴阳角处，避免出现接槎明显。外墙抹灰应实行严格的检查制度，防止出现空鼓脱落伤人事件。

3.4.3.8　抹灰完成后应及时检查验收，发现问题及时处理。

3.5　涂料面层起皮、霉变

3.5.1　存在问题及现象描述

基层脱落、涂料面层起皮、霉变。

3.5.2　原因分析

3.5.2.1　基层含水率偏大。面层施工完毕后，基层的水分还向外渗透，当水气遇到密封的面层时，就很容易起泡，导致面层起皮、脱落（图3.5-1）。

3.5.2.2　施工期间，车站内通风系统尚未形成，由于通风不良，极易导致面层出现霉变现象（图3.5-2）。

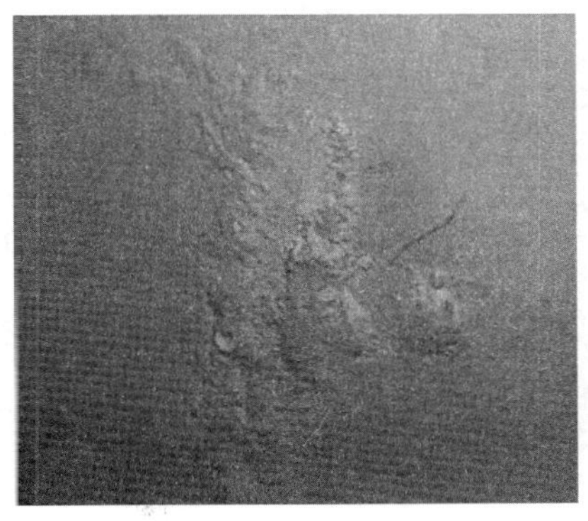

图3.5-1　涂料起泡、起皮

图3.5-2　涂料霉变

3.5.3　标准及控制措施

3.5.3.1　砌体基层含水率不得大于8%，如果是防火板或者是其他木基层，其含水率不得大于12%。在面层施工时，合理控制基层的含水率，尽量选用防水和透气的材料，使基层和面层背面的水气均能有效地穿透过，“呼吸”平衡，确保面层不产生气泡、起皮现象。

3.5.3.2　基层充分干燥后，先用腻子粉分2～3次间隔分批批平，前后两次批腻子的时间间隔不少于48h，且需保持良好的通风。完成后，再用砂纸把基层磨平，再进入面层底漆施工。

3.5.3.3　轨道交通地下车站面层施工时，要选用防水腻子粉或者外墙专用腻子粉，避免腻子粉被水气浸湿，出现粉化、脱落现象。

3.5.3.4　涂料面层施工完毕后，若车站通风系统尚未形成，应采取临时措施保证车站通风效果，如临时采用鼓风机等，可有效地防止面层霉变现象。

3.6　门窗变形、开启困难

3.6.1　存在问题及现象描述

门窗安装完成后牢固度不够、变形、开启闭合不顺畅。

3.6.2　原因分析

3.6.2.1　预埋砖（件）位置不当，数量不足，造成门框安装不牢、松动。

3.6.2.2　门窗材料选择不当，刚度小，质量不合格。

3.6.2.3　加工制作的门窗未按设计下料，部分材质软、易变形，使用一段时间后即出现开启闭合不顺畅。

3.6.3　标准及控制措施

3.6.3.1　门洞每侧墙体内预埋混凝土预制块不少于三块，混凝土预制块尺寸宜为标准砖二皮厚，预埋位置准确。加气混凝土砌块墙与门窗框联结时，宜采用混凝土预制块，随加气混凝土砌块同时砌入，每侧不少于三块。

3.6.3.2　按设计选择符合国家标准的门窗型材及合格的五金产品。

3.6.3.3　严格把控门窗制作质量关，杜绝不合格产品进入施工现场；在安装之前核实现场预留门窗洞口，保证门窗框与预留洞口尺寸吻合。

3.6.3.4　门窗框与墙体应弹性连接，塞填砂浆均匀饱满，不能有缝隙；安装工艺符合规范标准。

3.7　吊顶开裂、不平整

3.7.1　存在问题及现象描述

吊顶不平、变形，产生波浪状起伏，边角起翘，个别铝扣板之间有缝隙，板松动不牢固，板面有划痕。

3.7.2　原因分析

3.7.2.1　吊杆不平，安装时高度不一致，或者安装时不在同一条直线上，使吊杆受力不匀（图3.7-1）；龙骨间距不均匀（图3.7-2）；主龙骨安装时，未调平吊杆，可能造成各吊杆点的标高不一致。

3.7.2.2　吊杆安装不牢，局部松脱，造成吊顶变形。

3.7.2.3　吊杆间距过大，吊顶内的各种管道、管线等未设专用吊杆，管线与吊顶共用吊杆，使局部吊杆受力过大产生松脱下坠。

3.7.2.4　吊顶面板本身质量不符合要求，刚度不足，产生变形。

3.7.2.5　在装修施工过程中，吊顶内管线复杂、空间有限，容易出现装修空间冲突，反复拆装导致吊顶移位，不利于成品保护及装修成品观感质量。

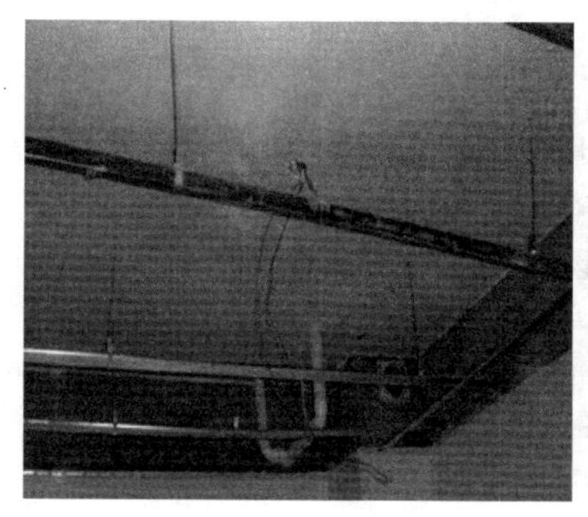

图3.7-1　吊顶龙骨安装高度不一致　　图3.7-2　龙骨间距不均匀

3.7.3　标准及控制措施

3.7.3.1　杜绝不合格材料的入场和使用，从源头上进行质量控制。轻钢龙骨、吊杆等必须进行防锈或镀锌处理，龙骨间距、吊杆直径、龙骨厚度必须符合设计要求和规范规定，面板要有合格证书、出厂报告等。

3.7.3.2　吊杆安装前，弹好顶棚标高水平线及龙骨位置线，确定吊杆下端头的标高，龙骨位置及吊杆间距，在主龙骨安装时，认真调平吊杆，在设计无要求时候，吊杆间距一般控制在0.8～1.1m，最大不超过1.2m。

3.7.3.3　对安装在顶棚内的各种管线及通风道、灯位等，必须加装吊杆，不得与吊顶共用吊杆。

3.7.3.4　当吊顶吊筋因受到管线影响而不能保证间距时，应根据现场情况设置转换层，当层高过大，吊筋长度超过1.5m时，为保证其稳定性，应沿吊筋方向设置反力托架。

3.7.3.5　吊杆距主龙骨端部距离不得大于300mm，当大于300mm时，应增加吊杆。当吊杆长度大于1.5m时，应设置反支撑。在两根主龙骨接头处应增设吊杆。

3.7.3.6　为了保护成品，吊顶材料在入场存放、使用过程中应严格管理，保证不变形、不受潮、不生锈，已安装完毕的轻钢骨架不得上人踩踏。

3.7.3.7　面板安装必须在吊顶内管道试水、保温等一切工序全部验收后进行。

3.7.3.8　在装修施工过程中，严格按综合管线图确定的管线位置检查。

3.8　石材幕墙安装不牢固、色差大

3.8.1　存在问题及现象描述

石材安装不牢固、缝口不齐；色差偏大；密封胶闪缝。

3.8.2　原因分析

3.8.2.1　放线、定位不准确，造成骨架安装偏差超标。

3.8.2.2　埋件、转接件安装不牢固，造成整体安全隐患。

3.8.2.3　钢制框架的垂直度、平整度超标，将直接影响下一步板材安装的精确度。

3.8.2.4　构件间连接不牢固，留有安全隐患。

3.8.2.5　石板安装的垂直度、平整度超标，接缝不平、不通畅，板缝不均匀。

3.8.2.6　板材质地颜色不均匀，有裂纹、缺棱掉角，相邻板块色差大。

3.8.3　标准及控制措施

3.8.3.1　按幕墙布置设计图进行全面测量放线。对主体结构的轴线、标高进行复核，确认无误后用激光准直仪测放轴线，再确定幕墙安装轴线、标高。

3.8.3.2　后置埋件的材料、规格需满足设计要求。后置埋件用高强化学锚栓与主体加固连接时，化学锚栓除需具备合格证和试验报告单外，还要进行现场拉拔力试验，合格后方可进行安装。埋件前后左右位置偏差不得大于20mm，平整度标高偏差也不得大于10mm。

3.8.3.3　骨架安装由下向上，先安装竖向龙骨，根据控制线对其进行复核，调整垂直度、平整度，达到要求后，再进行固定。

3.8.3.4　为防止螺栓紧固时松脱，螺母下应加设弹簧垫，骨架各连接部位的孔洞均开成长孔形，以便安装时调整。

3.8.3.5　采用样板方法对石材色泽标准进行控制，选定三块花岗岩板作样板，分别为标准色和深、浅色，确定色差范围。在施工前要进行挑选、预排。

3.8.3.6　板材现场机械开槽，严格控制开槽位置、深度、垂直度及平直度，要保证槽内光滑洁净。

3.8.3.7　按控制线安装板材，板材之间必须设缝，缝宽8～10mm。

3.8.3.8　将板材间缝隙清理干净后，方可进行密封。

3.8.3.9　密封胶在使用前做好相容性试验，试验合格后方可使用。

3.8.3.10　密封胶施工前，先在胶缝两侧石板上粘贴25mm的保护胶带，再将泡沫条均匀填入胶缝。将泡沫条表面与石板面距离控制在5～7mm之间，用胶枪向同一方向将密封胶均匀饱满地注入缝内，并立即用刮刀刮平，对胶面进行整修保证胶缝表面光滑平整。

3.8.3.11　打胶时注意天气情况，避免5℃气温以下或高温天气及雨天时作业施工。

图3.8-1　埋件、转接件安装不牢固

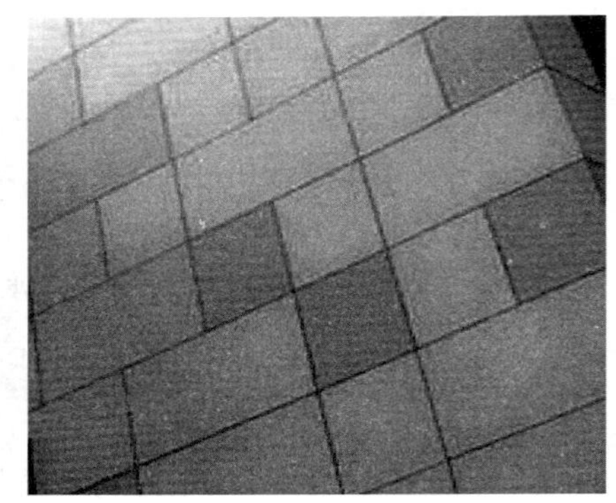

图3.8-2　板材质地颜色不一致

3.9　铝板拼缝间隙不均匀

3.9.1　存在问题及现象描述

出入口钢雨篷顶面、尾部铝板安装后拼缝间隙不均匀，打胶处理后感观质量差。

3.9.2　原因分析

3.9.2.1　铝板加工存在制造误差，误差累积影响其间隙均匀性。

3.9.2.2　铝板实测放样过程中由于结构件安装误差和测量误差造成放样数据不准确，影响成品铝板与实际安装条件不吻合，造成间隙不均匀。

3.9.2.3　运输过程中铝板发生变形出现不平整部位，未严格进行质量控制，影响其均匀性。

3.9.2.4　安装过程中放线偏差，施工人员为赶进度不预先放线仅凭习惯性操作，造成拼缝间隙不均匀。

3.9.3　标准及控制措施

3.9.3.1　应按照现行国家标准《钢结构工程施工规范》GB 50755、《建筑装饰装修工程质量验收规范》GB 50210 的有关规定执行，严格控制钢结构及铝板安装误差。

3.9.3.2　严格控制材料进场检验，尺寸偏差超过 1mm，运输变形等不合格材料严禁用于安装。

3.9.3.3　加强施工人员安装技术交底和安装技术培训，避免施工过程的任意性，并加强过程质量的监督控制。

3.10　出入口装饰板材胶接不牢

3.10.1　存在问题及现象描述

出入口及过街通道等处玻璃与玻璃间胶缝，侧面玻璃与底部石材、铝板与铝板间胶缝凝固后和经过一段时间后出现脱胶现象，未起到粘结牢固作用。

3.10.2　原因分析

3.10.2.1　材料基层表面处理不彻底，残留灰尘、杂物等。

3.10.2.2　施工时环境温度过高或过低，导致收缩速度过快。

3.10.2.3　胶材本身质量问题。

3.10.2.4　施工过程中，胶材使用量不准确。

3.10.3　标准及控制措施

3.10.3.1　应按照国家现行标准《玻璃幕墙工程技术规范》JGJ 102 等有关规定执行。

3.10.3.2　施工前彻底清理基层表面杂物、灰尘等。

3.10.3.3　施工过程中检测施工环境温度，不符合施工条件温度时不宜施工。

3.10.3.4　控制材料进厂检验，保证质量合格证明文件齐全，加强样品的试作监督等过程控制。

3.10.3.5　施工前，对胶材使用量经过确切的计算，确保用量准确。

3.11　扶手栏杆晃动

3.11.1　存在问题及现象描述

扶手栏杆安装不牢固、晃动。

3.11.2　原因分析

3.11.2.1　预埋件及栏杆立杆安装不牢固，预埋件间距不合理，或者埋件位置不合理。

3.11.2.2　栏杆玻璃安装后未及时打胶（图 3.11-1）。

3. 11. 3　标准及控制措施

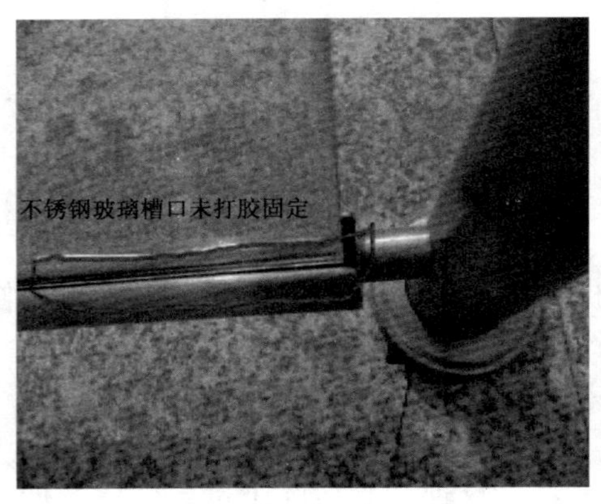
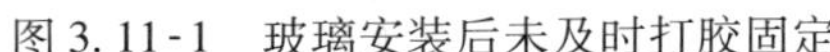

图 3. 11-1　玻璃安装后未及时打胶固定

图 3. 12-1　厕所间沿管道渗漏水

3. 11. 3. 1　在结构施工时，栏杆基础连接件宜采用预埋件埋置在结构钢筋混凝土中，预埋件尺寸需符合要求。采用预埋件时，预埋件的位置与标高应符合设计要求。

3. 11. 3. 2　因条件限制而采用后置埋件连接栏杆与结构时，后置埋件膨胀螺栓的数量必须满足要求，螺栓的锚固深度要满足规范要求。

3. 11. 3. 3　不论是预埋件还是后置埋件，其相邻埋件间距应符合要求，一般采用 1. 0 ~ 1. 2m，最大不超过 1. 5m。在转弯拐角受力大的地方需加设埋件。

3. 11. 3. 4　栏杆自身所用材料应符合设计及规范要求。杆件与预埋件、各杆件之间采用焊接连接时应满焊，严禁采用点焊的连接方式，确保栏杆体系的强度和刚度。

3. 11. 3. 5　栏杆玻璃安装后应及时打注玻璃胶，避免出现玻璃松脱、滑落现象。打胶时注意天气情况，避免 5℃气温下或高温天气作业施工。

3. 12　厕、浴间地面渗漏

3. 12. 1　存在问题及现象描述

卫生间地面渗漏水（图 3. 12-1）。

3. 12. 2　原因分析

3. 12. 2. 1　结构钢筋混凝土有缺陷、有裂缝，导致卫生间渗漏。

3. 12. 2. 2　卫生间地面、墙面防水层有破损，导致卫生间渗漏。

3. 12. 2. 3　卫生间地面与墙面交界处阴角未增强处理，预留孔洞未先处理，导致卫生间渗漏。

3. 12. 2. 4　找平层找坡不正确，存在积水现象。

3. 12. 2. 5　施工完成后，结构体发生沉降位移，产生裂缝，从而导致卫生间渗水。

3. 12. 3　标准及控制措施

3. 12. 3. 1　卫生间结构施工的质量对于卫生间本身防水至关重要，在卫生间防水施工前，必须检查结构本身施工质量。如果结构有裂缝，必须采取结构补强措施，使其结构密实。

3. 12. 3. 2　车站卫生间防水材料采用涂膜防水时，涂刷前，必须先清理基层，然后，涂刷

2 ~ 3 遍完成，每一次涂刷时，方向相互垂直，第一次宜厚，其次宜薄。后一道涂刷须等前一道工序涂膜基本干燥后方可进行。

3.12.3.3　卫生间地面与墙面交界处阴角是防水处理的重点，施工时用水泥基防水材料，先在房间地面与墙面交界处涂刷 2 ~ 3 遍，一是填满墙面与地面的细小空隙，二是把阴角做成带弧的圆角，便于防水涂膜自然顺接施工，充分渗透到基层深处。预留孔洞处参照上述方式处理。

3.12.3.4　找平层找坡一定要满足设计要求，确保卫生间不积水，避免卫生间因长期积水而导致渗漏水情况发生。

3.12.3.5　防水施工完毕后，需进行渗漏水试验，试验合格后方可进行后续工程施工。

3.13　钢结构涂装开裂、脱落

3.13.1　存在问题及现象描述

3.13.1.1　钢构件油漆表面出现局部裂纹。

3.13.1.2　构件油漆表面出现空鼓、气泡。

3.13.1.3　防火涂料或面漆出现大面积掉落，直接暴露底漆和中间漆（图 3.13-1）。

图 3.13-1　钢结构涂装开裂、脱落

3.13.2　原因分析

3.13.2.1　构件基面抛丸或喷砂除锈不彻底，浮锈、氧化皮、飞边、毛刺未清理干净。

3.13.2.2　构件进行底漆喷涂前空气过于湿润或在露天进行。

3.13.2.3　防火涂料与中间漆相溶性差，面漆存在质量问题或存在与防火涂料相容性差的问题。

3.13.2.4　双组分涂料或油漆在混合后未及时使用，导致油漆或涂料出现分层、颗粒沉淀。

3.13.2.5　油漆采用假冒伪劣产品或以次充好，导致油漆附着力、抗冲击力等性能低下。

3.13.2.6　涂装工艺使用不当，漆膜厚度达不到设计和规范要求，导致油漆附着力低下。

3.13.3　标准及控制措施

3.13.3.1　严格控制构件厂内抛丸或喷砂除锈，根据设计的除锈等级进行检查，构件除锈的最基本效果应达到构件表面无浮锈和氧化皮，露出金属光泽，触感有一定粗糙度；喷涂底漆前应彻底清除飞边、毛刺，应特别注意焊接过程中出现的焊瘤。

3.13.3.2　构件完成抛丸除锈后必须在室内进行底漆喷涂作业，并保持构件表面干燥；喷涂设备必须有干燥装置，确保提供的压力空气干燥。

3.13.3.3　环氧云铁中间漆喷涂前应对构件表面进行清理，保证构件表面的清洁；环氧云铁双组分混合时应充分搅拌，直至无沉淀出现为止，且在混合后应在 8h 内全部使用完毕，8h 后的已混合的环氧云铁中间漆禁止使用。

3.13.3.4　防火涂料进场后应对厂家资质进行检查，确保该产品能在“中国消防产品信息网”上能查阅到相关信息，并对每批进场的防火涂料进行现场见证取样、封样送往国家级消防产品检测中心进行检测；防火涂料施工前，应做与防火涂料的相溶性试验，试验项目主要为附着力和耐冲击性。

3.13.3.5　在厂内加工时，防腐底漆及环氧云铁中间漆应严格按照要求采用喷涂工艺进行，喷涂时应走枪均匀，一次喷涂一般按照一底二度的喷涂频率进行，第一次喷涂完毕后必须在油漆彻底表干后（一般为 4h，天气湿润时 8h）再进行第二道油漆喷涂。

3.13.3.6　在防火涂料表面进行面漆施工前应对防火涂料进行打磨，并用防火腻子进行基面找平。

3.14　导向牌安装不牢固

3.14.1　存在问题及现象描述

悬挂式导向牌安装不牢固。

3.14.2　原因分析

3.14.2.1　后置埋件安装不牢固。

3.14.2.2　用丝杆连接后置埋件与导向牌连接件不牢固（图 3.14-1）。

图 3.14-1　导向牌与钢立柱丝杆连接处不牢固

3.14.2.3　连接件与标识牌及钢架单个螺母连接，缺少防松脱措施。

3.14.3　标准及控制措施

3.14.3.1　采用后置埋件连接导向牌支架与结构时，后置埋件膨胀螺栓的数量必须满足要求，螺栓的锚固深度要足够。

3.14.3.2　不应直接采用丝杆连接后置埋件和导向标识牌，应采用引下钢架体系连接预埋钢板和导向牌连接件。引下钢架体系，宜采用镀锌角钢做转换支架，支架标高应满足导向牌安装要求。

3.14.3.3　连接件与标识牌及引下钢架连接时，应采用防松脱螺栓或用双螺栓连接，防止长时间使用后的螺栓松脱而导致导向牌晃动。

第 4 章　车站电梯工程

城市轨道交通工程电梯主要用于承担大客流运输、客流疏散以及残疾人士的运送。电梯在运营过程中的正常运行是质量控制的重点，本节主要从箱式电梯的轿厢、电梯门及制动控制方面进行介绍。

4.1　电梯轿厢晃动大

4.1.1　存在问题及现象描述

电梯轿厢左右晃动大、上下抖动、噪声明显。

4.1.2　原因分析

4.1.2.1　导轨安装时不垂直，或导轨磨损变形，或导轨接头处不平整。
4.1.2.2　靴衬太紧。
4.1.2.3　编码器或编码器的电压、连线故障。
4.1.2.4　曳引绳拉力相差悬殊，钢丝绳抖动；或曳引绳断股、断丝严重。

4.1.3　标准及控制措施

4.1.3.1　更换导轨或重新校正主（副）导轨，重新磨光、修平导轨接头处。同时应检修导轨支架和压轨螺栓，取保支架和螺栓稳定。

4.1.3.2　应更换靴衬，保持 1～2mm 的间隙。

4.1.3.3　将电梯旋转编码器的反馈断开，变成开环控制，电机如果还能正常地快速运行，则确定电梯的旋转编码器与微机虚接，应及时更换。

4.1.3.4　调整钢丝绳受力，即调整绳头弹簧压缩量，确保各钢丝绳拉力差不大于 5%。对于出现断股、断丝的钢丝绳应及时更换。

4.2　电梯门启闭异常

4.2.1　存在问题及现象描述

电梯不能自动开启或关闭，或没有关完就反向开启。

4.2.2　原因分析

4.2.2.1　开关门机的电动机或开门感应器损坏。
4.2.2.2　开门限位开关未复位。
4.2.2.3　开门接触器损坏，不能动作。
4.2.2.4　由于停层感应器触点未断开致使运行继电器未释放。
4.2.2.5　方向运行继电器未动作，使开门继电器未通电。
4.2.2.6　门地坎滑道积尘过多或卡有异物。

4.2.3　标准及控制措施

4.2.3.1　维保单位应定期（半月一次）进行对电梯的检查，发现门启闭有异常应及时停用，立即检修。

4.2.3.2　更换电动机或感应器。

4.2.3.3　检查排除未复位原因，使能正常复位。

4.2.3.4　更换开关接触器。

4.2.3.5　检查原因，使运行继电器释放。

4.2.3.6　检查有关原件与线路，使开门继电器通电。

4.2.3.7　做好“电梯使用安全须知”的安全教育，比如“不允许超载或超员使用电梯，以免发生意外”、“请勿在轿门和层门之间逗留，严禁倚靠在电梯的轿门或层门上”、“在电梯开关门时，请不要直接用手或身体阻碍门的运动，这样可能导致撞击的危险”等。

4.2.3.8　清扫门地坎滑道卡阻异物。

4.3　电梯轿厢不水平

4.3.1　存在问题及现象描述

轿厢水平有偏差，给乘客带来乘坐不适感。

4.3.2　原因分析

4.3.2.1　电梯安装调试结束，电梯的轿厢地坎与每个层门的地坎存在高差（图4.3-1），偏差大于2mm。一般以为是层门地坎安装时出现了偏差，用水平仪测试时发现为轿厢地坎不平。

图4.3-1　电梯轿厢不水平

4.3.2.2　在拼装轿厢时，为了防止电梯溜车出现安全意外，施工人员将电梯安全钳动作在导轨上，用水平仪测量保持轿厢底部水平，钢丝绳悬挂好后，在自然情况下没有再对轿厢底部水平情况进行测量，因安全钳动作后释放距离不一致，造成轿厢水平面出现偏差，形成了电梯地坎与层门地坎一端高一端低，给乘客带来不适感。

4.3.3　标准及控制措施

安装完成后将轿厢斜拉杆螺母松掉，使轿厢处于自然状况下调整轿底，使之达到水平，重新锁定斜拉杆螺母，再用水平仪测试调整。

4.4　电梯滑梯

4.4.1　存在问题及现象描述

电梯在运行过程中或者快到达门区时偶尔急停车，然后自动向下恢复运行。

4.4.2　原因分析

出现这种故障往往是新梯刚运行不久或者处于运行环境复杂的状态下，成因主要如下：

4.4.2.1　电梯信号系统出现故障（屏蔽线未接地、高压线与低压信号线并行走线、平层感应器读不到信号）。

4.4.2.2　电梯安装过程中静平衡和动平衡不正确，造成电梯称重装置不准确；电梯运行时，轿厢内人员稍多时，电梯误以为超重，电梯自动进入“紧急停车保护模式”。

4.4.2.3　厅门门刀至门球的间隙左右大小不同，开门球间隙太小。

4.4.3　标准及控制措施

4.4.3.1　电梯安装时主电源柜及控制柜内的屏蔽应正确接地；马达电缆最好独立于其他电缆走线，同时应避免马达电缆与其他控制电缆平行走线，以减少变频器输出电压快速变化而产生的电磁干扰；高压线与低压信号线分开走线；定期检查平层装置，使用隔磁片型：确保61U/N；30 隔磁片插入进 U 型感应器至少 30mm，最大不超过 35mm。

4.4.3.2　电梯安装时确保轿厢防晃装置和立柱三个面都有 0.5mm 的间隙，绝对不允许用防晃装置调整轿厢的垂直度。否则会影响称重的准确度。

4.4.3.3　厅门型号不同，厅门门刀至门球的间隙大小也不同。比如：AMD 厅门门刀至门球的间隙两侧应为 13mm。

第 5 章　车站屏蔽门工程

屏蔽门是将站台和列车运行区域隔开的装置，通过控制系统控制其自动开启，能有效减少空气对流造成的站台冷热的流失，保障了乘客进出安全，降低了列车运行产生的噪声对车站的影响，提供了舒适的候车环境，具有节能、安全、环保、美观等功能。同时，在消防联动过程中，屏蔽门也扮演着重要的角色。屏蔽门能否正常地开启便成为该项工程质量控制的重点。

5.1　屏蔽门滑动门启闭故障

5.1.1　存在问题及现象描述

滑动门不能正常开启。

5.1.2　原因分析

5.1.2.1　滑动门的生产质量达不到要求，出现门体的平面度 >1mm 或对角线的精度 >1.5mm，安装时无法按照设计图纸精确调整到位。

5.1.2.2　滑动门在安装过程中没有控制，滑动门的导轮没有安装到位，左右导轮不在同一直线上，偏离导轨的圆弧最高位。

5.1.2.3　门体框架安装精度不够，滑动门安装到位后，门体不是自由垂直状态，而是向一边倾斜，导致底部导靴与门槛导向槽相互冲突（图 5.1-1）。

图 5.1-1　屏蔽门安装精度差，导致屏蔽门倾斜

5.1.2.4　底部门槛导向槽有异物。

5.1.2.5　导轨灰尘严重，导轮磨损严重，在开启时摩擦力过大。

5.1.3　标准及控制措施

5.1.3.1　滑动门的生产质量必须严格控制，保证门体合理的平面度、扭曲度、对角线的精度，门体平面度≤1mm，对角线长度误差≤1.5mm，门体整体厚度误差≤1mm。滑动门左右导轮安装孔位必须保证在统一直线上。

5.1.3.2　滑动门在安装过程中严格控制精度，注意调节左右导轮的位置，必须保证左右导轮在统一直线上，安装到导轨后注意观察导轮的中心是否在导轨的圆弧最高位，形成线接触而不是面接触。左右滑动门门体最终关闭状态中间缝隙需形成 V 字形，上下间隙控制 1mm 左右有利于门体关闭后的稳定。

5.1.3.3　门体框架的安装需保证精度，框架为整个屏蔽门的受力支撑结构，框架立柱必须保证完全垂直地面，误差应≤1.5mm，并在安装门体之前进行框架复检。

5.1.3.4　底部门槛在滑动门开启前进行清理异物，并保证门槛间隙误差 0 ~ 0.5mm。

5.1.3.5　导轨需定期清洁润滑，减少导轮的异常磨损。

第6章　车站人防工程

城市轨道交通工程中的人防工程作为单位工程进行验收，它主要包含出入口的人防门、区间之间的防护密闭隔断门、过江河两端的防淹防护密闭隔断门等，主要起到防冲击波、防毒气、防淹等作用，战时既是城市人民防空的疏散干道，也可以作为紧急人员掩蔽部使用。目前，该类人防设备的加工和现场安装质量是控制的重点。

6.1　人防门密闭性能差

6.1.1　存在问题及现象描述

由于人防门在加工制作时，采用的密封海绵橡胶条材质不合格、密封条搭接不正确以及密封条压缩量达不到设计要求，致使人防门密闭性能达不到标准要求。

图6.1-1　门扇与门框间间隙大

6.1.2　原因分析

6.1.2.1　工厂制作人防门时，使用的密封条外观尺寸、物理和力学性能达不到标准要求。

6.1.2.2　采用的密封条接头搭接方式和数量不符合规范要求。

6.1.2.3　由于门扇、门框之间的贴合间隙大于标准规定的允许偏差，或者两者之间的接触表面平面度偏差过大（图6.1-1）。

6.1.3　标准及控制措施

6.1.3.1　人防门用海绵橡胶条的质量应按照《硫化橡胶或热塑性橡胶　拉伸应力应变性能的测定》GB/T 528、《橡胶物理试验方法试样制备和调节通用程序》GB/T 2941等标准执行。

6.1.3.2　人防门胶条连接方式，应按照标准要求，除双扇密闭门（或防护密闭门）的直条上下接头不粘接外，密封条的其他接头应采用45°斜接口，并且斜接口应避开圆弧拐弯处，粘接要牢固、平整，用手拉伸30%不裂口、不断裂。

6.1.3.3　人防门密封条的接头应严格按照标准执行，单扇门不得超过2处，双扇门不得超过6处。

6.1.3.4　对门扇、门框的加工精度和几何尺寸进行严格的检测，应达到图纸规定的要求，不合格的需严格整改到位。

6.2　人防门启闭困难

6.2.1　存在问题及现象描述

由于人防门门框在安装过程中几何尺寸偏差过大，影响门扇运动的平稳性、灵活性，导致人防门启闭困难。

6.2.2　原因分析

6.2.2.1　门框运输过程中，成品没有得到较好的保护，特别是进入工地后的门框垂直运输和水平运输，出现碰撞或野蛮装卸，在安装前已出现变形等质量问题。

6.2.2.2　门框安装时轴线和高程的定位测量没有严格控制，其精度不达标，未按严格的设计标高和轴线安装。

6.2.2.3　调整好的门框支撑固定不够，平面度、垂直度未达到规定要求。

6.2.2.4　在灌注混凝土时，对定位器产生冲击，支撑杆滑动或门框在此过程中产生变形破坏。

6.2.2.5　门扇安装时，铰页孔同轴度未达到规定要求，造成门扇上下铰页受力不均匀（图6.2-1）。

图6.2-1　门扇安装后铰页孔同轴度差，门扇无法关闭

6.2.3　标准及控制措施

6.2.3.1　在门框运输过程中，一定要保护好成品，特别是进入工地后的门框垂直运输和水平运输，不得碰撞或野蛮装卸，使其到达安装部位后，仍保证具备原工厂检测加工的质量。

6.2.3.2　在门框安装时，必须符合图纸确定标高及轴线，为保证门框安装精度，安装定位后必须进行复核。

6.2.3.3　门框安装到位后，立即进行支撑，支撑杆的数量由门的大小确定；用支撑杆固定调整好的门框，确保其平面度、垂直度符合标准要求；调整后的门框，注意保护其安装精度。

6.2.3.4　在灌注边墙混凝土前，要首先复查门框安装尺寸，模板支撑与门框支撑之间是否有30mm以上的距离，合格后方可进行混凝土灌注，待混凝土达到70%强度后，方可拆除门框本身的临时支撑结构。

6.2.3.5　门扇安装时，要检查铰页孔同轴度，门扇安装完成，宜用楔形硬木垫托门扇下部。

第2篇　区间工程

第7章　矿山法区间隧道工程

矿山法区间隧道主要包括洞口工程、明洞工程、竖井及横通道、洞身开挖、主体结构、防水和排水、附属等工程。其主要常见质量问题有：洞门渗漏水、变形；初支侵限；防水层失效；仰拱隆起、开裂等。

7.1　洞门环向渗漏水

7.1.1　存在问题及现象描述

洞门环向施工缝或者变形缝渗漏水（图 7.1-1）。

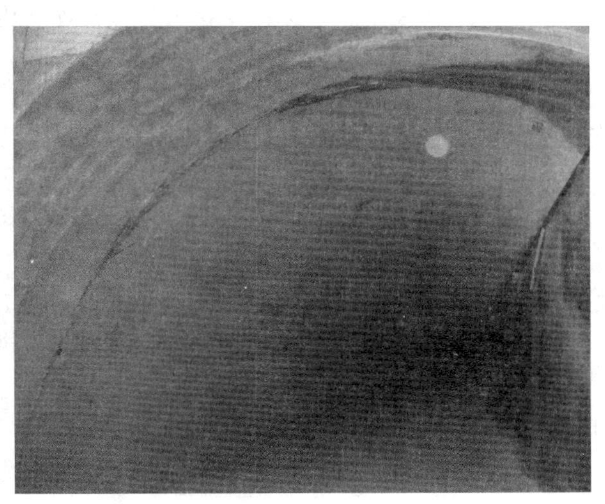

图 7.1-1　环向施工缝渗水

7.1.2　原因分析

7.1.2.1　洞门结构与相邻结构界面处，先期灌注的混凝土未凿毛或浮浆未清除干净。

7.1.2.2　止水带破损或者倒伏。

7.1.2.3　区间及车站不同形式的防水层衔接不良，或车站先期粘贴的防水层破损。

7.1.2.4　未按照要求预埋注浆管或预埋注浆管堵塞。

7.1.3　标准及控制措施

7.1.3.1　执行标准要求：矿山法隧道防水等级为二级，顶部不应滴漏，其他不应漏水，结构表面可有少量的湿渍，总湿渍面积不大于总防水面积的 2/1000，任意 $100m^2$ 防水面积上的湿渍不超过 3 处，每个湿渍的最大面积不超过 $0.2m^2$。平均渗水量不大于 $0.05L/(m^2 \cdot d)$，任

意 $100m^2$ 面积上的渗水量不大于0.15L/（m^2·d）。

7.1.3.2　洞门结构与相邻结构界面先期灌注混凝土处理时，凿除先期混凝土界面的浮浆及杂物，露出粗骨料，涂刷水泥基渗透结晶型防水涂料。

7.1.3.3　中埋式止水带位置应与变形缝中心线重合，采用扁钢固定夹紧止水带，扁钢与结构钢筋应可靠焊接，间距不大于500mm。

7.1.3.4　修补破损的预埋防水板，保证区间及车站的防水层可靠衔接。

7.1.3.5　预埋的注浆管紧贴混凝土，用22号火烧丝固定在结构钢筋中，固定夹的间距250mm。后期混凝土振捣时应避免触及注浆管，防止注浆管破损，导致水泥浆堵塞注浆管。

7.2　隧道开挖超、欠挖

7.2.1　存在问题及现象描述

开挖轮廓线与设计不符，开挖断面超挖值超过各级围岩的允许值或者欠挖。

7.2.2　原因分析

7.2.2.1　开挖前测量放样不准确。

7.2.2.2　爆破设计参数不合理，未按照岩层发育变化及爆破效果及时修正有关参数。

7.2.2.3　周边孔位、数量、角度等与爆破设计严重不符。

7.2.2.4　未采用人工修整至设计预留的开挖轮廓。

7.2.2.5　围岩稳定性差，支护不及时，造成局部坍塌。

7.2.3　标准及控制措施

7.2.3.1　超、欠挖执行标准：

欠挖：隧道不应欠挖。当围岩完整、石质坚硬时，允许岩石个别突出部分（每 $1m^2$ 不大于 $0.1m^2$）侵入衬砌，整体式衬砌应小于10cm，其他衬砌不应大于5cm。拱脚和墙角以上1m内断面严禁欠挖。

超挖限值见表7.2-1。

超挖限值　　表7.2-1

隧道开挖部位	岩层分类							
	爆破岩层						土质和不需爆破岩层	
	硬岩		中硬岩		软岩			
	平均（mm）	最大（mm）	平均（mm）	最大（mm）	平均（mm）	最大（mm）	平均（mm）	最大（mm）
拱部	100	200	150	250	150	250	100	150
边墙及仰拱	100	150	100	150	100	150	100	150

注：超挖或小规模塌方处理时，必须采用耐腐蚀材料回填，并做好回填注浆。

7.2.3.2　每次开挖施工前精确放样，根据预留变形量，严格控制开挖断面。

7.2.3.3　做好超前地质预报，爆破作业时要严格按照爆破施工技术交底的规定进行，严格控制炮眼角度、间距及装药量，并根据爆破效果及时修正爆破参数。

7.2.3.4　非爆破作业预留开挖轮廓边缘线300mm范围内，采用人工配合机械进行修整，避免机械开挖造成超、欠挖现象。爆破作业后，及时对侵限部分补炮或者人工凿除。

7.2.3.5　地质情况较差时应尽快施作初期支护，进行封闭处理。

图 7.2-1　隧道开挖超挖

7.3　初支侵限

7.3.1　存在问题及现象描述

初期支护侵入二衬空间。

7.3.2　原因分析

7.3.2.1　欠挖处未及时处理。

7.3.2.2　格栅钢架偏位。

7.3.2.3　喷射混凝土的施工操作不当，导致混凝土局部较厚，侵入二衬空间。

7.3.2.4　初支变形大。

7.3.3　标准及控制措施

7.3.3.1　执行标准：钢架安装不得侵入二次衬砌断面，喷射混凝土表面平整度的允许偏差为 50mm。

7.3.3.2　隧道开挖过程中严禁欠挖，根据围岩等级及受力计算预留变形量，并根据现场监控量测实际情况调整，预留变形量一般控制在 50～150mm 之间。

7.3.3.3　钢架的制作安装根据设计要求应考虑外放：按照测量放样点位控制格栅钢架位置，不得侵入二衬结构范围，同时，应沿钢架外缘每隔 2m 用钢楔或混凝土预制块与围岩顶紧。钢架安装纵向间距允许偏差为 ±100mm，横向间距允许偏差为 ±50mm。

7.3.3.4　混凝土喷射方式应符合设计要求。按照原材料性能、混凝土的技术条件和设计要求确定喷射混凝土的施工配合比。喷射混凝土表面平顺，无裂缝及掉渣现象，锚杆头及钢筋无外露。喷射混凝土表面平整度的允许偏差为 50mm，矢弦比不大于 1/10。

7.3.3.5　加强监控量测，根据监控量测成果指导开挖及支护施工。

7.4　初支渗漏水

7.4.1　存在问题及现象描述

初期支护喷射混凝土表面大面积湿渍、滴漏或者渗流（图 7.4-1）。

图 7.4-1　初期支护渗流和堵漏

7.4.2　原因分析

7.4.2.1　隧道所处地层地下水丰富，存在承压水或者裂隙水层。
7.4.2.2　初支背后有空洞，成为汇水节点，通过喷射混凝土的缝隙渗出。
7.4.2.3　钢架背后未进行初喷，以及喷射混凝土的施工缺陷造成自防水效果差。
7.4.2.4　初支完成后未按设计施作背后注浆或者注浆未达到止水效果。

7.4.3　标准及控制措施

7.4.3.1　喷射混凝土施工前，根据围岩裂隙及渗漏水情况，采用临时引流或者注浆止水。

7.4.3.2　按照设计要求正确选用喷射混凝土施工类型及配合比；原材料检验及混凝土拌和符合规范要求，控制细骨料含泥量不大于 3%，粗骨料含泥量不大于 1%，使用不含有害物质的洁净水，速凝剂初凝时间不大于 5min，终凝时间不大于 10min。

7.4.3.3　喷射混凝土混合料计量准确，均匀拌和，掺入速凝剂后存放时间不超过 20min。喷射混凝土终凝 2h 后喷水养护不少于 14d。

7.4.3.4　按照设计要求做好初支背后注浆。

7.5　大跨度隧道多步开挖钢架安装错位

7.5.1　存在问题及现象描述

大跨度隧道多步开挖容易造成钢架安装错位，钢架不能闭合成环。

7.5.2　原因分析

7.5.2.1　测量、定点不准确。
7.5.2.2　施工工序复杂，隧道多步开挖，钢架拼装时容易出现误差。
7.5.2.3　未及时打设锁脚锚管（杆）固定，导致钢架上下左右错位，接头无法拼装。

7.5.3　标准及控制措施

7.5.3.1　执行标准：钢架安装基面坚实、干净。钢架应垂直于线路中线，允许偏差为：横向 ±30mm，纵向 ±50mm，高程 ±30mm，垂直度 5‰。钢架与壁面楔紧，钢架节点与相邻钢架纵向连接牢固。

7.5.3.2　钢架制作完成后，现场试拼，经检验合格后方可批量生产。

7.5.3.3　每榀钢架拼装安装前应复核里程和安装位置，确保钢架安装位置准确。

7.5.3.4　钢架吊装时，应校正位置、及时固定，并采用纵向连接筋将相邻钢架连接牢靠。

7.5.3.5　按设计要求设置锁脚锚管（杆），施工临时仰拱，尽早密闭成环。

7.6　防水层破损

7.6.1　存在问题及现象描述

防水板接缝焊接不牢（图 7.6-1）、搭接长度不够，或局部损坏（图 7.6-2）。

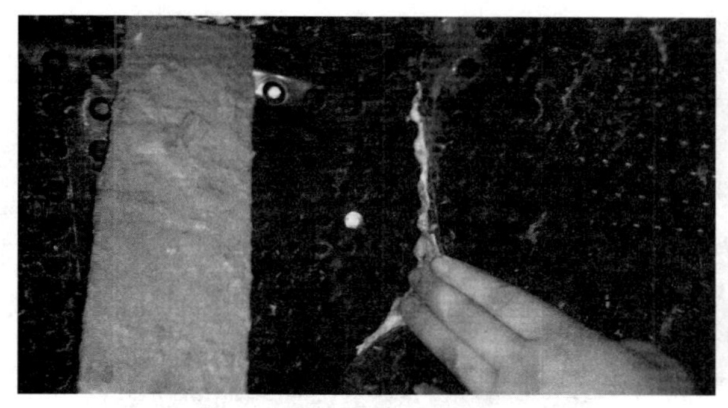

图 7.6-1　防水板搭接长度不够、焊接不牢固

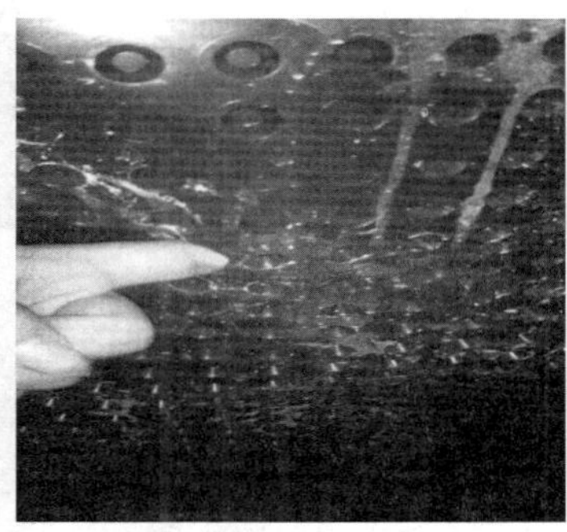

图 7.6-2　防水板损坏

7.6.2　原因分析

7.6.2.1　初支混凝土基面不平整，凹凸起伏。

7.6.2.2　基面有锚杆、管件等尖锐突出物。

7.6.2.3　衬砌钢筋安装、焊接时损坏防水板。

7.6.2.4　防水板固定垫片间距过大，铺设太紧，预留的松散系数不足，致使二衬混凝土施工时防水板与热熔衬垫拉扯撕裂。

7.6.2.5　焊接工艺控制不严。

7.6.3　标准及控制措施

7.6.3.1　执行标准：防水层基面应坚实、干燥、平整，平整度不大于 50mm。防水层的衬层（无纺布）沿隧道环向由拱顶到两侧依次铺设平顺，并与基面固定牢固，长、短边搭接长度不小于 50mm。防水层塑料卷材沿隧道环向由拱顶到两侧依次铺设，长短边搭接长度不小于 120mm，相邻两幅卷材接缝错开，错开位置距离结构转角不小于 600mm，卷材搭接处采用双焊缝焊接，焊缝宽度不小于 25mm，卷材附于衬层上，可靠固定。

7.6.3.2　初支喷射混凝土施工应分片自下而上分层喷射，保持表面平整，避免明显起伏。

7.6.3.3　割除喷射混凝土表面尖锐突出物，并在割除部位用砂浆抹成圆曲面，矢弦比不大于1/10。

7.6.3.4　加强半成品保护，衬砌钢筋连接采用焊接或者机械连接，焊接时用2mm小块钢板与防水板隔离，避免损坏防水板。

7.6.3.5　防水板铺贴时预留10:8的松散系数，使其留有余地，保证缓冲面与混凝土表面密贴。

7.6.3.6　防水板搭接用自动双缝热熔焊接机进行焊接，接缝为双焊缝，焊接温度、焊接速度根据试验确定。焊接完成后应进行充气检查。

7.6.3.7　做好破损修补措施。补丁应剪成圆角，不得有三角形或四边形等尖角存在，补丁边缘距破损边缘的距离不应小于7cm，补丁应满焊，不得有翘边空鼓部位。

7.7　二衬施工缝渗漏水

7.7.1　存在问题及现象描述

二衬施工缝渗漏水（图7.7-1）。

图7.7-1　二衬施工缝渗漏水

7.7.2　原因分析

7.7.2.1　施工缝止水带安装定位不准，扭曲倒伏，止水带接头不牢固。

7.7.2.2　止水带接头热硫化处理效果不好。

7.7.2.3　混凝土表面凿毛效果不好，施工缝杂物清理不彻底。

7.7.2.4　施工节点两侧混凝土养护措施不当。

7.7.3　标准及控制措施

7.7.3.1　执行标准：二衬施工缝防水构造符合设计要求，施工缝止水带所用材料产品合格证、产品性能检测报告及材料进场报告符合设计要求。中埋式止水带位置埋设准确，其中间空心圆环与变形缝的中心线应重合，且固定牢靠。施工缝混凝土灌注前应清除表面浮浆及杂物，凿毛露出粗骨料，涂刷水泥基渗透结晶型防水涂料。

7.7.3.2　清除节点位置浮浆及杂物，涂刷水泥基渗透结晶型防水涂料。

7.7.3.3　止水带采用铁丝可靠固定在结构钢筋上，避免灌注和振捣混凝土时止水带倒伏、扭曲影响止水效果。

7.7.3.4　止水带接头热硫化焊接施工时，在铺设盖胶、胶芯前先将下箱板预热至 50 ~ 60℃，以去除胶面湿气。热硫化温度控制在 140℃，水蒸气压力 0.35MPa，保证热硫化效果。水平与环向施工缝处止水带采用定制的十字接头。

7.7.3.5　止水带部位的混凝土应充分振捣，保证止水带与混凝土的结合，振捣时避免振捣棒直接触及止水带。

7.8　衬砌背后空洞

7.8.1　存在问题及现象描述

二衬背后空洞、脱空。

7.8.2　原因分析

7.8.2.1　拱顶混凝土灌注不密实。

7.8.2.2　灌注混凝土时模板变形、支架下沉。

7.8.2.3　初支喷射混凝土表面凸凹不平，防水板绷紧。

7.8.2.4　振捣不密实，二衬混凝土内部气泡未排除。

7.8.3　标准及控制措施

7.8.3.1　拱顶混凝土灌注过程中应加强振捣，保证挤压排出拱顶的空气。将泵送管深入模板外接近拱顶的部位，使拱部混凝土由上向下灌注。混凝土泵送管选在台车标高较高的一端入模。混凝土灌注到拱部时设置观察孔，安排技术员或质检员值班观察灌注情况，确保拱部混凝土填筑饱满。

7.8.3.2　衬砌台车支垫稳固，并定期检修。同时应加强二衬台车附近的文明施工管理，现场管理人员要定期检查方木受压能力，防止支垫方木长期被水浸泡，导致混凝土灌注后方木被压碎引起台车下沉。衬砌台车在使用过程中应定期检查、维护，防止台车自身屈服变形，造成二衬脱空。

7.8.3.3　防水板挂设前应对初支喷射混凝土表面进行修整，凿除混凝土凸起物，对于显著不平顺处应分层喷平，外露的锚杆、钢筋头应从根部切除，并用水泥砂浆抹平，使初支表面平顺。

图 7.8-1　二衬混凝土背后注浆

7.8.3.4　防水板由顶部逐步向墙脚铺设，增加固定锚固的点位，并预留 10∶8 的松散系数，避免混凝土由墙脚自下而上灌注时受防水材料限制使拱顶形成空洞。

7.8.3.5　预留注浆孔，对隧道衬砌背后空洞采取背后注浆（图 7.8-1）。

7.9　衬砌裂缝

7.9.1　存在问题及现象描述

隧道拱、墙混凝土表面出现环向、水平向（图 7.9-1）、斜向和网状的裂缝。

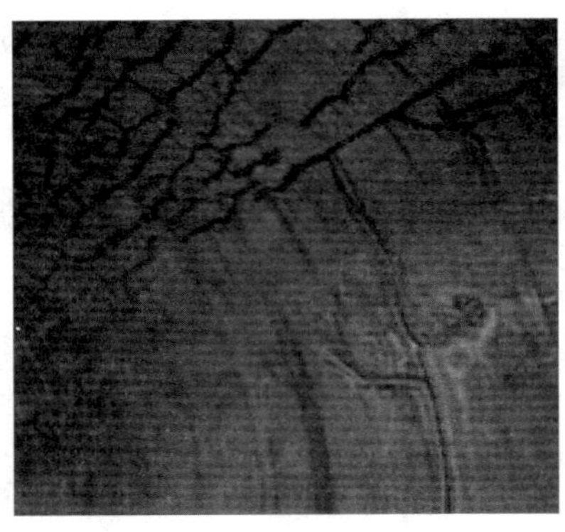
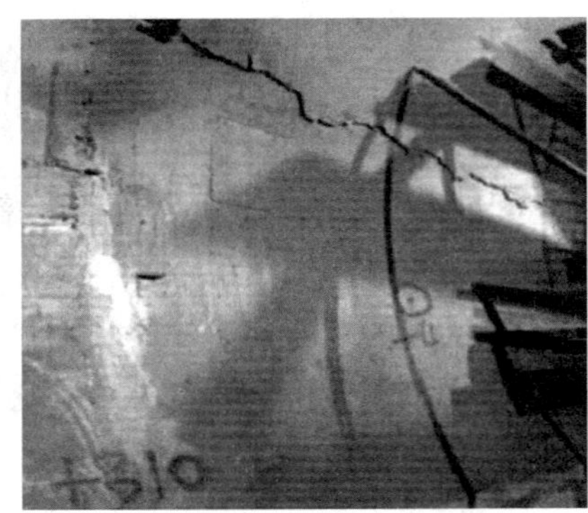

图 7.9-1　衬砌混凝土水平裂缝

7.9.2　原因分析

7.9.2.1　导致干缩裂缝的因素主要有水泥品种、用量及混凝土拌合物水灰比、骨料大小级配和原材料等。

7.9.2.2　环境温度对二次衬砌混凝土裂缝的影响。

7.9.2.3　荷载变形裂缝主要是仰拱基底承载力不足或基础虚渣未清理干净，混凝土灌注后，基底产生不均匀沉降造成。

7.9.2.4　岩体内应力较大，二衬设计参数不足。

7.9.3　标准及控制措施

7.9.3.1　执行标准：隧道内环境相对湿度 45% ~75% 时，最大裂缝不超过 0.3mm，不允许有通缝。

7.9.3.2　加强地质勘探工作，为隧道衬砌结构设计提供准确的工程地质与水文地质资料。地质变化与设计不符时，及时通知设计单位现场核实、进行衬砌参数调整。

7.9.3.3　严格控制混凝土的配合比及拌合料质量，保证混凝土等级及抗渗要求满足设计规定。

1　优化二衬混凝土配合比设计，尽量减少单位水泥用量。推广掺加粉煤灰和膨胀剂的双掺技术，等量替代水泥，以减少水泥用量。

2　根据泵送管路的内径，尽可能选用较大粒径的碎石，并严格控制含泥量≤1%，针、片状物含量≤15%，粒径以 5 ~31.5mm 为宜，最大不超过 40mm。

3　采用级配良好的中砂，细度模数应为 3.0 ~2.3，粒径小于 0.315mm 的颗粒含量所占比例宜为 15% ~20%，严格控制含泥量在 3% 以内。为方便混凝土的运输、泵送和灌注，砂率宜控制在 35% ~45% 范围内。

7.9.3.4　混凝土在运输和泵送过程中严禁加水，适当放慢灌注速度，两侧边墙应保证对称分层灌注，到墙、拱交界处时应停歇 1 ~1.5h，待边墙混凝土下沉稳定后，再灌注拱部混凝土，混凝土灌注过程中必须振捣，振捣一般采用附着式振捣器和插入式振捣器组合振捣，以提高混凝土的密实度和均质性，减少内部微裂缝和气孔，提高混凝土表面抗裂性。

7.9.3.5　衬砌施工前应彻底清除基底部位虚渣。

7.10　衬砌混凝土表观质量差

7.10.1　存在问题及现象描述

混凝土表面蜂窝、麻面、不平整，错台严重（图 7.10-1），施工缝漏浆、胀模。

图 7.10-1　混凝土表面麻面、错台严重

7.10.2　原因分析

7.10.2.1　混凝土施工配合比控制不严格，原材料质量不合格。
7.10.2.2　混凝土振捣不密实。
7.10.2.3　混凝土未及时养护。
7.10.2.4　模板清洁度差、隔离剂质量差、模板接缝不严密。
7.10.2.5　模板的刚度不足、对拉螺栓未拧紧、支架不牢固导致错台、胀模等。

7.10.3　标准及控制措施

7.10.3.1　执行标准：混凝土结构表面应密实平整、颜色均匀，不得有露筋、蜂窝、麻面和缺棱少角等缺陷。表面平整度允许偏差 15mm、高程 +30～0mm。

7.10.3.2　加强原材料进场质量控制，合理设计混凝土配合比，尤其应控制外掺剂的用量。

7.10.3.3　严格遵守技术交底和规范要求，确保振捣工艺程序化、标准化，保证振捣均匀密实。

7.10.3.4　混凝土强度达到 2.5MPa 时方可拆模，拆模时注意不得强烈扰动混凝土构件。

7.10.3.5　采用平整度好、强度、刚度符合要求的模板。加强混凝土灌注前模板、支架等的检查验收工作。

7.11　小间距后行隧道应力破坏

7.11.1　存在问题及现象描述

小间距后行隧道引起先行隧道围岩变形、坍塌、初支变形、开裂。

7.11.2　原因分析

7.11.2.1　后行隧道开挖引起土应力重新分配，对前行隧道造成偏压，导致围岩变形、初支开裂。

7.11.2.2　隧道间围岩加固效果不好。

7.11.2.3　工后沉降不均匀，后行隧道开挖引起前行隧道二次沉降。

7.11.3　标准及控制措施

7.11.3.1　加强施工监测，及时掌握后行隧道开挖过程中对前行隧道的变形影响，制定相应方案，有针对性地处理。

7.11.3.2　超前注浆加固隧道间土体，保证土体的稳定性。

7.11.3.3　修正爆破参数，减少振速，减少后行施工隧道对前行隧道结构的破坏。

7.11.3.4　适当拉长两隧道间的掌子面距离，保持前后掌子面错开不小于 30m，减小相互间因开挖而造成的影响。

第8章　盾构区间工程

盾构区间工程主要包含洞口工程、管片制作、盾构掘进与管片拼装及联络通道等。常见质量问题有：端头加固止水效果差；洞门钢环安装偏位；小半径成型隧道质量缺陷及联络通道后期沉降等。

8.1　端头加固（非冷冻法）止水效果差

8.1.1　存在问题及现象描述

盾构进出洞端头加固体芯样不连续（图8.1-1），水平探孔存在流水流砂现象（图8.1-2），均匀性及止水效果差。

图8.1-1　加固体芯样不连续

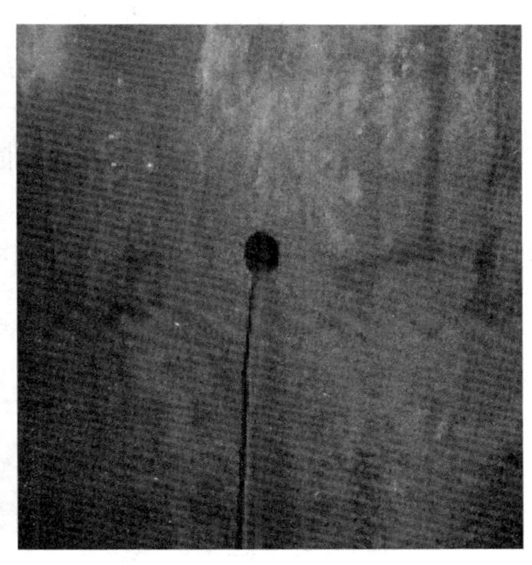

图8.1-2　水平探孔流水流砂

8.1.2　原因分析

8.1.2.1　受地层复杂、加固深度较深、地层中存在障碍物等因素的影响，加固体出现质量缺陷。

8.1.2.2　搅拌桩、旋喷桩在施工过程中容易产生一定幅度的偏移，拉大桩间间距，造成加固体局部未咬合，成桩效果差。

8.1.2.3　搅拌桩、旋喷桩各项施工参数（水灰比、喷浆量、提升下沉速度、复喷、搭接）过程控制不严造成土体加固效果不佳。

8.1.2.4　原地层中水位发生较大变化，加固体未能达到止水所需强度及阻断原土体过水通道要求。

8.1.2.5　车站围护结构与端头加固区之间（俗称“夹心层”或“夹心饼干”）加固质量差。

8.1.2.6　车站围护结构地下连续墙混凝土有鼓包，搅拌桩、旋喷桩无法完整施工，导致加固体有间隙，影响整体加固效果。

8.1.2.7　端头降水井成井质量差，或运行时间不足，导致降水效果差，水位未降至设计允许高度（或隧道中心线以下），影响端头加固止水效果。

8.1.2.8　降水井成井深度控制不力，成井穿透隔水层，达不到预期的加固和止水效果。

8.1.3 标准及控制措施

8.1.3.1 应按照现行国家标准《建筑地基处理技术规范》JGJ 79 的有关规定执行：

施工中应保持搅拌桩机底盘的水平和导向架的竖直，搅拌桩的垂直偏差不得超过 1%；桩位的偏差不应大于 50mm；成桩直径和桩长不得小于设计值。

搅拌机喷浆提升的速度和次数应符合施工工艺的要求，并有专人记录。

施工时如因故停浆，应将搅拌头下沉至停浆点以下 0.5m 处，待恢复供浆时再喷浆搅拌提升。若停机超过 3h，宜先拆卸清洗输浆管路，保证输浆管路通畅。

8.1.3.2 加强土体加固施工过程控制，保证加固土体的强度及均匀性。

8.1.3.3 加强对盾构端头的实时监测，注意洞门、端头井及周围环境的变化情况。

8.1.3.4 加固体一般分为强加固区（A 区）和弱加固区（B 区），施工后 28d 强度其中 A 区无侧限抗压强度不低于 1MPa，B 区无侧限抗压强度不低于 0.5MPa，其中 A 区渗透系数小于 1×10^{-8}cm/s，B 区渗透系数小于 1×10^{-7}cm/s。

8.1.3.5 洞门位置打水平探孔，深度以穿透单排加固体为宜，观察探孔内有无明显渗漏水、流砂。

8.1.3.6 加强车站围护结构施工质量控制，防止因塌孔超挖等，造成地连墙鼓包影响加固施工。

8.1.3.7 加强降水井施工质量控制，盾构进出洞前进行降水试验，确保水位降至设计允许高度（或隧道中心线以下）。

8.2 洞门钢环安装偏位

8.2.1 存在问题及现象描述

洞门钢环安装偏位或变形过大。

8.2.2 原因分析

8.2.2.1 设计图纸对洞门平面位置标注有错误，施工单位在计算坐标时候产生误解、错误。

8.2.2.2 计算和放样洞门中心坐标均采用线路中线坐标，未考虑平曲线偏移或竖曲线修正坐标，未进行复核。

8.2.2.3 钢环刚度、强度不足，钢环内外支撑体系不满足强度需求。

8.2.2.4 钢环制作和安装误差过大，进场后施工前未对洞门钢环整圆度进行试拼测量，最终安装后出现洞门钢环竖向变形现象。

8.2.2.5 洞门渗漏水严重造成锈蚀，在灌注钢环混凝土时钢环受力不均匀产生变形。

8.2.2.6 洞门钢环在混凝土灌注过程中未进行监控，导致上浮。

8.2.3 标准及控制措施

8.2.3.1 应按照现行国家标准《盾构法隧道施工与验收规范》GB 50446 的有关规定执行。

8.2.3.2 预埋钢圆环固定件应牢固、位置正确。

8.2.3.3 在洞门钢环进场后安排专业测量人员对钢环进行量测确保尺寸；安装前首先由测量人员在端头墙上测放洞门位置，然后根据控制线在端头墙上焊接定位牛腿，安装完成后复测并检查定位焊接质量。

8.2.3.4　混凝土灌注时在钢环内部增设支撑谨防变形，在后期施工中刷涂保护漆防锈。

8.2.3.5　洞门混凝土灌注前，车站与区间涉及参建单位须对洞门三维坐标复核。

8.2.3.6　钢环制作和安装误差控制在允许范围内。

8.2.3.7　生产厂商提供足够刚度、强度的钢环。

8.2.3.8　生产厂商提供具备足够强度的内支撑体系。

8.3　混凝土管片钢筋骨架尺寸不准确

8.3.1　存在问题及现象描述

由于钢筋笼骨架尺寸不准确（图 8.3-1），钢筋保护层超限。

图 8.3-1　混凝土管片钢筋间距不均匀、骨架尺寸不准确

8.3.2　原因分析

8.3.2.1　钢筋弯弧过程控制不严格，半成品钢筋弧度超出允许范围导致保护层超出允许偏差。

8.3.2.2　钢筋下料过程中，尺寸控制不严格，导致钢筋半成品下料尺寸过长导致钢筋笼骨架长、宽、高超出允许偏差。

8.3.2.3　钢筋笼焊接过程中主筋定位不准确，钢筋之间间距超出允许偏差，个别骨架缺少钢筋。

8.3.3　标准及控制措施

8.3.3.1　应按照国家现行标准《盾构法隧道施工与验收规范》GB 50446 和《钢筋焊接及验收规程》JGJ 18 的有关规定执行。

8.3.3.2　按照下料图纸进行小批量下料，标注好刻度样板，样板经验收合格后方可进行大批量下料。

8.3.3.3　钢筋下料过程中加强检查工作，发现问题及时进行纠正。

8.3.3.4　按照图纸要求制作可以准确定位主筋和箍筋的“钢筋笼靠模架”。

8.3.3.5　焊接过程中加强检查，发现漏焊等应及时进行纠正，避免钢筋笼因焊接质量引起变形。

8.3.3.6　钢筋笼均应采用 CO_2 焊接工艺，所有焊接节点的焊缝强度均应符合相关规范的要求，焊点不得有损伤主筋的“咬肉”现象。除节点外，任何钢筋的长度方向不得采用焊接。

8.3.3.7　在钢筋骨架安装前，钢筋、钢筋网以及所有金属支承件的表面都应清除锈斑、松散的结垢、灰尘、油脂以及其他有害物质，尤其是鳞片状锈斑。

8.3.3.8　钢筋骨架成品应分类呈拱形堆放在指定区域，并挂牌标识。堆放高度以不超过4层为宜。钢筋骨架吊装时，宜采用横担式专用吊装工具，防止吊装变形。

8.4　混凝土管片尺寸偏差大

8.4.1　存在问题及现象描述

由于管片模具安装、清理、保养等措施不当等原因，导致管片结构尺寸偏差大。

8.4.2　原因分析

8.4.2.1　钢模两侧板下部定位销清理不彻底留有混凝土残渣。

8.4.2.2　端板下部接触面留有残留物。

8.4.2.3　钢模连接螺杆紧固不牢固，衔接处有缝隙。

8.4.2.4　钢筋笼安放过程中钢筋骨架与钢模边缘碰撞影响管片外弧面边缘美观。

8.4.2.5　模具未按时、按要求进行保养。

8.4.3　标准及控制措施

8.4.3.1　应按照国家现行标准《盾构隧道管片质量检测技术标准》CJJ/T 164 和《预制混凝土衬砌管片》GB/T 22082 的有关规定执行。

8.4.3.2　严格工序控制，应在不损伤模具的前提下进行彻底清理，清洁后的模具内表面和接缝处的任何部位不得有任何混凝土残积物，以保证钢模的合拢精度。

8.4.3.3　喷涂隔离剂前应先检查模具内表面是否留有混凝土残积物。隔离剂应用拖布均匀涂抹，务必使模具内表面均布隔离剂，如两端底部有淌流的隔离剂积聚，应用棉纱清理干净。

8.4.3.4　将侧模板向内轻轻推进就位，初步拧紧后用专用工具均衡用力拧到牢固，务必使吻合标线完全对正，并拧紧螺栓。把侧模板与底模板由中间位置向两端顺序拧紧，以免导致模具变形。

8.4.3.5　加强连接螺杆保养，定期用黄油进行润滑保养。损坏的螺杆应及时进行维修，使其与该钢模型号匹配。

8.4.3.6　定期对管片模具进行维护保养，使各机械性能满足尺寸要求。

8.4.3.7　钢筋骨架、钢模组合好后，应对模具进行宽度和预埋件检查。

8.4.3.8　严格按照规范对生产的管片进行三环试拼装，以此检验模具精度。

8.5　混凝土管片外弧出现裂纹

8.5.1　存在问题及现象描述

混凝土外弧面有干缩裂纹出现（图8.5-1）。

8.5.2　原因分析

8.5.2.1　混凝土配合比选定不合理。

8.5.2.2　水泥水热及混凝土凝结收缩造成表面干缩裂纹。

8.5.2.3　蒸汽养护阶段温度控制不当。

图 8.5-1　管片混凝土表面裂纹

8.5.2.4　脱模后受外界环境影响大。

8.5.3　标准及控制措施

8.5.3.1　应按照现行国家标准《混凝土质量控制标准》GB 50164 和《预制混凝土衬砌管片》GB/T 22082 有关规定执行。

8.5.3.2　在管片正式生产前，应完成混凝土配合比验证试验，并确定施工配合比，保证混凝土基本性能满足要求。

8.5.3.3　混凝土用灰量不能过少，一般控制在 400kg 左右，在保证混凝土强度情况下可掺适量的粉煤灰改善混凝土的和易性。

8.5.3.4　混凝土中集料大小应适中，使用 5～25mm 连续级配碎石，2.4～2.7 细度的中砂，不宜大于 3.0。

8.5.3.5　为保证成型后管片外观质量，振捣之后应进行两道收面。管片外弧收面工序应由熟练的抹面工实施操作。

收面程序应分三步进行。

粗光面：用刮杠刮平去掉多余混凝土或填补凹陷处，并进行粗抹；中光面：在混凝土终凝前，使用沙板进行提浆收平整；精光面：使用钢抹进行抹平，力求使表面平整无抹子印。

8.5.3.6　管片混凝土振捣结束后静养 2～3h，再实施蒸汽养护。应采取措施控制管片核心部位与外侧的温度差，蒸汽养护分为升温、恒温、降温三个阶段，混凝土构件升、降温速度不宜过快，过快容易产生裂纹。

8.5.3.7　管片蒸汽养护的最高温度宜控制在 55～60℃ 范围内，最高温度不得超过 60℃。

1　升温阶段，升温速率宜控制在 25℃/h 以内，时间维持 1.5～3h。

2　恒温阶段，时间维持 2～3h。

3　降温阶段，降温速率宜控制在 15℃/h，最大温降速率不得超过 20℃/h，时间维持 1.5～3h。

8.5.3.8　脱模后应及时养护。在养护池内进行水养，管片入池时温度与水的温度差应小于 20℃，应在养护池内养护不少于 7d，喷淋养护要控制在 14d 以上。试块 28d 强度达到设计要求后，管片方可以使用。

8.6　混凝土管片麻面、破损

8.6.1　存在问题及现象描述

管片外观存在麻面、破损、缺棱掉角、裂缝、管片吊装预埋件脱落等问题（图 8.6-1）。

图 8.6-1　混凝土管片麻面

8.6.2　原因分析

8.6.2.1　管片模具磨损、尺寸偏差大。

8.6.2.2　管片采用的配比不合理、实际配比与理论配比不符。

8.6.2.3　水泥、黄沙、石子、水、外加剂等管片原材规格、性能不满足规范及设计要求。

8.6.2.4　模具不定期检测、清理不干净、隔离剂不匹配或涂抹不均匀。

8.6.2.5　混凝土坍落度控制不严，灌注过程中振捣不密实。

8.6.2.6　管片成型后养护时间、养护条件、养护方法不当。

8.6.2.7　成品保护、外观缺陷修补措施不当。

8.6.3　标准及控制措施

8.6.3.1　应按照现行国家标准《盾构法隧道施工与验收规范》GB 50446 的有关规定执行：

1　应按要求进行结构性能检验，检验结果应符合设计要求。

2　管片强度和抗渗等级应符合设计要求。

3　吊装预埋件首次使用前应进行抗拉拔试验，试验结构应符合设计要求。

4　管片不应存在漏筋、孔洞、疏松、夹杂、有害裂缝、缺棱掉角、飞边等缺陷，麻面面积不得大于管片面积 5%。

8.6.3.2　应按照现行国家标准《地下铁道工程施工及验收规范》GB 50299 的有关规定执行：

钢筋混凝土管片混凝土施工，除满足该规范第 9.2 节和《混凝土结构工程施工质量验收规范》GB 50204 有关要求外，尚应符合下列规定：

1　石子最大粒径宜在 15 ~ 25mm 的范围内进行选择，当采用普通防水混凝土时，其坍落度不宜大于 70mm。

2　混凝土抗渗试件应在混凝土的灌注地点随机抽取。同一配合比每 30 环留置抗渗试件一组。

3　钢筋混凝土管片，每生产 50 环应抽查 1 块管片做检漏测试，连续三次达到检测标准，则改为每生产 100 环抽检 1 块管片，再连续三次达到检测标准，最终检测频率为每生产 200 环抽查 1 块管片做检漏测试。如果出现一次检测不达标，则恢复每生产 50 环抽查 1 块管片做检漏测试的最初检测频率，再按上述要求进行抽检。每套模具每生产 200 环做一组水平拼装检验。

8.6.3.3　定期对模具尺寸进行检测调试，注意成品的保护。

8.6.3.4　加强对管片原材检验、检测、检查，确保各种规格及各项性能满足规范及技术要求，严格按照配合比下料。

8.6.3.5　加强对混凝土灌注过程中的振捣，确保振捣密实。混凝土要分层灌注、要注意使混凝土在模具内匀布。灌注顺序：应先灌注模具的两端后灌注模具的中段，第一层浇捣完成后混凝土面距止水带凹槽位约 3cm 为宜，避免气泡聚集在止水带凹槽处排不出来。

8.6.3.6　严格按照规范要求的时间和方法养护。

8.6.3.7　加强管片翻转、搬运过程中成品保护，及时对存在的质量缺陷进行处理。

8.7　成型隧道轴线偏差超限

8.7.1　存在问题及现象描述

盾构法施工成型隧道轴线偏差超限。

8.7.2　原因分析

8.7.2.1　曲线段施工时，未正确计算偏移量或计算错误。

8.7.2.2　因计算、复核、测量误差、坐标输入等环节出现偏差，导致轴线采用坐标不准确。

8.7.2.3　盾构掘进过程中测量控制点保护不当，被触碰导致轴线出现测量错误。

8.7.2.4　隧道内外导线坐标不准确，未及时对测量站点进行移站、复测，测量设备未及时鉴定，影响自动测量系统坐标准确性。

8.7.2.5　盾构掘进超挖或欠挖，造成盾构姿态不良，导致成型隧道轴线产生过量的偏移。

8.7.2.6　盾构处于不均匀土层中，即处于两种及以上不同土层相交的地层时，不同土层的压缩性、抗压强度、抗剪强度等指标不同。

8.7.2.7　盾构机千斤顶液压分配阀故障，部分油缸无法提供足够推力，导致盾体受力不平衡发生偏移。

8.7.2.8　盾构机纠偏不及时或操作方法不合理。滚动角调整不及时，导致盾体发生侧滚，影响纠偏，造成轴线偏差超限。

8.7.2.9　管片选型不合理，拼装质量差，管片螺栓紧固不足，盾构掘进过程中管片发生扭转，影响千斤顶推力控制，造成盾构姿态较差，导致隧道轴线偏差超限。

8.7.2.10　同步注浆浆液质量不合格、注浆量不足、浆液固结时间与掘进速度不匹配，导致成型隧道后期沉降和水平偏移量过大。

8.7.2.11　盾构机同步注浆设备故障或个别注浆管堵塞，导致同步注浆不对称，盾体累计向同一方向偏移。

8.7.3　标准及控制措施

8.7.3.1　应按照国家现行标准《盾构法隧道施工与验收规范》GB 50446 的有关规定执行：

在隧道贯通前，地下控制导线和控制水准测量不应少于 3 次。重合点坐标较差应小于

10mm，且应采用平均值作为测量结果。

盾构姿态测量应满足下列要求：

当以地下控制导线点和水准点测定盾构测量标志点时，测量误差为±3mm。

8.7.3.2 实行多级复检复测，避免因人为因素出现的坐标计算错误及测量误差。

8.7.3.3 加强盾构机日常保养与检修，确保注浆机、千斤顶及其他各部件工作正常，以免影响盾构正常运转。

8.7.3.4 正确设定平衡压力，使盾构的出土量与理论值接近，减少超挖与欠挖现象，控制好盾构姿态。

8.7.3.5 盾构处于不均匀土层中时，适当控制推进速度，保证刀盘充分切削土体，减少推进时的不均匀阻力，也可以采用向开挖面注入泡沫或膨润土的办法改良土体，确保推进更加顺畅。

8.7.3.6 发现盾构姿态出现偏差时应及时纠偏，确保盾构沿着隧道设计轴线掘进。

8.7.3.7 按照隧道线性及盾构姿态，合理进行管片选型，控制拼装质量，两次复紧螺栓，确保螺栓紧固。

8.7.3.8 根据掘进实践经验，确定合理的同步注浆浆液配合比，严格控制浆液质量及注浆量，根据成型隧道及地面监测情况及时进行同步注浆量调整，必要时采用二次补偿注浆，辅助进行隧道姿态控制。

8.8 小半径成型隧道质量缺陷

8.8.1 存在问题及现象描述

盾构法施工小半径曲线隧道时，容易发生成型隧道实际轴线与设计轴线偏差超限的情况，引起管片错台、破损，造成成型隧道渗漏水。

8.8.2 原因分析

8.8.2.1 隧道所处地层工程、水文地质条件不良。

8.8.2.2 坐标计算、复核、测量过程出现偏差，管片选型与盾尾间隙、隧道曲线半径不匹配。

8.8.2.3 盾构机在小半径曲线隧道中掘进，由于管片端面与该处轴线存在夹角，在千斤顶的推力作用下产生一个水平分力，管片受此影响向曲线外侧偏移。促使管片发生相对位移，容易产生错台、渗漏、破损（图8.8-1）。

8.8.2.4 未开启铰接或者铰接开启不当，现场管片错台主要集中在由缓和曲线进入到小半径圆曲线段，由于成型隧道在圆曲线、竖曲线上表现为折线，折线越短越容易与盾构小半径曲线中心拟合，即姿态越容易调整，而不开启铰接或者铰接开启不当，则是导致错台产生的一个常见原因。

8.8.2.5 纠偏不合理，在曲线段掘进时，盾构姿态纠偏过急，将导致盾尾间隙严重不均，进而影响管片拼装，即使勉强拼装完成，也容易造成错台、碎裂、渗漏等质量问题（图8.8-2）。

8.8.2.6 在此类曲线隧道上进行掘进作业，曲线外侧千斤顶推力大于内侧，下坡时上侧千斤顶推力大于下侧，上坡时下侧千斤顶推力大于上侧，以上受力不均的情况都可能引起管片碎裂、破损。

8.8.2.7 螺栓复紧不及时，在管片脱出盾尾时，受水平分力作用形成错台。

8.8.2.8　同步注浆量不足，或各注浆管注浆压力、注浆量控制与盾构掘进姿态、管片选型不匹配，引起隧道轴线偏移。

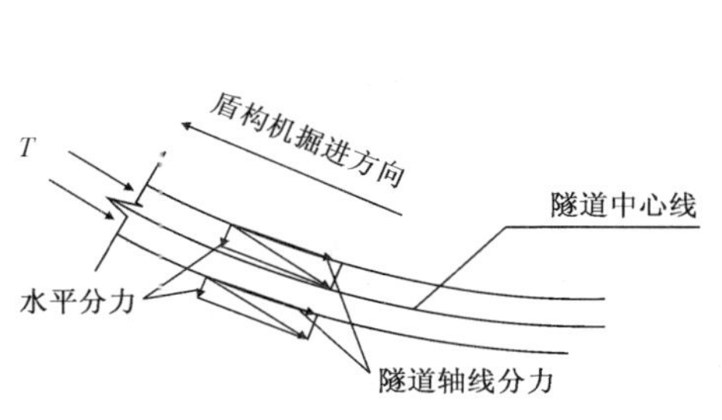

图 8.8-1　曲线段管片受力分解示意图

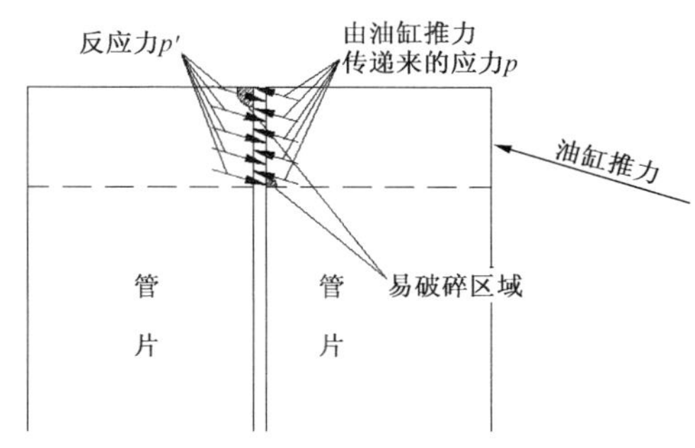

图 8.8-2　曲线段转弯处管片因斜向受力示意图

8.8.3　标准及控制措施

8.8.3.1　应按照现行国家标准《盾构法隧道施工与验收规范》GB 50446 的有关规定执行：

特殊地段和特殊地质施工应符合下列规定：

1　应详细查明和分析地质状况和隧道周边环境状况，确定专项施工技术措施。

2　应根据隧道所处位置与地层条件，合理设定土仓压力，控制地层变形。

3　应根据隧道所处位置与工程地质、水文地质条件，确定壁后注浆的材料、压力与流量，在施工过程中根据量测结果，进行相关调整。

4　应对地表及建（构）筑物等沉降进行评估，必要时，应加密监测测点、提高监测频率，并应根据监测结果及时调整掘进参数。

小半径曲线地段施工应符合下列规定：

1　控制推进反力引起的管片环变形、移动、渗水等。

2　使用超挖装置时，应控制超挖量。

3　壁后注浆应选择体积变化小、早期强度高、速凝型的注浆材料。

4　增加施工测量频率。

5　采取措施防止后配套车架脱轨或倾覆；

6　防止管片错台和严重开裂（图 8.8-3、图 8.8-4）。

图 8.8-3　管片错台严重

图 8.8-4　管片破损

8.8.3.2　盾构姿态受到各土层物理性质的制约和影响，应根据隧道沿线的地质勘探报告，明确覆土状况和各层土的物理特性，制定针对性的技术措施，确保盾构机在各类土层中的穿越。

8.8.3.3　掘进过程中，根据经验预先设置预偏量20～40mm，施工中通过偏移监测，适当调整预偏量。

8.8.3.4　认真做好坐标计算、复核、测量、管片选型工作，控制好盾尾间隙及盾构姿态。

8.8.3.5　合理使用铰接进行纠偏。

8.8.3.6　严格控制土仓压力，保证盾构切口处的地层有微小的隆起量（0.5～1mm），平衡盾构背土时的地层沉降量。同时严格控制与切口平衡压力有关的施工参数，防止超挖、欠挖。

8.8.3.7　应掌握推进速度与出土量的关系，严格控制出土量，控制正面土体的流失，在管片拼装完成后及时复紧螺栓，管片脱出盾尾后用风动扳手复紧螺栓。

8.8.3.8　严格控制同步注浆配合比，保证浆液质量，根据盾构机姿态、管片选型等严格控制各注浆孔压力值与各孔注浆量。

8.9　成型隧道渗漏水

8.9.1　存在问题及现象描述

成型隧道管片表面、环纵缝（图8.9-1）、螺栓孔渗漏水。

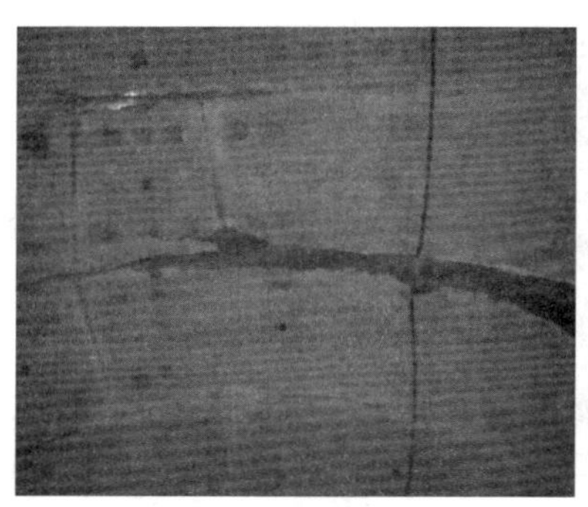 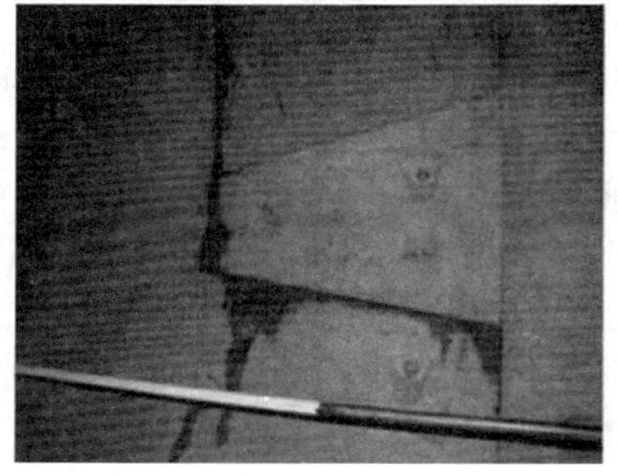

图8.9-1　成型隧道管片间渗漏水

8.9.2　原因分析

8.9.2.1　管片在制作时出现砂眼、气孔、龟裂缩纹等缺陷，且未得到有效修复处理。

8.9.2.2　管片在堆放、运输、拼装中受挤压、碰撞等造成缺边掉角、裂纹等破损；管片成品吊装、运输过程中遇水膨胀止水条脱落。

8.9.2.3　管片密封槽、螺栓孔、结构本身存在裂纹，容易形成渗漏水通道。

8.9.2.4　管片传力衬垫、遇水膨胀止水条粘贴不好，管片错台后部分止水条偏出管片止水槽，导致止水条衔接不密实或失效，产生渗漏。

8.9.2.5　同步注浆及二次注浆量不足，或堵漏效果不理想。

8.9.3　标准及控制措施

8.9.3.1　加强在管片生产制作过程质量把控，减少出现砂眼、气孔、龟裂缩纹等缺陷，加大质量验收关，确保拼装管片均为合格产品。

8.9.3.2　加强管片在堆放、运输、拼装中管控，降低因挤压、碰撞等造成缺边掉角、裂纹等破损情况发生。

8.9.3.3　加强对管片密封槽、螺栓孔、结构本身关键部位检查验收。

8.9.3.4　加强盾构掘进、管片拼装质量控制，使用合格管片密封材料，确保管片密封质量，减小管片错台。

8.9.3.5　盾构掘进过程中勤测勤纠，每次的纠偏量应尽量小。

8.9.3.6　根据渗漏水情况及时进行同步注浆、二次注浆、堵漏处理。

8.10　成型隧道管片错台

8.10.1　存在问题及现象描述

成型隧道管片环向、纵向错台（图 8.10-1）超过规范要求。

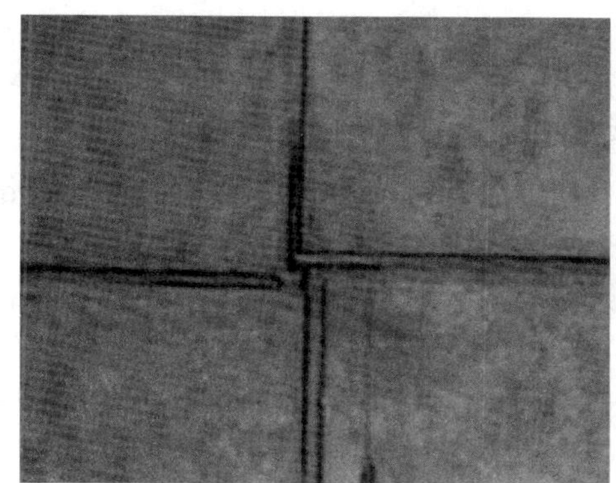

图 8.10-1　成型隧道管片错台

8.10.2　原因分析

8.10.2.1　管片选型不合理。

8.10.2.2　盾构掘进姿态不理想，单次纠偏量过大、纠偏过急，引起管片错台。

8.10.2.3　管片与盾尾间隙不均匀，管片拼装过程中管片与盾尾相碰，为了将管片拼装在盾尾内，将管片径向内移，造成过大的环向错台。

8.10.2.4　管片螺栓与螺栓孔间隙超标，引起管片错台。

8.10.2.5　管片拼装作业时，未及时对管片螺栓进行紧固和复紧。

8.10.2.6　注浆孔位置选择不合理，同步注浆不对称、不平衡，导致管片单侧受浮力较大，引起管片上浮或平移，造成错台出现。

8.10.3　标准及控制措施

8.10.3.1　应按照现行国家标准《盾构法隧道施工与验收规范》GB 50446 的有关规定执行：

成型隧道管片拼装允许偏差和检验方法应符合表 8.10-1 的规定。

8.10.3.2　掘进时，严格控制盾构机的姿态，尽可能地减少每次纠偏的幅度，缩小管片错台。

成型隧道管片拼装允许偏差和检验方法　　表 8.10-1

项　目	允许偏差（mm）			检验方法	检查频率
	地铁隧道	公路隧道	水工隧道		
衬砌环直径椭圆度	±6‰D	±8‰D	±10‰D	尺量后计算	10 环
相邻管片的径向错台	10	12	15	用尺量	4 点/环
相邻管片的环面错台	15	17	20	用尺量	1 点/环

8.10.3.3　在施工过程中，依据实际施工情况，根据不同类型的管片设计参数，选择合理类型的管片，保证管片轴心与盾构机轴心一致。施工时主要以千斤顶行程差和盾尾间隙等参数作为选择依据。

8.10.3.4　及时调整盾尾间隙，避免盾尾挤压管片造成错台。

8.10.3.5　检查成型管片螺栓孔、螺栓尺寸是否超限，若超限需要进行更换处理。

8.10.3.6　同步注浆浆液性能满足盾构施工，并严格控制同步注浆的时间、注浆压力及注浆量，并及时进行二次注浆处理。其中应考虑到管片出盾尾后的上浮及隧道沉降的预留量。

8.10.3.7　规范管片拼装作业：拼装前清理干净盾尾杂物，拼装过程中应严格控制管片的垂直度、椭圆度以及纠偏过程中转弯管片拼装位置，拼装完成后及时复紧管片螺栓。

8.10.3.8　严格控制掘进姿态，及时纠偏；规范管片拼装作业，尽量减少错台。

8.11　成型隧道管片碎裂

8.11.1　存在问题及现象描述

成型隧道管片出现碎裂、缺角（图 8.11-1）、裂缝等。

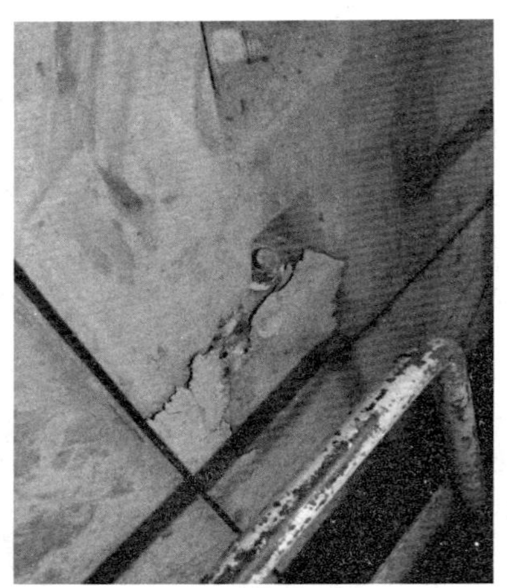

图 8.11-1　成型隧道管片碎裂

8.11.2　原因分析

8.11.2.1　因混凝土配比、原材、养护等因素影响，管片混凝土强度未达到设计要求。

8.11.2.2　拼装时盾尾间隙控制不当，管片在盾尾中的偏心量太大，管片与盾尾发生磕碰现象，以及盾构推进时盾壳卡坏管片。

8.11.2.3　定位凹凸榫的管片，在拼装时位置不准，凹凸榫未对齐，在千斤顶靠拢时会由于凸榫对凹榫的径向分力而顶坏管片。

8.11.2.4　管片拼装时相互位置错动，管片与管片间没有形成面接触，盾构推进时在点接触处产生应力集中而使管片碎裂。

8.11.2.5　前一环管片的环面不平，使后一环管片单边接触，在千斤顶的作用下形同跷跷板，管片受到额外的弯矩而断裂。在封顶块与邻接块的接缝处的环面不平，也是导致邻接块两角容易碎裂的原因。

8.11.2.6　拼装好的邻接块开口量不够，在插入封顶块时间隙偏小，如强行插入，则导致封顶块管片或邻接块管片的角部崩落。

8.11.2.7　管片传力衬垫粘贴厚度不均或粘贴不牢脱落。

8.11.2.8　拼装机在操作时转速过大，拼装时管片发生碰撞，边角崩落。

8.11.3　标准及控制措施

8.11.3.1　应按照现行国家标准《盾构法隧道施工与验收规范》GB 50446 的有关规定执行：

管片的质量要求应符合下列规定：

1　应按要求进行结构性能检验，检验结构应符合设计要求。

2　管片强度和抗渗等级应符合设计要求。

3　吊装预埋件首次使用前应进行抗拉拔试验，试验结构应符合设计要求。

4　管片不应存在漏筋、孔洞、疏松、夹杂、有害裂缝、缺棱掉角、飞边等缺陷，麻面面积不得大于管片面积5%。

5　实施盾构纠偏应逐环、小量纠偏，防止过量纠偏损坏已拼装管片和盾尾密封。

6　管片拼装应严格按设计要求进行，管片不得有内外贯穿裂缝和宽度大于0.2mm 的裂缝及混凝土剥落现象。

7　管片防水密封质量应符合设计要求，不得缺损，粘结应牢固、平整，防水垫圈不得遗漏。

8.11.3.2　加强对拼装管片检查验收，对表面有裂纹或边角破损的管片，满足修补要求的及时进行修补，修补材料的抗拉强度不应低于1.2MPa，抗压强度不应低于管片强度。不满足修补要求的退回、弃用。

8.11.3.3　规范管片拼装作业，注重管片拼装过程的保护。

8.11.3.4　管片拼装前检查上一环环面平整度，发现环面不平整时，及时加贴衬垫予以纠正，在前一环环面平整的情况下，整环粘贴传力衬垫，保证环面平整、受力均匀。

8.11.3.5　严格控制管片传力衬垫及止水条的粘贴质量，对出现鼓包、脱落等问题应及时整改，保证粘贴厚度均匀。并做好管片成品在运输、吊装过程中的保护，避免人为造成的管片传力衬垫及止水条脱落、污染。

8.11.3.6　合理调整隧道管片排序，优先使用楔形环管片来调整盾构姿态。

8.12　成型隧道椭圆度超标

8.12.1　存在问题及现象描述

成型隧道管片的水平直径和垂直直径相差过大，椭圆度超过规范要求。

8.12.2　原因分析

8.12.2.1　管片排板错误，实际选型与现场需求不符。

8.12.2.2　管片的拼装位置中心与盾尾的中心不同心，管片无法在盾尾内拼装成正圆，只能拼装成椭圆形。

8.12.2.3　管片的环面与盾构轴线不垂直，使成型隧道轴线与盾构的轴线不一致。

8.12.2.4　盾尾间隙不均，管片与盾壳之间间隙过大或过小。

8.12.2.5　拼装管片前未清理盾尾，盾尾底部泥沙堆积过厚或底部有杂物，导致管片拼装椭圆度超限。

8.12.3　标准及控制措施

8.12.3.1　应按照现行国家标准《盾构法隧道施工与验收规范》GB 50446 的有关规定执行：

1　实施盾构纠偏应逐环、小量纠偏，防止过量纠偏损坏已拼装完成的管片和盾尾密封。

2　应根据上一衬砌环姿态、盾构姿态、盾尾间隙等确定管片排序。

3　应按拼装工艺要求逐块拼装，并及时联结成环。

4　定期对上一衬砌环面应进行质量检查。

5　定期对拼装机、管片和材料应进行检查。

8.12.3.2　缓和曲线上盾构管片的排板：设计排板时，可根据缓和曲线的偏转角来计算所需楔形环的数量 n，然后通过其长度求得的总环数来算出所需的标准环数目；竖曲线上盾构环的排板：竖曲线上所需标准环与楔形环的比例悬殊，在有竖曲线或平、竖曲线交叉段管片排板时，就不考虑竖曲线的影响，只考虑平曲线的影响，至于因竖曲线而导致的累计误差，则用石棉橡胶板等作嵌缝材料来调整和纠偏。根据排环及实际施工的情况进行管片拼装。

8.12.3.3　合理纠偏，利用贴片和转弯环（即楔形环）调节盾尾间隙，使盾构沿着设计轴线前进，管片能居中拼装。

8.12.3.4　将推进千斤顶的行程推至施工情况下允许的最大行程后，将管片与盾壳之间的杂物清理干净后进行管片拼装。

8.12.3.5　拼装前盾尾及管片侧面清理干净，不留异物，盾尾污水抽排至不影响拼装工作。

8.12.3.6　严格按顺序均匀注浆，使管片受力均匀，同时管片螺栓应及时复紧。

8.13　成型隧道上浮或下沉

8.13.1　存在问题及现象描述

成型隧道管片上浮或下沉，情况严重时造成隧道侵限。

8.13.2　原因分析

8.13.2.1　隧道埋深较浅。

8.13.2.2　隧道所处地层复杂、不均匀，容易引起隧道不均匀上浮或下沉。

8.13.2.3　土仓压力设定值过小，出土量大。

8.13.2.4　盾构推进断面超挖。

8.13.2.5　盾构姿态调整幅度过大，对土体产生较大扰动。

8.13.2.6　管片螺栓未能及时复紧。

8.13.2.7　同步注浆、二次注浆注浆量不足，浆液质量不合格。

8.13.2.8　隧道周边发生较大的加载或卸载情况。

8.13.2.9　隧道周边有基坑开挖、降水、注浆、打桩等施工，引起成型隧道上浮或下沉。

8.13.3　标准及控制措施

8.13.3.1　严格控制盾构机的超挖刀开启的时间，伸缩量不宜过大。

8.13.3.2　根据理论计算值结合现场监测情况合理设定土仓压力值，停机过程中采取合理保压措施，严控出土量。

8.13.3.3　严控超挖，根据姿态变化情况及时调整各分区油压，做到勤纠、缓纠，左右区域千斤顶力差及相邻两区域千斤顶力差不宜过大，防止盾构蛇形推进，减小对土体的扰动。

8.13.3.4　安排专人负责管片螺栓紧固、复紧。

8.13.3.5　准确确定注浆量和注浆压力，提高拌浆质量，保证压注的浆液强度；及时、同步地进行注浆；注浆应均匀，根据推进速度的快慢适当地调整注浆的速率，尽量做到与推进速率相符。

8.13.3.6　加大对成型隧道周边监管力度，严格管控隧道周边施工，减少对隧道影响，同时加强监测，发现异常及时采取措施进行处理。

8.13.3.7　对隧道周边 50m 范围内实施施工审批制度，禁止在隧道 50m 范围内未经许可进行基坑开挖、降水、注浆、打桩施工。

8.14　后浇环梁（井接头）渗漏水

8.14.1　存在问题及现象描述

后浇环梁（井接头）结构及与车站、区间隧道管片接缝存在渗漏水现象。

8.14.2　原因分析

8.14.2.1　端头土体（含夹心层）加固质量不佳，容易形成渗漏水通道。

8.14.2.2　盾构接收过程中，作用在最后 10 环左右管片间作用力减小，导致成型隧道环缝密封不密贴，环缝止水能力较正常段要弱。

8.14.2.3　未能做好成型隧道最后 20 环管片螺栓紧固、复紧、整体连接工作。

8.14.2.4　未能根据现场实际情况在后浇环梁施工前做好成型隧道最后 20 环注浆、堵漏、封堵工作。

8.14.2.5　后浇环梁施工过程中未能做好防水（止水条粘贴、特殊情况时预留注浆管）及混凝土振捣、养护工作（图 8.14-1）。

8.14.2.6　后续未能根据现场渗漏情况及时实施注浆封堵等堵漏工作（图 8.14-2）。

8.14.3　标准及控制措施

8.14.3.1　盾构到达前检查端头土体加固质量，确保加固质量满足设计要求。

8.14.3.2　做好后 20 环管片的螺栓紧固和复紧工作，并用槽钢沿隧道纵向拉紧后 20 环管片，使后 20 环管片连成整体，防止管片松弛而影响密封防水效果。

8.14.3.3　在拼装的管片进入加固范围后，浆液改为快硬性浆液，提前在加固范围内将泥水堵住在加固区外。当管片最后一环管片拼装完成后，通过管片的二次注浆孔，注入双液浆进行封堵。

8.14.3.4　后浇环梁施工过程中及时做好防水（止水条粘贴、特殊情况时预留注浆管）及混凝土振捣、养护工作。

8.14.3.5　后续根据现场渗漏情况及时实施注浆封堵等堵漏工作。

图 8.14-1　后浇环梁渗漏水

图 8.14-2　注浆堵漏处理

8.15　联络通道开挖缺陷

8.15.1　存在问题及现象描述

冻结法加固效果不理想，冻结帷幕未达到设计要求的强度和厚度；非冷冻法加固体强度及止水效果达不到设计要求；导致超挖、欠挖现象。

8.15.2　原因分析

8.15.2.1　冻结孔施工参数（冻结管深度、间距、角度等）未达到设计及规范要求。

8.15.2.2　冻结系统运行不正常（如冷冻机制冷效果差、冻结管路过长）、保温措施不当、冻结时间不足、中途停冻、夏季高温等。

8.15.2.3　冻结加固区周边存在抽水、动水、基坑开挖等工况影响。

8.15.2.4　受到地层复杂、加固深度较深、地层中存在障碍物等因素影响加固体质量。

8.15.2.5　搅拌桩、旋喷桩等施工容易产生一定幅度的偏移，拉大桩间间距，造成加固体局部未咬合，成桩效果差。

8.15.2.6　搅拌桩、旋喷桩施工参数（水灰比、喷浆量、提升下沉速度、复喷、搭接）过程控制不严造成土体加固效果不佳。

8.15.2.7　开挖过程中测量定位出现偏差，容易造成超欠挖。

8.15.3　标准及控制措施

8.15.3.1　控制钻孔的各项参数达到设计及规范要求，从而确保冻结帷幕的有效形成。

8.15.3.2　加强对冻结系统运行检查，确保保温措施到位，冻结时间充足，严防中途停冻情况发生，进行测温监测，确保冻结效果。

8.15.3.3　检查联络通道周边环境，若确实存在降水、基坑开挖等工况，应加强监控监测。

8.15.3.4　加强搅拌桩、旋喷桩等施工过程控制，开挖前对加固效果进行取芯检测，确保加固质量。

8.15.3.5　按照设计中腰线合理控制开挖步距及开挖限界。

8.16　联络通道渗漏水

8.16.1　存在问题及现象描述

联络通道衬砌结构（图 8.16-1）或衬砌结构与钢管片、混凝土管片接缝处以及预埋冻结管位置渗漏水（图 8.16-2）。

图 8.16-1　衬砌结构渗漏水

图 8.16-2　冻结管周围渗漏水

8.16.2　原因分析

8.16.2.1　灌注混凝土过程中振捣不密实或产生冷缝（漏振或欠振）。

8.16.2.2　模板制作尺寸偏差或模板加固支撑不牢固、稳定。

8.16.2.3　施工缝与管片接口处理不当。

8.16.2.4　外包防水层破损。

8.16.2.5　钢管片填充混凝土不密实，渗漏水绕过弹性密封垫后沿填充混凝土扩散。

8.16.2.6　采用冷冻法加固后开挖的联络通道，如果融沉补充注浆处理不及时，易造成钢管片与相邻混凝土管片间差异沉降引起环缝处错台或张开，从而引起接缝渗漏。

8.16.2.7　后期补充及融沉注浆顺序、时间、技术参数等不符合要求。

8.16.2.8　冻结管封孔不合格。

8.16.3　标准及控制措施

8.16.3.1　应安排专人振捣，振捣到位，确保不会出现漏振或欠振。

8.16.3.2　模板及模板支架应安装牢固。

8.16.3.3　混凝土灌注施工前，检查外包防水层是否完好无损。

8.16.3.4　联络通道施工结束后，按照设计要求及时用微膨胀性素混凝土充填钢管片格腔，并加强养护，提高填充混凝土密实度。

8.16.3.5　为了消除地层融沉引起的沉降，需加强监测，并根据监测情况采取跟踪注浆的方法加以补偿。地层单日沉降大于 0.5mm，或累计沉降量大于 3mm 时应进行融沉补偿注浆，地层隆起达到 3mm 时应暂停注浆。冻结壁已全部融化，且实测地层沉降持续一个月，每半月不大于 0.5mm，方可停止融沉补偿注浆。

8.16.3.6　冻结管封孔严格按设计要求进行，应吹干冻结管内盐水，并充填足够深度（一般控制不少于 1.5m）的水泥砂浆，并割除冻结管嵌入管片部分至少 10cm，用防水砂浆对冻结管进行妥善封堵。

8.17　联络通道后期沉降

8.17.1　存在问题及现象描述

采用冷冻法施工的联络通道及地表沉降超限。

8.17.2　原因分析

8.17.2.1　注浆材料不合格，或配比不合理，影响充填及加固效果。

8.17.2.2　停冻后未及时进行通道处封堵注浆、衬砌结构充填注浆，造成结构后方存在空洞。

8.17.2.3　停冻后未按设计要求，结合监测情况及时进行融沉注浆，或注浆量不足，或注浆浆液流失。

8.17.2.4　监测（地面、隧道、联络通道监测）频次不足，数据不准确，或未用于指导注浆施工。

8.17.3　标准及控制措施

8.17.3.1　提前确定注浆浆液配合比，并严格执行。

8.17.3.2　停冻后及时进行通道处封堵注浆、衬砌结构充填注浆，及时充填结构后方空洞。

8.17.3.3　停冻后按设计要求，根据监测情况及时进行融沉注浆，确保注浆量充足。

8.17.3.4　按监测方案要求进行连续监测（地面、隧道、联络通道监测），确保监测频次满足要求、监测数据准确，监测情况用于指导注浆施工。

第 9 章　高架区间工程

高架区间主要包含地基与基础、下部结构工程、上部结构工程、桥面系、声屏障、附属等工程。常见质量问题有：钻孔桩塌孔、断桩、短桩；转体法施工轴线偏位；箱梁预应力施加质量缺陷；挂篮法施工 0 号块混凝土质量缺陷等。

9.1　钻孔桩塌孔、断桩、短桩

9.1.1　存在问题及现象描述

孔壁出现塌孔（图 9.1-1），孔内水位突然下降，泥浆中含沙量显著增加；混凝土灌注过程中泥沙混入造成夹层，出现断桩（图 9.1-2）；钻孔桩桩顶或桩底未达到设计标高。

图 9.1-1　塌孔

图 9.1-2　断桩接桩

9.1.2　原因分析

9.1.2.1　塌孔。

1　进尺速率快，未形成坚实的泥浆护壁。

2　清孔时间过长或清孔后长时间未灌注，泥浆浓度过低。

3　吊入钢筋笼时碰撞孔壁。

9.1.2.2　断桩。

1　由于计算失误，导管下放长度不够，致使导管下端与孔底之间距离较大，首灌混凝土后，导管埋深不够，形成断桩。

2　混凝土堵住导管，上下晃动导管时幅度过大，导管口被提到混凝土面上方，泥浆混入造成断桩。

3　导管埋置过深，或混凝土供应不及时，灌注间歇时间超过初凝时间，无法提起或将导管拔断，造成断桩。

4　未严格按照要求清孔，孔内泥浆相对密度、含砂率大。

5　混凝土质量不合格，出现离析等现象。

6　导管密封性能不符合要求，灌注过程中出现导管漏水、漏气现象。

9.1.2.3　短桩。

1　钻进未达到设计桩底标高。

2　清孔不彻底导致沉渣过厚。

3　灌注即将结束时对混凝土标高误判，未达到设计标高即停止灌注。

9.1.3　标准及控制措施

9.1.3.1　塌孔。

1　钻孔施工应符合下列规定：旋转钻机钻孔，开钻时，宜低档慢速钻进，钻至护筒下1m后，再以正常速度钻进；在钻进过程中，应经常注意土层变化，对不同的土层采用不同的钻速、钻压、泥浆相对密度和泥浆量；在砂土、软土等容易塌孔的土层宜采用低档慢速钻进，同时提高孔内水头，加大泥浆比重。

清孔及灌注水下混凝土应符合下列规定，清孔可采用下列方法：

抽渣法：适用于冲击钻机或冲抓钻机造孔。

吸泥法：适用于冲击钻机造孔，但土质松软孔壁容易坍塌时，不宜使用。

换浆法：正、反循环旋转钻机宜使用换浆法清孔。抽渣或吸泥时，应及时向孔内注入清水或新鲜泥浆，保持孔内水位，避免塌孔。

换浆法的清孔时间，以排出泥浆的含砂率与换入泥浆的含砂率接近为清孔完成的标准。

钢筋笼主筋与加强箍筋应全部焊接或机械连接，且宜整体吊装入孔。当条件困难时，可分段入孔，上下两段应保持顺直。

2　吊入钢筋笼时，保证钢筋笼处于竖直状态。

3　导管安放完成后，继续清孔（二清），此时泥浆比重应控制在1.25左右，待孔底沉渣清理好后灌注混凝土前应再进行换浆处理，将泥浆相对密度控制在1.15左右，以满足灌注条件。如果现场泥浆相对密度接近1.1，则需要密封性能更好的导管，不然在灌注时间长的情况下，桩身混凝土会受到一定影响。

9.1.3.2　断桩。

1　灌注水下混凝土应符合下列规定：

水下混凝土的坍落度应控制在18～22cm范围，细骨料宜采用河砂，粗骨料宜采用卵石，其粒径宜控制在2～3cm。

混凝土要求和易性好；当混凝土堵塞导管时，可采用拔、插、抖动导管的方式使混凝土落下，但不能将导管口拔出混凝土面。

2　认真计算需要导管的节数，导管底口距孔底不大于40～50cm，开始灌注时，要保证混凝土灌满漏斗后，再提拔活塞，以确保首灌成功。混凝土的首灌量应满足导管埋入混凝土中的深度不得小于2m，并不宜大于6m；当桩身较长时，导管埋入混凝土中的深度可适当加大。

3　保证混凝土的及时供应。

4　成孔后，严格按照规范要求清孔，泥浆相对密度、含砂率、沉渣厚度等各项指标均满足规范要求后，方可灌注混凝土。

5　混凝土运输至现场后，检测混凝土坍落度符合要求且和易性良好，无离析、泌水现象后方可灌注。确保混凝土运输便道畅通，拌合站必须有备用电源或发电机。

9.1.3.3　短桩。

1　钻孔应一次成孔，不得中途停顿。钻孔达到设计深度后，应对孔位、孔径、孔深和孔形等进行检查，并按规范要求填写钻孔记录表。

清孔及灌注水下混凝土应符合下列规定：

钻孔至设计高程经过检查合格后，应立即进行清孔。灌注水下混凝土前允许沉渣厚度应符合设计要求，设计未规定时：端承桩不大于50mm；摩擦桩不大于100m；抗拔、抗水平力桩，不应大于200mm。

在混凝土灌注过程中，应设专人经常测量导管埋入深度，并按规范要求做好记录。

2　钻进结束后用测绳检测孔深。

3　灌注的桩顶标高应比设计高出一定高度，一般为 1m，灌注即将结束时，应边灌注边测量，保证混凝土顶达到要求。发生短桩时，对于处理深度小于 1m 的，凿除表面松散混凝土，进行接桩；当处理深度大于 1m 小于 6m 时，采用人工挖孔的方式挖至混凝土表面，凿除表面混凝土后，进行接桩。

9.2　钻孔桩偏位

9.2.1　存在问题及现象描述

钢筋笼中心偏位、下沉或上浮，钻孔桩偏位。

9.2.2　原因分析

9.2.2.1　钻孔桩桩位定位误差。

9.2.2.2　护筒埋设偏差或固定不牢靠。

9.2.2.3　钢筋笼固定不牢或固定措施不当，导致钢筋笼晃动。

9.2.2.4　开孔直径较大，混凝土灌注时钢筋笼晃动较大。

9.2.2.5　钢筋笼下放过程未作调整。

9.2.2.6　钢筋笼焊接时，各节中心线不在同一轴线上。

9.2.2.7　灌注混凝土接近钢筋笼底部时灌注速度过快，混凝土将钢筋笼托起。

9.2.3　标准及控制措施

9.2.3.1　桩位定位时要认真复核，并做好控制桩，以便准确确定钻头中心。

9.2.3.2　钻孔桩施工准备工作应符合下列规定：

钻孔前应设置坚实不漏水的护筒：

钢护筒：在旱地或水中均可使用，筒壁厚度可根据钻孔桩孔径、埋深及护筒埋设方法选定。必要时，可按钻孔桩孔径、埋设方法和深度通过计算确定。钢筋混凝土护筒：宜在水深不大的钻孔使用，壁厚为 8～10cm。

护筒内径应大于钻头直径，当使用旋转钻机时应大于 20cm，使用冲击钻机时应大于 40cm。

护筒顶宜高出施工水位或地下水位 2.0m，并高出施工地面 0.5m。其高度尚应满足孔内泥浆面高度的要求。

护筒埋置深度应符合下列规定：

在岸滩上，黏性土、粉土不小于 1m，砂类土不小于 2m。当表面土层松软时，宜将护筒埋置在较坚硬密实的土层中至少 0.5m。

水中筑岛，护筒宜埋入河床面以下 1.0m 左右。在水中平台上设置护筒，可根据施工最高水位、流速、冲刷及地质条件等因素确定。必要时打入不透水层。

在岸滩上埋设护筒，应在护筒四周回填黏土，并分层夯实。可用锤击、加压、振动等方法下沉护筒。

护筒允许偏差：顶面位置为 5cm。护筒斜度为 1%。

9.2.3.3　安装钻机时，底架应垫平，保持稳定，不得产生位移和沉陷。钻进时，起、落钻头速度宜均匀，不得过猛或骤然变速。

钢筋笼主筋与加强箍筋必须全部焊接且宜整体吊装入孔。当条件困难时，可分段入孔，上下两段应保持顺直。

9.2.3.4　钢筋笼入孔后，应牢固定位。钢筋笼定位后，将钢筋笼牢固固定在钻机底部的吊耳上。

9.2.3.5　应严格控制钻头尺寸，开孔直径偏差应符合规范要求，钢筋笼加工时，应设置定位钢筋。

9.2.3.6　钢筋笼下放过程中，应及时微调。

9.2.3.7　灌注混凝土接近钢筋笼底部时，适当放慢灌注速度，待导管底部提高至钢筋笼底部 2m 以上恢复正常灌注速度。

9.3　转体法施工轴线偏位

9.3.1　存在问题及现象描述

转动球铰未精确安装定位，导致桥墩偏位；转动结构与滑道间隙过小，导致无法正常转动，桥面出现倾斜；转体操作不当，导致转体偏位；桥的整体平衡性不佳；桥的轴线未完全对应。

9.3.2　原因分析

9.3.2.1　球铰各处的曲率半径之差大于 0.5mm；球铰边缘各点的高程大于 1mm；上下球铰球面出现锈蚀。

9.3.2.2　整个滑道面不全在一个水平面上，滑道面上的杂物（如焊渣、混凝土碎块、铁丝等）未清理干净。

9.3.2.3　转体所需牵引力过大，超过标配千斤顶的牵引力；两侧悬臂端配重不平衡；转体超转。

9.3.3　标准及控制措施

9.3.3.1　应按照国家现行标准《公路桥涵施工技术规范》JTG/T F50 的有关规定执行：

应选用摩擦系数较小的材料制作滑板和转盘轴心，制作安装时应符合下列规定：

环道转盘应平整，球面转盘应圆顺，其允许偏差为 ±1mm；环道基座应水平，3m 长度内平整度不大于 ±1mm，环道径向对称点高差不大于环道直径的 1/5000。

中心支承宜采用球面铰柱，用直径不小于 100mm 的钢质或钢管混凝土定位销固定于球面铰柱中心，再用不低于 C50 的混凝土灌注球面铰成型。在球面打磨光滑后再灌注混凝土球面铰盖。达到设计强度后，应将盖、铰进行反复磨合，至单人以 3m 杠杆能推动为止。

盖、铰经磨合并符合要求后，其接触面应涂二硫化钼或黄油四氟粉等润滑剂，再将铰盖浇固于上盘混凝土中。

浇固于上盘周边的四个或六个辅助支腿，应对称均匀布置，与下环道的间距不大于 20mm。

环道钢板安装固定时，宜与下转盘预埋件栓接，以便能精确调节环道钢板安装位置，以及避免因焊接使环道钢板变形。

为减小环道和走板之间的摩擦力，宜在环道表面设置一层 3mm 厚镜面不锈钢板。

9.3.3.2　球铰各处的曲率应相等，其曲率半径之差 ±0.5mm，边缘各点的高程差不大于 1mm，各四氟滑板应位于同一球面，其误差不大于 0.2mm。

9.3.3.3　转体球铰的上球铰下底面、下球铰上顶面和销轴表面则应涂抹黄油进行防护，下球铰球面在灌注混凝土过程中如出现表面锈蚀，可在混凝土固化后，用砂纸抛光清除表面锈蚀，再安装四氟滑片。

9.3.3.4　上下球铰间按设计位置镶嵌四氟板，四氟板间涂抹黄油和四氟粉，上下球铰中线穿定位钢销，精确定位，最后上下球铰吻合面外周用胶带缠绕密实。

9.3.3.5 为保证转体的顺利实施，要求环道钢板顶面相对高差小于1mm，其3m长度内平整度不大于±0.5mm，且其环道径向对称点的高差不大于环道直径的1/5000，并取其中小者，环道拼装钢板之间拼缝在标高调整后，焊接并将表面打磨平滑。

9.3.3.6 在下转盘混凝土灌注完成及上球铰安装就位时即安装撑脚，并在撑脚下支垫10~20m楔形钢板作为转体结构与滑道间隙。

9.3.3.7 转体试转动前，应清理滑道面上的杂物，特别是撑脚下面的杂物。

9.3.3.8 对上、下承台预埋钢筋进行弯折，以保证在转体过程中不发生相互干扰，转体完成后进行恢复并连接。

9.3.3.9 整理混凝土灌注记录，计算不平衡重，进而计算结构不平衡力矩。

9.3.3.10 配重用水桶放置（每端3~4个$2m^3$）在箱梁两悬臂段，注入1/2以上水，在水桶四周焊接临时支撑予以固定。

9.3.3.11 转动过程中，千斤顶匀速、缓慢进行，控制梁端线速度2m/min，千斤顶牵引钢绞线的速度控制在15cm/min左右，构件旋转到距设计位置约150cm时放慢转速，改用手动控制牵引千斤顶，借助惯性就位，并测量轴线，根据差值，精确点动操作就位。为保证转体就位正确，采取预埋限位型钢+止动千斤顶措施，如果发生转体过位，利用下转盘撑脚、型钢反力座，用千斤顶反推就位。

9.3.3.12 点动操作，平面位置精调到位后，焊接上下承台之间的钢筋和撑脚钢板下楔形钢板进行平面位置锁定；通过水箱对梁体标高调整，并灌注混凝土，封固上下承台。

9.4 箱梁预应力施加质量缺陷

9.4.1 存在问题及现象描述

预应力束施工不当，造成管道破损；预应力钢绞线锈蚀。按张拉应力和伸长率双控进行预应力张拉时，以张拉应力为主要控制项，但伸长率超出设计及规范标准（超出理论伸长量的±6%）。预应力锚具的锚固区出现下列缺陷：锚垫板位置不准确；锚固区漏埋构造钢筋；张拉锚固端松动；锚下混凝土不密实等。

9.4.2 原因分析

9.4.2.1 在焊接钢筋及穿束过程中，误伤到波纹管（图9.4-1）；接头密封不严或搭接部分长度不够；外露的钢绞线未采取保护措施。

9.4.2.2 张拉系统未进行整体标定，或油表读数不准确；未按标定配套的千斤顶、油泵、压力表进行安装，造成油表读数与压力数的偏差。

9.4.2.3 审查实测值时，读数错误；或理论伸长值为0至σ_k的值，实测值未加初应力时的推算伸长量；或压力表读数错误；或压力表和千斤顶有异常。

9.4.2.4 预应力钢材的直径或弹性模量或应力松弛值达不到产品标准的要求。

9.4.2.5 预留孔道不顺直、位置不准确、孔道内部表面粗糙等致使管道摩阻力远大于理论计算值；预埋管道位置不准确或端模板倾斜角度不精确，导致锚垫板不垂直于预埋管道的轴线。

9.4.2.6 混凝土灌注前未认真检查，导致锚垫板的位置未按设计位置安装；锚垫板移位较大；漏放锚固区构造钢筋。

9.4.2.7 锚固区结构钢筋密集，如振捣方式不适当，易造成锚下混凝土不密实（图9.4-2），在预应力张拉时极易发生锚下混凝土崩裂。

9.4.3 标准及控制措施

9.4.3.1 应按照国家现行标准《公路桥涵施工技术规范》JTG/T F50 的有关规定执行：

1 一般规定

在后张预应力混凝土结构中，孔道材料应按设计要求选用，一般由金属波纹管或塑料波纹管构成，也可采取钢管抽芯、胶管抽芯及金属伸缩套管抽芯等方法进行预留。

灌注时，在混凝土中的管道不得有漏浆现象。管道应具有足够的强度，以使其在混凝土的重量作用下能保持原有的形状，且能按要求传递粘结应力。

预应力管道在使用前应进行外观检查，其内外表面应清洁，无锈蚀、油污、孔洞和不规则的褶皱，咬口不应有开裂或脱扣。

2 预应力机具设备选用及校验

预应力机具设备及仪表（压力表的精度应 >1.5 级），应由专人使用和管理，应定期维护和检验。张拉设备（包括活塞的运行方向与实际一致）应配套标定，并配套使用。长期不使用、标定时间超过半年、张拉超过 200 次、在使用中预应力机具设备或仪表出现反常现象及千斤顶检修后等情况应重新标定。弹簧测力计的校验期限不宜超过 2 个月。

当采用测力传感器计量张拉力时，测力传感器应按国家相关检定规程规定的检定周期检定，千斤顶和压力表可不再作标定。

3 张拉应力控制

施加预应力时，预应力筋、锚具、千斤顶应位于同一轴线上。

预应力筋的张拉控制应力和张拉程序应符合设计要求。当施工中预应力筋需要超张拉或计入锚圈口预应力损失时，可比设计要求提高 5%，但在任何情况下不得超过设计规定的最大张拉控制应力。

预应力筋采用应力控制方法张拉时，应以伸长值进行校核，实际伸长值与理论伸长值的差值应符合设计要求，设计无规定时，实际伸长值与理论伸长值的差值应控制在 6% 以内，否则应暂停张拉，待查明原因并采取措施予以调整后，方可继续张拉。

9.4.3.2 预埋管道严格按设计位置固定，采用合格的预埋管道。在焊接钢筋时，应对波纹管进行保护，必要时，可以在焊接点与波纹管之间放一挡板；波纹管之间搭接长度不能小于 20cm，套在一起后可以用白胶带或透明胶带粘结接口，保证接口质量；张拉前露在外面的预应力钢绞线应用塑料薄膜包扎好，以免锈蚀；端部预留孔道必须用塑料紧密堵塞，以免雨水进入。

9.4.3.3 张拉前，做好预应力钢材的理论伸长值的计算，并复核计算结果；张拉时专人进行伸长值测量，并在现场及时进行伸长率复核。

9.4.3.4 灌注混凝土时，对箱梁腹板与底板及顶板连接处的承托、预应力筋锚固区及其他预应力钢束与钢筋密集的部位，应采取有效措施加强振捣；对先张构件应避免振动器碰撞预应力筋；对后张结构应避免振动器碰撞预应力筋的管道、预埋件等。灌注过程中应随时检查模板、管道、锚固端垫板等的稳固性，保证其位置及尺寸符合设计要求。桥梁端部钢筋安装非常密集，要严格控制混凝土中石子的粒径，并合理选用振捣棒。

9.4.3.5 在锚固区混凝土灌注、振捣时应特别小心，混凝土粒径和坍落度要适当，插入式振捣棒的直径、功率、振捣时间、振捣部位等均需正确选择，确保锚固区的混凝土振捣密实。

图9.4-1　波纹管破损

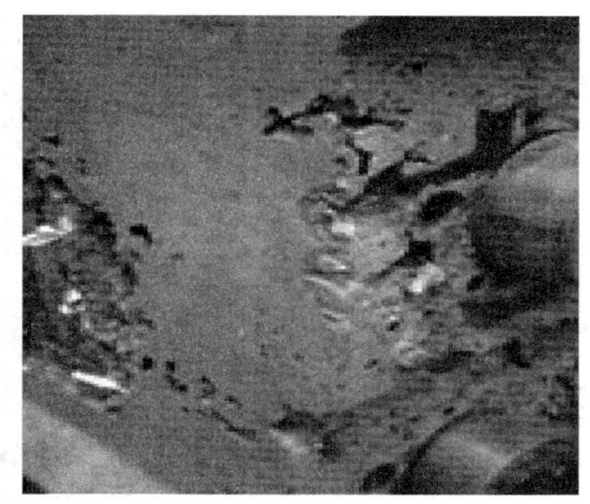

图9.4-2　锚固区混凝土振捣不密实

9.5　预应力结构孔道堵塞、压浆不实

9.5.1　存在问题与现象描述

预应力结构孔道堵塞、压浆不实、不饱满（图9.5-1），将导致预应力筋腐蚀（图9.5-2），降低构件承载能力、抗裂性能和耐久性。

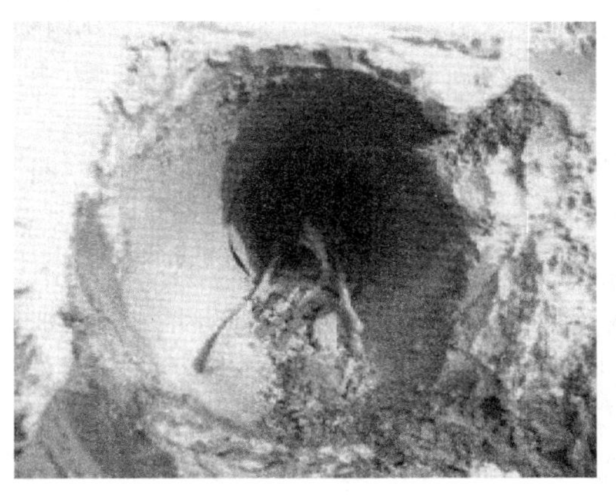

图9.5-1　预应力孔道注浆不饱满

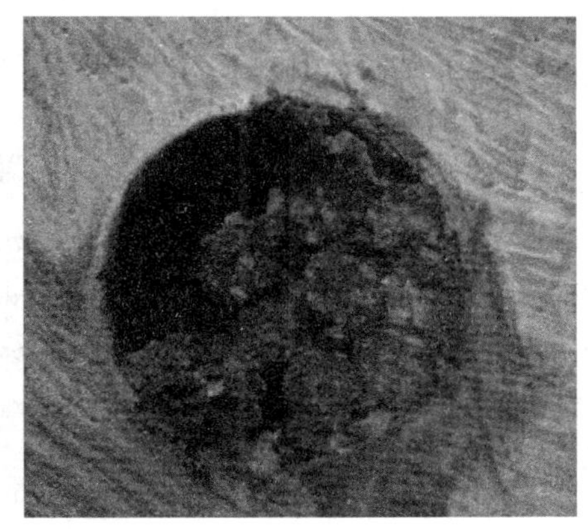

图9.5-2　孔道内钢绞线腐蚀

9.5.2　原因分析

9.5.2.1　波纹管质量不合格（孔道变形或偏孔、颈缩、密封不好、环刚度不够等问题），压浆困难，或接缝不严密出现漏浆现象。

9.5.2.2　压浆孔、排气孔堵塞。若锚垫板与模板之间有空隙，灌注混凝土时的水泥浆易堵塞压浆孔。在混凝土灌注过程中，排气孔的管与波纹管脱离，致使排气管堵塞。

9.5.2.3　未设排气孔或排气孔设置的位置不理想，造成孔道窝气。

9.5.2.4　孔道压浆前用水进行冲洗，残留水未吹净。

9.5.2.5　水泥浆配比不合理，泌水率大，水泥浆虽然压满但严重泌水，浆体离析，孔道内形成游离水。

9.5.2.6　预应力钢筋编束、捆扎时，绑扎丝过密、松弛，穿束时绑扎丝在孔道不畅处受阻，堆积挤压，形成网状塞栓，压浆时此处过水过气不过浆。

9.5.2.7　压浆机性能不好，压力不够或无法保压持荷，致使孔道内水泥浆不能长距离运送，也无法借助压力使水泥浆充实到孔道各处，从而造成孔道压浆不饱满、不密实。

9.5.2.8　未待孔道另一端饱满、出浆、排气孔排出与规定稠度相同的水泥浆，即停止压浆封闭排气口；或关闭出浆口后，保持不小于 0.5MPa 的稳压期短。

9.5.3　标准及控制措施

9.5.3.1　采用预应力塑料波纹管作为管道材料，具有良好的耐腐蚀性能、良好的物理性能（不导电、可防止杂散电流腐蚀、密封性能好、不生锈），荷载作用下强度高、刚度大、接缝严密、抗冲击性好、不怕踩压、摩阻力小等性能。

波纹管在使用前应做好泌水试验和抗压实验。波纹管接头应留有 20cm 以上的重叠，并用医用胶布或透明胶带将接头缠牢。混凝土灌注过程中，人工来回抽动预应力钢绞线或是在波纹管内穿 PVC 管，防止漏入的水泥浆凝固堵塞孔道。

9.5.3.2　在混凝土灌注前，应检查压浆孔、排气孔与周边连接件是否连接紧密，对于模板、锚垫板间存在的间隙，采用环氧树脂胶泥或棉花水泥浆填塞，或在锚垫板与模板间夹 1cm 左右海绵并上紧固定螺丝，以防堵塞孔道。

9.5.3.3　预留管道过长时排气管应设在最高点。

9.5.3.4　孔道在压浆前应用压力水冲洗，以排除孔内粉、渣及杂物，保证孔道畅通。在冲洗过程中若发现有冒水、漏水现象，则应及时堵塞漏洞，冲洗后用空压机吹去孔内积水（但要保持孔道湿润，使水泥浆与孔壁结合良好）。当发现有串孔现象而不易处理时，应判明串孔数量，安排几个孔同时压浆。

9.5.3.5　优选配合比：水泥浆的配合比是控制压浆质量的关键。优良的配合比设计是保证孔道压浆质量的前提，既能保证足够的强度，又能有效地控制泌水率及有关膨胀系数。合理的配合比中泌水率最高不超过 3%，可在水泥浆中掺入适量铝粉等膨胀剂（铝粉的掺入量为水泥的 0.01%，水泥掺入膨胀剂后自由膨胀应小于 10%），以改善其沁水率并增加微膨胀功能。

9.5.3.6　集束绑扎时，每束钢绞线必须整理顺直，不得打结、扭曲，分段要连接牢固，避免钢绞线相互扭结，导致压浆不密实。

9.5.3.7　合理选择压浆设备，应严格按照规范要求的时间和使用频率进行机械检查和保养。目前，我国最新压浆技术采用的是真空压浆技术，可以消除普通压浆法引起的气泡，同时，孔道中残留的水珠在接近真空的情况下被汽化，随同空气一起被抽出，增强了浆体的密实度。

9.5.3.8　确保每个孔道压浆至最大压力后，应有一定稳定时间（不小于 5min），压浆应达到孔道另一端饱满和出浆，并应达到排气孔排出与规定稠度相同的水泥浆时，然后关闭出浆阀门。

9.5.3.9　采用后期加压补浆法补充密实。

1　对于竖曲线锚固点处在上部的孔道，因泌水无法排出而占据孔道空间，在此处形成空洞（此缺陷在封锚时可以从进浆孔用探条测到），可用高压黄油枪或按此原则自制手动压力补浆泵进行补压充实。

2　对于长线连续结构竖向多波孔，不论锚固点在什么位置，其波峰（孔道最高点）都有可能泌水，浆体收缩而形成局部空洞，排除这种隐蔽缺陷的方法是，在孔道波峰处事先设一排气压浆两用管，压浆时排气，压完浆后用探条检测，发现不密实可以再次接手动补压泵进行后期补浆，效果较好。

9.6　预应力张拉滑丝、断丝

9.6.1　存在问题与现象描述

预应力张拉过程中出现钢绞线从锚具中滑脱（图9.6-1），或者断丝现象（图9.6-2），使预应力钢束受力不均匀，造成构件不能达到所要求的承载力。

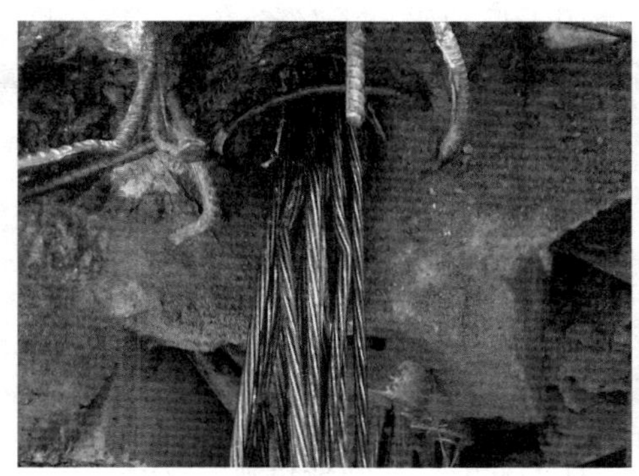

图9.6-1　滑丝现象

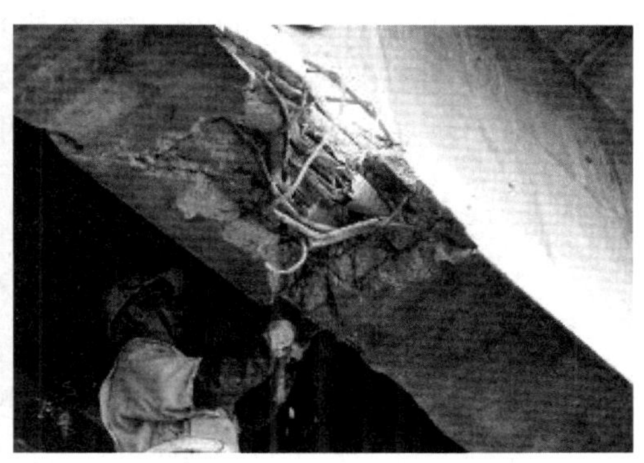

图9.6-2　断丝现象

9.6.2　原因分析

9.6.2.1　预应力束没有或未按规定要求梳理编束，使得钢束长短不一或发生交叉，张拉时易发生断丝或滑丝。

9.6.2.2　锚夹具的尺寸不准，夹片的误差大，夹片的硬度与预应力盘不配套，易断丝和滑丝。

9.6.2.3　锚圈放置位置不准，支承垫块倾斜，千斤顶安装不正，会造成预应力钢束断丝。

9.6.2.4　施工焊接时，把接地线接在预应力筋上，造成钢丝间短路，损伤钢丝，张拉时发生断丝。

9.6.2.5　把钢束穿入预留孔道后，长时间未压浆，造成钢丝锈蚀，或混凝土砂浆留在钢束上，又未清理干净，张拉时产生滑丝。

9.6.2.6　油压表失灵，造成张拉力过大，易产生断丝。

9.6.2.7　限位板的限位深度太深，限位板对夹片的限位作用失效，在回油过程中会导致夹片错台，从而使夹片对预应力钢筋的作用减小而导致滑丝；限位板的深度太浅，限位板对夹片的作用不仅仅是限位作用，还有纵向的压力，会导致夹片对预应力钢筋的作用力不均匀，从而咬断钢丝，导致断丝。

9.6.3　标准及控制措施

9.6.3.1　穿束前，预应力钢束必须按规程进行梳理编束，并正确绑扎。

9.6.3.2　严格材料进场管理制度，做好进场材料的质保资料收集和取样复检工作。

9.6.3.3　张拉预应力筋时，锚具、千斤顶安装要准确。

9.6.3.4　焊接时严禁利用预应力筋作为接地线，不允许发生电焊烧伤波纹管和预应力筋。

9.6.3.5　张拉前必须对张拉端钢束进行清理，如发生锈蚀应重新调换。

9.6.3.6　张拉前要经权威部门准确检验标定千斤顶和油压表。

9.6.3.7　应及时和提供工具锚的厂家联系，重新试验测定限位深度，确定标准的限位深度值（应精确到 0.01mm），按照确定标准的限位深度值重新订做限位板，然后再进行张拉。

9.6.3.8　对于断丝的处理。

1　提高其他钢丝束的张拉力作为补偿。但在任何情况下最大超张力不得超过应有的规定。

2　启用备用束，对于一些重要的结构，设计时往往留有备用管道或备用束，当施工中发生严重断丝特殊情况时，启用备用束。

9.6.3.9　对于滑丝的处理。

采用千斤顶和卸荷座，将卸荷座支承在锚具上，用千斤顶张拉滑丝钢绞线，直至将滑丝夹片取出，换上新夹片，张拉至设计应力即可。如遇滑丝严重或在滑丝中钢绞线受到了严重的伤害，则应将锚具上所有的钢绞线全部卸荷，找出原因并解决，再重新张拉。

9.7　箱梁混凝土观感质量差

9.7.1　存在问题及现象描述

混凝土表面出现锈斑、色泽不均、外观粗糙以及拆模时将混凝土表层粘掉出现粘皮等现象（图 9.7-1），造成混凝土表面的观感质量较差；分层灌注的混凝土之间存在施工冷缝（图 9.7-2）。

图 9.7-1　混凝土表面锈斑、色泽不均

图 9.7-2　冷缝

9.7.2　原因分析

9.7.2.1　观感质量差。

1　隔离剂选用不当或隔离剂涂抹方法不当。

2　隔离剂未完全干燥即灌注混凝土，使隔离剂在混凝土施工中失去作用。

3　隔离剂涂抹后长时间未灌注混凝土，期间隔离剂因下雨或暴晒而脱落。

4　拆模时间过早。

9.7.2.2　施工冷缝。

1　混凝土供应不及时，造成前期灌注的混凝土超过初凝时间，使得上下两层混凝土间产生冷缝。

2　灌注上层混凝土时，振捣不充分导致上下层混凝土未充分融合。

9.7.3　标准及控制措施

9.7.3.1　观感质量差

1　应按照现行国家标准《地下铁道工程施工及验收规范》GB 50299 的有关规定执行。

模板拆除时的混凝土强度应符合下列规定：

不承重结构的侧面模板不应小于 2.5MPa。跨度小于 3m 的板、梁不低于设计强度的 50%。跨度大于 3m 的板、梁不低于设计强度的 70%。

2　根据模板材质、模板暴露时间，因地制宜选用隔离剂。

3　隔离剂完全干燥后才能灌注混凝土。

4　根据隔离剂的类型及模板材质，采用适当的涂抹方法，保证涂抹均匀。

5　控制好拆模时间。

9.7.3.2　施工冷缝

简支梁的混凝土应自两端向跨中或自一端向另一端连续灌注；连续梁应自跨中向两端连续灌注，悬臂梁应自悬臂端向墩、柱方向连续灌注；箱形梁应先施工底板后方可施工边、顶和翼板。

大跨度的简支梁或支架坐落在刚性不同基底上的连续梁或悬臂梁为防止冷缝产生，混凝土灌注应采取下列措施之一：

1　混凝土掺缓凝剂并加速灌注，在最初灌注的混凝土初凝前灌注完毕。

2　混凝土灌注之前，应协调好混凝土搅拌站，保证混凝土的供应；大体积混凝土灌注，应联系备用搅拌站，以备出现突发情况时混凝土的供应。

3　灌注上层混凝土，振捣时振捣棒应伸入下层混凝土，保证上下层混凝土充分融合。

9.8　挂篮法施工 0 号块混凝土结构麻面

9.8.1　存在问题及现象描述

0 号块混凝土出现大面积蜂窝麻面，甚者局部出现孔洞。

9.8.2　原因分析

9.8.2.1　0 号块钢筋与预应力管道布置密集，无法正常振捣出现麻面、孔洞。

9.8.2.2　箱室底板容易发生翻浆，不能正常振捣，导致蜂窝、麻面甚至孔洞。

9.8.2.3　0 号块一般高度较高，混凝土自由下落与钢筋发生多次碰撞产生离析。

9.8.3　标准及控制措施

9.8.3.1　应按照现行国家标准《城市桥梁工程施工与质量验收规范》CJJ 2 的有关规定执行。

1　自高处向模板内倾卸混凝土时，其自由高度不得超过 2m；当倾落高度超过 2m 时，应通过串筒、溜槽或振动溜管等设施下落。

2　灌注混凝土时，应采用振捣器振捣。振捣时不得碰撞模板、钢筋和预埋部件。振捣持续时间宜为 20 ~ 30s，以混凝土不再沉落、不出现气泡、表面呈现浮浆为度。

3　根据 0 号块的设计尺寸及钢筋密集程度，认真进行混凝土配合比设计，特别是粗骨料粒径、坍落度的确定，以及振捣器的选择。

9.8.3.2　在内模及外模开设观察孔，可伸入振捣棒及安全照明灯，方便作业人员施工操作；选择不同半径的振捣棒，挑选熟练的振捣工，定点定人负责振捣，个别死角部位采用附着式振捣器振捣。

9.8.3.3　减少一次下料高度，防止因重力产生混凝土表面的翻浆，在内模底部倒角处设置 0.5m 宽的压浆板，防止过度翻浆，保证振捣充分。

9.8.3.4　事先规划好下料孔，按顺序轮流下料。

9.8.3.5　优化混凝土的配合比，选择优质骨料，增强混凝土和易性，避免发生离析。

9.9　挂篮法施工合龙段混凝土开裂

9.9.1　存在问题及现象描述

合龙段混凝土灌注后，结构表面出现裂纹。

9.9.2　原因分析

9.9.2.1　合龙段长度过大。

9.9.2.2　日照及昼夜温差导致混凝土开裂。

9.9.2.3　混凝土早期收缩、水化热高及已灌注混凝土的收缩与徐变引起的混凝土开裂。

9.9.2.4　结构体系转换及施工临时荷载等因素引起的混凝土开裂。

9.9.3　标准及控制措施

9.9.3.1　应按照现行国家标准《客货共线铁路桥涵工程施工技术指南》TZ 203 的有关规定执行。

连续梁的合龙、体系转换和支座反力调整应符合下列规定：

合龙前应调整中线和高程，并将合龙一侧墩的临时锚固改换成活动支座，同时按设计合龙温度，将两悬臂的合龙口临时锁定，锁定力应大于释放任何一侧各墩的全部活动支座的摩擦力。

合龙前，按设计要求可在两端悬臂预加压重，并于灌注混凝土过程中逐步撤除。

合龙段的混凝土强度可提高一级，混凝土灌注完，应及时加强养护，悬臂端应覆盖，防止日晒。

梁跨体系转换时，支座反力的调整应以高程控制为主，反力作为校核。

9.9.3.2　合龙段长度选择。合龙段长度在满足施工操作要求的前提下，应尽量缩短，一般采用 2.0m。

9.9.3.3　合龙温度控制。合龙时间宜适当滞后于当日最低温度时间，使混凝土在凝结和养护过程中始终处于升温受压状态，防止收缩裂缝的出现；采取在已灌注悬臂梁上部覆盖草袋、浇水等措施，使梁上、下的温差趋于最小，以减少悬臂端的挠度。

9.9.3.4　合龙段合龙前后纵向预应力束张拉时间控制。合龙前，宜初张拉部分纵向预应力束；合龙后，宜在合龙段混凝土的强度和弹性模量达到设计要求时方可对剩余纵向预应力束进行终张拉。

9.9.3.5　合理安排结构体系转换，控制施工临时荷载。

9.10　悬臂灌注连续梁线型不畅

9.10.1　存在问题及现象描述

悬臂灌注施工连续梁整体线型不畅，主要发生在挂篮行走前后、混凝土灌注前后和预应力筋张拉前后。

9.10.2　原因分析

9.10.2.1　墩台和梁部临时支承的不够稳定导致梁体倾斜。

9.10.2.2　悬臂施工的线形控制与预拱度设置不符。

9.10.2.3　施工高程控制措施不完善。

9.10.2.4　未采取必要的纠偏措施或纠偏措施不当。

9.10.3　标准及控制措施

9.10.3.1　应按照现行国家标准《客货共线铁路桥涵工程施工技术指南》TZ 203 的有关规定执行。

预应力混凝土连续梁悬臂混凝土灌注允许偏差应符合表 9.10-1 的规定。

预应力混凝土连续梁悬臂混凝土灌注允许偏差（mm）　　表 9.10-1

项　　目	允许偏差
悬臂梁端高程与设计高程之差	+15
合龙前两悬臂端相对高差	合龙段长的 1/100 且不大于 15
梁段模板中线与设计中线之差	5
轴线偏差	15
顶面高程差	±10

9.10.3.2　在灌注梁体混凝土前，必须保证临时支承稳定可靠，确保模板位置正确。

9.10.3.3　在悬臂施工过程中，及时对挠度进行计算并作出调整。

9.10.3.4　为了保证箱梁理论轴线、高程的施工精度，应及时准确地控制和调整施工中发生的偏差。

9.11　伸缩缝间隙超标

9.11.1　存在问题及现象描述

伸缩缝间隙偏差超限，或与橡胶条不匹配。

9.11.2　原因分析

9.11.2.1　伸缩缝上部钢板与下部预埋铁板未焊接牢固。

9.11.2.2　伸缩缝安装时未考虑温度变化。

9.11.3　标准及控制措施

9.11.3.1　应按照现行国家标准《公路桥涵施工技术规范》JTG/T F50 的有关规定执行。

1　橡胶伸缩装置

采用橡胶伸缩装置时，材料的规格、性能应符合设计要求。根据桥梁跨径大小或连续梁（包括桥面连续的简支梁）的每跨长度，可分别选用纯橡胶式、板式、组合式橡胶伸缩装置。

对于板式橡胶伸缩装置，应有成品解剖检验证明。安装时，应根据气温高低，对橡胶伸缩体进行必要的预压缩。气温在 5℃以下时，不得进行橡胶伸缩装置施工。

采用后嵌式橡胶伸缩体时，应在桥面混凝土干燥收缩完成且徐变也大部完成后再进行安装。

2　伸缩装置安装时应注意事项

应检查桥面板端部预留空间尺寸、钢筋，注意不受损伤，若为沥青混凝土桥面铺装，宜采用后开槽工艺安装伸缩装置，以提高与桥面的顺适度。

根据安装时的环境温度计算橡胶板伸缩装置的模板宽度与螺栓间距。将准备好的加强钢筋与螺栓焊接就位，随后灌注混凝土与养护。

将混凝土表面清洁后，涂防水胶粘材料。利用调正压缩的工具，将伸缩装置安装就位，安装注意事项见《公路桥涵施工技术规范》JTG/T F50—2011 第 22. 1. 3 条。向伸缩装置螺栓孔内灌注防蚀剂后，应注意及时盖好盖帽。

9. 11. 3. 2　拼装伸缩缝时，应保证两块钢板间隙平行。

9. 11. 3. 3　伸缩缝固定时，应与下部预埋铁板牢固焊接，支模前必须检查牢固性，并用水平尺调平。

9. 11. 3. 4　安装时，伸缩缝预留的间隙，应考虑温度的影响。

9. 12　区间排水不畅

9. 12. 1　存在问题及现象描述

桥墩排水管堵塞；排水管出水口的路面形成滴水坑；桥梁顶面端部挡水块高度不够，桥面防水层、保护层施工完成后，挡水块与桥面等高，没有起到挡水的作用，甚至造成车站漏水。

9. 12. 2　原因分析

9. 12. 2. 1　内置于桥墩内的 PVC 管，灌注混凝土时遭到挤压，造成排水管破损并堵塞。

9. 12. 2. 2　排水管从桥墩内以 90°角垂直穿出，造成转角处堵塞。

9. 12. 2. 3　排水管出水口未进行任何处理，直接流到道路上。

9. 12. 2. 4　挡水块设计时未综合考虑桥面防水层、保护层的厚度。

9. 12. 3　标准及控制措施

9. 12. 3. 1　内置于桥墩内的排水管采用铸铁管。

9. 12. 3. 2　外露的排水管应在桥墩上做一些造型处理，预留出排水管的位置。

9. 12. 3. 3　排水管从桥墩穿出时，水平方向与竖直方向应有一个适宜的角度。

9. 12. 3. 4　排水管出水口宜接入市政管网，不具备接入条件时，应设置散水设施。

9. 12. 3. 5　挡水块的设计高度要比桥面施工完成后高出 5 ~ 10cm，对于已经形成的挡水块与桥面等高的情况，应加高挡水块。

9. 13　桥梁预制栏板安装缺陷

9. 13. 1　存在问题及现象描述

高架桥梁经过一段时间后，桥梁栏板有钢筋锈蚀的痕迹，污染桥梁主体结构，影响桥梁景观。高架桥栏板间存在缝隙（图 9. 13 - 1），如果这些缝隙不加封堵，列车运行噪声将通过缝隙传至周围的敏感建筑物，将严重影响声屏障的隔声降噪效果。

图9.13-1 预制栏板拼接缝隙

9.13.2 原因分析

9.13.2.1 桥梁栏板污渍来源于疏散平台预埋钢筋或声屏障预埋螺栓生锈，锈斑脱落后与雨水混合流到梁体及桥墩上。

9.13.2.2 每块预制栏板留有安装缝，安装后栏板之间的缝隙没有处理。

9.13.2.3 每孔梁的梁端设有伸缩缝，该处的栏板安装后也留有与伸缩缝等宽的缝隙。

9.13.3 标准及控制措施

9.13.3.1 施工单位应对已施工的高架桥进行清洗，清除梁顶面及桥墩顶部的建筑废弃物。清洗时，需注意将清洗过程产生的污渍及时冲洗，避免人为污染桥墩。对于尚未施工的高架桥，施工单位应在施工一孔梁后，及时清除梁顶面及墩顶的所有建筑垃圾。

9.13.3.2 对于预埋钢筋应涂刷水泥浆，并尽早灌注相应部位的混凝土。对于已经被铁锈污染的栏板，需在栏板涂刷水泥浆或采用其他方法去掉铁锈污渍。

9.13.3.3 将所有缝隙进行填充封堵，填充封堵后的隔声量不低于栏板的隔声量。

9.13.3.4 预制栏板缝隙应先采用聚氨酯发泡材料填充密实，内侧、外侧、顶面的表面再采用聚氨酯灌缝胶封堵。

9.13.3.5 预制栏板伸缩缝处除外侧设置不锈钢板覆盖外，增加内侧及顶面不锈钢板覆盖，不锈钢板与预制栏板之间的缝隙采用聚氨酯发泡材料封堵。

第3篇　车辆段、停车场及基地工程

车辆段、停车场及基地工程主要包括轨道路基及道路工程和基地工程。是车辆停放，检查，整备，运用和修理的管理中心所在地，是为车辆提供维护保养的基地，是保障车辆正常运行的后勤基地。其质量问题的控制是全线正常运行的保证。

第10章　轨道路基及道路工程

轨道路基及道路工程主要包含路基、基面、挡土墙、路面及附属结构等。常见质量问题有：路基沉降；土工织物或加筋土地基表层开裂；高压旋喷注浆地基强度不足等。

10.1　路基沉降

10.1.1　存在问题及现象描述

地基处理实测压实度达不到设计要求，压缩沉降量不同。沉降现象有可能造成钢轨位置的变化（水土流失和土地变得松散使得轨道弯曲程度超过安全运行的标准）同时引起钢轨的变形。

10.1.2　原因分析

10.1.2.1　碾压前未对下卧软弱土层进行清理或未清理干净。

10.1.2.2　碾压时土方含水量未达到最佳含水量。

10.1.2.3　路基填料的工程性质不同，在受到水浸泡后，土体结构迅速破坏，承载力大大降低，导致路基变形破坏。

10.1.2.4　回填分层厚度不符合要求或未分层回填碾压。

10.1.2.5　结构物差异导致路基沉降。

10.1.3　标准及控制措施

10.1.3.1　原地面清表碾压。

施工前对地表表层土进行清除，清表深度不少于30cm，草根清除干净，堆放在路基外，码放整齐。清表合格后，进行填前碾压，压实度要求不小于92%。

10.1.3.2　正确选用填方材料，确定最佳含水量。

1　用于填方的材料不得含有任何树、草和其他有机杂质；粒径大于25cm的石块不得用于回填，填土标高1.5m以下范围内不得有粒径大于10cm的石块。

2　填方材料应做击实试验，确定最佳含水量。应保证填料含水率达到设计要求的±2%，适时进行翻晒或洒水。

10.1.3.3　应试验检验土的塑性指标、地基系数K30及有机质含量等指标，确保填料的各项工程性质和指标一致，并符合设计要求。

10.1.3.4　回填压实。

1　应按照设计要求和施工方案进行松铺布土、土方摊平、整平，并确定含水量在设计范围内。

2 压实顺序。

压实机具宜先轻后重，先用压路机静压一遍，第二、第三遍振动碾压，振动力由弱到强，以适宜土体强度增长，第四遍光轮静压。

3 碾压速度。

碾压速度应先慢后快，以免松土被推走，头一遍的碾压速度采用 1.5km/h，第二遍的碾压速度采用 1.7km/h，第三遍的碾压速度采用 2km/h，第四遍碾压速度采用 2.5km/h。

4 碾压方式。

压实机具工作线路要合理，碾压时由两边向中间，纵向进退式进行，压路机每次横向碾压重叠不少于压实宽度的 1/3，确保压实均匀，做到不漏压、无死角。

5 压实度检测。

当压路机在第一遍碾压结束后，用灌砂法进行压实度检测，以后每遍碾压结束后，分别进行检测。

6 碾压含有碎石的地坪时，需洒水保证压实度。

10.1.3.5 对于存在桥涵等横向过渡段的部位，回填时应在结构物两侧 1:2 的范围内采用级配砂石（外掺 3% ~5% 水泥）分层回填。与两侧回填土接槎处，采用台阶式回填，回填达到设计标高后，试验检测压实标准满足动态变形模量 $E_{vd}\geq 30$MPa，方可进行路基表层回填。

10.1.3.6 雨天不得进行填土和碾压工作。

10.1.3.7 在地基上进行土的更换，在保护层上加装行之有效的人工地质材料。提高堆积过程中填方材料的技术要求并提高其压缩比的要求。

10.2 土工织物或加劲土地基表面开裂

10.2.1 存在问题及现象描述

土工织物或加劲土地基强度经原位检测达不到设计要求、表面开裂。

10.2.2 原因分析

10.2.2.1 土工织物的物理力学性能不符合设计要求，土、砂石材料未进行检验。

10.2.2.2 施工前未检查清基、回填料铺设厚度及平整度，过程中土工织物的铺设方向、接缝搭接长度、土工织物与结构的连接状况等未按照规范执行。

10.2.3 标准及控制措施

10.2.3.1 施工前应对土工织物或拉筋材料的物理性能、强度、延伸率以及土、砂石料等进行检验。

1 应根据土工织物施工基层和面层所用材料，从宽度、重量、开孔尺寸（等效孔径）、导水性及抗拉强度等选取符合设计要求的材料。

2 宜优先采用一定级配的砾砂土或砂类土，有利于压密和与拉筋间产生良好的摩阻力，也可采用碎石土、黄土、中低液限黏性土等，但不得使用腐殖土、冻土、白垩土及硅藻土等，以及对拉筋有腐蚀的土。

3 存放以及铺设土工材料过程当中，应避免土工合成材料的长期暴露或暴晒，在与土工合成材料所接触到的填料当中，应避免包含强酸、强碱性的物质。

10.2.3.2 施工前应将基土表面压实、修正平顺均匀，清除杂物、草根等，以防止土工织物在施工中产生顶破、穿刺、擦伤和撕破等。表面应有 4% ~5% 的坡度，以利排水，防止形成水位差，引起土工织物鼓胀而造成损坏。

10.2.3.3　在铺设土工合成材料过程中，不应产生褶皱，可通过人工拉紧的方式防止进行预防，必要时可使用插针等固定措施，将土工合成材料固定在填土层的表面。

10.2.3.4　土工织物连接一般采用搭接、缝合、胶合或 U 形钉钉合等方法。

1　采用搭接时，一般搭接长度为 0.3 ~0.9m，在搭接处应尽量避免受力，以防移动。

2　缝合采用缝合机面对面或折叠缝合，针距为 7 ~8mm。

3　胶合法是采用胶粘剂，最少搭接长度为 100mm，其接缝处在胶结后，应停置 2h 以上。

4　U 形钉钉合法是每隔 1.0m 用一只 U 形钉插入连接。

10.2.3.5　土工合成材料在摊铺施工完成之后要及时填筑填料，从而防止土工合成材料长时间受到阳光的暴晒。一般摊铺完成后应在 48h 以内将进行填筑填料施工。填料要分层摊铺，分层碾压，所选择的填料的压实程度要符合相关技术标准的规范要求。同时轨道路基地基处理之后，其强度不应小于土工合成材料的抗拉强度。在摊铺、压实过程中，派设专人检查，对于破损的土工织物应及时修补。

10.3　地基加固强度不足

10.3.1　存在问题与现象描述

高压旋喷桩加固后桩的直径大小不一，局部区段小于设计桩径；不同部位桩体强度不均匀，导致地基承载力不足。

10.3.2　原因分析

10.3.2.1　选用的旋喷施工工艺与场地工程地质条件不匹配。

10.3.2.2　旋喷设备出现故障（管路堵塞、串、漏、卡钻等），中断施工后未能下沉到中断点下方就直接恢复施工，产生断桩和加固缺陷。

10.3.2.3　提升速度、旋转速度、注浆量等参数控制不当或者不匹配，造成桩身直径大小不匀，浆液有多有少。

10.3.2.4　水泥浆与切削的土粒强制拌和不充分、不均匀，直接影响加固效果。

10.3.2.5　浆液穿过较硬的黏性土（局部），喷浆压力达不到要求，导致局部成桩直径不足，产生缩颈。

10.3.3　标准及控制措施

10.3.3.1　应根据设计要求和地质条件，选用不同的旋喷法、不同的机具和不同的桩位布置。

10.3.3.2　喷浆液前，应作压水压浆压气试验，检查各部件各部位的密封性和高压泵、钻机等的运转情况。一切正常后，方可配浆，准备旋喷，保证旋喷连续进行。在中断点处，复钻时应保证不小于 1m 的搭接长度，同时要保证旋喷较长时间。

配浆时应过滤，过滤网眼应小于喷嘴直径，搅拌池（槽）的浆液要经常翻动，不得沉淀，因故需较长时间中断旋喷时，应及时压入清水，使泵、注浆管和喷嘴内无残液。

选用水泥应经试验及过筛，其细度应在标准筛（孔径 0.08mm）的筛余量不大于 15%，浆液搅拌后不得超过 4h，当超过时应经专门试验，证明其性能符合要求方可使用。

10.3.3.3　旋喷钻机施工过程中应保证转速 10 ~20r/min，提升速度 8 ~25cm/min。高压液流管道输送距离不宜大于 50m。

10.3.3.4　根据旋喷固结体的形状及桩身匀质性，控制浆液的水灰比及稠度，调整喷嘴的旋转速度、提升速度、喷射压力和喷浆量。

10.3.3.5　严格要求喷嘴的加工精度、位置、形状、直径等，保证喷浆效果。对易出现缩颈部位及底部不易检查处，采用定位旋转喷射（不提升）或复喷的扩大桩径办法。

10.3.3.6　对于强度不足或桩头、桩身存在缺陷的高压旋喷桩，可用静力注浆的方式进行补强。

10.3.3.7　在插管旋喷过程中，要注意防止喷嘴被堵，压力和流量应符合设计值，否则要拔管清洗，再重新进行插管和旋喷。使用双喷嘴时，若一个喷嘴被堵，则用复喷方法继续施工。插管过程中，为防止泥沙堵塞，可边射水边插管，水压力控制在 1MPa，高压水喷嘴要用塑料布包裹，以免泥土堵塞。

10.3.3.8　钻杆的旋转和提升应连续不中断，拆卸钻杆要保持钻杆伸入下节 100mm 以上搭接长度，以免使桩体脱节。中途机械发生故障，应停止提升、钻杆和旋喷，以防止桩体中断，并应立即检查，排除故障，为提高旋喷桩承载能力，在桩底部 1m 范围内应采取较长时间持续喷浆的措施。

第11章 基地工程

基地工程主要包含地基与基础、主体结构及屋面等。常见质量问题有：边坡塌方；回填土方出现“橡皮土”；静力压桩时桩身倾斜、接桩处开裂；预应力结构孔道堵塞、压浆不实、不饱满；现浇结构大体积混凝土开裂；钢结构网架变形、拼装累计偏差大；玻璃幕墙渗漏水；金属板屋面板材变形、渗漏水等。

11.1 回填土方出现“橡皮土”

11.1.1 存在问题与现象描述

回填土方经初步碾压后形成表面密实、内部松软的“橡皮土”，碾压时产生受压部位下陷、两侧隆起的现象。

11.1.2 原因分析

11.1.2.1 在含水量很大的黏土或粉质黏土、淤泥质土、腐殖土等原状土地基土进行回填，未采取降低含水率的事前措施，碾压时原状土被扰动，颗粒之间的毛细孔遭到破坏，水分不易渗透和散发（图11.1-1）。

11.1.2.2 施工时气温较高，进行夯击或碾压后表面易形成一层硬壳，阻止了水分的渗透和散发，因而使土形成软塑状态的橡皮土（图11.1-2）。

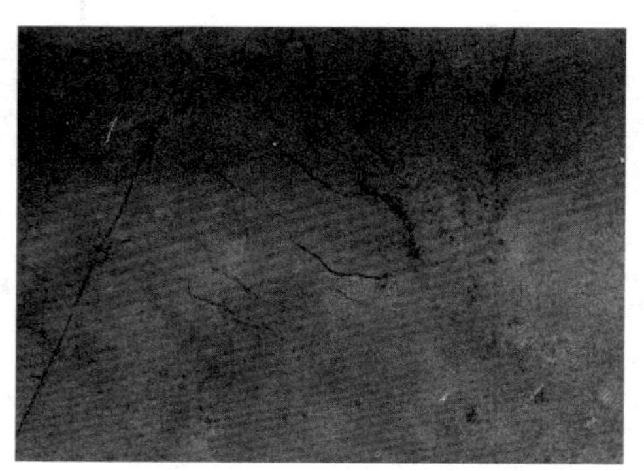

图11.1-1 含水量大的原状土碾压形成“橡皮土”

图11.1-2 高温下回填土碾压形成“硬壳”

11.1.3 标准及控制措施

11.1.3.1 施工前，应试验检测土料性质和最优含水量。应测定现场含水量，并做出合理的预测，切勿盲目施工。同时应尽量减少对基土的扰动，严格控制碾压遍数和碾压能量。

1 避免使用含水量过大的黏土、粉质黏土、淤泥质土、腐殖土等原状土上进行回填。

2 夯（压）实填土时，应适当控制填土的含水量，土的最优含水量可通过击实试验定，也可采用$2\omega_p+2\%$作为土的施工控制含水量（ω_p为土的塑限）。工地简单检验，一般以手握成团，落地开花为宜。

11.1.3.2 对于潮湿地区回填料本身含水量较高，尤其是在雨季和季节变换时节，应暂停一段时间回填，将回填料进行翻松、晾晒、风干至最优含水量范围，再夯（压）实。或用干土、石灰粉、碎砖等吸水材料均匀掺入回填料中，吸收土中水分，降低土的含水量。

11.1.3.3　填方区如有地表水时，应设排水沟排走；有地下水应降低至基底 0.5m 以下。

11.1.3.4　"橡皮土"的处理。

1　挖除换填

当面积不大，厚度和其下高含水量的潮湿土层的深度不大于 2m，特别是对于填土高度较小，一般低于 3m 时，可将"橡皮土"全部挖掉，如因某种原因无法全部挖除，应部分挖除并对坑底压实后用透水性差的填料（如黏性土或无机结合料稳定土）分层填筑压实。在换填时应加快施工进度，并做好防水措施，避免雨水进入再次发生"橡皮土"。

面积较大或"橡皮土"层及其下潮湿土层深度较大，厚度大于 3m，或者由于某些原因无法将"橡皮土层"下的潮湿土层全部挖除时，可采用挖除部分深度内的"橡皮土"和潮湿土。在未挖完的潮湿土上整平，稳压后铺设一定厚度的砂砾垫层的处理方法。一般垫层厚度应大于 50cm，分一层或数层填筑压实。填筑高度接近原地表时，在砂砾垫层上做防水封层，避免有水进入已处理基坑。

2　无机结合料进行稳定处理

当填土高度较小或表层土含水量较大时，碾压时易发生"橡皮土"，对表层土可进厚度 30cm 的无机结合料稳定处理。常采用掺加生石灰或水泥。这样处理对于工期紧、雨期施工或对含水量较大的土是行之有效的。

掺加生石灰或水泥时，首先应测定被稳定土层的天然含水量及最佳含水量、最大干密度。然后根据试验或以往经验确定生石灰或水泥的掺合量。对于黏土和亚黏土，按重量比掺加 1% 的生石灰可降低 1.4% ~1.7% 的含水量，掺加 1% 的水泥可降低 1.6% ~2.1% 的含水量。掺加的无机结合料用量为可使稳定土含水量控制在素土最佳含水量误差的 ±2% 左右即可。

具体施工时，按素土最大干密度和要处理层厚度计算出每平方米掺量，在"橡皮土"层上均匀分布无机结合料，用稳定土路拌机拌和后压实，达到稳定土最大干密度的 93% 或 95%，即可满足要求。

11.2　静力压桩断裂、倾斜、桩顶位移

11.2.1　存在问题与现象描述

压桩时桩身断裂（图 11.2-1）、倾斜度超标（图 11.2-2）、成桩压力增大、夹具处桩身碎裂，接桩处开裂或碎裂。

图 11.2-1　断裂

图 11.2-2　倾斜

11.2.2　原因分析

11.2.2.1　桩体本身质量存在缺陷，无法承受桩机施加的压力。

11.2.2.2　施工现场勘查不准确，或未做详勘，局部遇到障碍物。

11.2.2.3 在沉桩时土被挤至极限密实度而向上隆起，相邻的桩被涌起。

11.2.2.4 施工场地不平整，桩机倾斜，桩帽与桩身不对齐。

11.2.2.5 连接处表面未清理干净，或连接处不平整，焊接质量差。

11.2.3 标准及控制措施

11.2.3.1 强化预制桩进场的质量验收和试验检测。

1 应严格选用符合现行国家标准《先张法预应力混凝土管桩》GB 13476、《预应力混凝土管桩》10G409及《预应力离心混凝土空心方桩》JC/T 2029、《预应力混凝土空心方桩》08SG360等标准、图集进行生产的预制桩产品。预制桩生产单位按合同约定提供的预制桩规格、型号、尺寸应符合工程设计要求，并且按批量提供预应力预制桩出厂合格证、产品说明书、型式检验报告等质量保证资料。预制桩进入施工现场时，建设各方责任主体应当核对管桩企业资质证书和复印件，产品出厂合格证；核查生产过程重要质量保证资料，如钢材（含端板）、水泥的复试报告等原材料质量检验资料、混凝土试块的试压报告、生产过程质量检查资料等；同时还应对预制桩外观质量进行检查，并检查预制桩表面是否按标准要求留设生产单位名称、生产日期等预制桩标记，记录预制桩生产单位及预制桩进场时间和数量。监理单位要对预制桩的出厂龄期进行重点核查，对于龄期和外观质量不合格的，不得使用在工程建设中。

2 严格进场预制桩质量的见证取样检测。按同一生产厂家、同一规格的产品，每进场500节按标准进行试验。

11.2.3.2 静力压桩出现断桩现象。

1 施工前，应进行地质详勘，清除地下障碍物。每节桩的细长比不宜超过30。

2 在沉桩过程中，如发现桩身不垂直应及时纠正。桩打入一定深度发生严重倾斜时，不宜采用移动桩架来纠正。

3 接桩时，要保证上下两节桩在同一轴线上。

4 桩在堆放、起吊、运输过程中，应严格按照有关规定或操作规程执行。

5 普通预制桩经蒸压达到要求强度后，宜在自然条件下再养护一个半月，以提高桩的后期强度。

6 当施工中出现断裂桩，应会同设计人员，根据工程地质条件、上部荷载及所处的结构部位，采取补桩的方法解决。

11.2.3.3 静力压桩桩身倾斜。

1 施压作业场地应平整。压桩前校正好桩机的水平度。压桩机传感设备是否完好，桩机配重与设计承载力应相适应。场地要平整，如场地不平，施工时应在打桩机行走路线加垫木等物，使打桩机底盘保持水平。

图11.2-3 桩顶位移

2 用两台经纬仪、夹角90°方向进行监测，第一节桩桩尖导向应垂直。

3 压桩过程碰到硬土层，不能用力过猛，管桩抗弯能力不强往往导致桩身倾斜甚至断裂。应采用引孔法压桩，同时，抬架时也要轻抬轻放。

11.2.3.4 静力压桩桩顶位移（图11.2-3）。

1 基地工程中静力压桩均为群桩，桩数较多，土层饱和密实、桩间距较小，如果桩位不准确、路线不合理、施工方法或施工步骤不正确，将导致桩顶位移，所以选择合理桩机行车路线尤为重要。一般为由里向外的原则进行行走，防止挤土效应的产生。

2 按一定的打桩顺序进行打桩施工。可将基桩分为数段，压桩在各段范围内分别进行，应由中央向两边或从中心向外施压。在粉质黏土及黏土地基施工，应避免沿单一方向进行，以免向一边挤压，造成地基挤密程度不匀。

3 沉桩期间不得同时开挖基坑，需待沉桩完毕后相隔适当时间方可开挖，一般宜间隔两周左右；基坑开挖应有一定排水措施，并留置边坡。

4 认真按设计图纸放好桩位，设置明显标志，并做好复查工作。

11.2.3.5 静力压桩接桩处开裂。

1 压桩过程中检查压力、桩垂直度、接桩间歇时间、桩的连接质量及压入深度，重要工程应对电焊接桩的接头做 20% 的探伤检查。

2 接桩处表面应平整，并清理干净，坡口处应刷至露出金属光泽。如存在空隙应分层用薄铁片填充并焊接。

3 接桩用焊条或半成品硫磺胶泥应有合格证书或送检、压桩用压力表、锚杆规格及质量应进行检查，严格连接部位焊接工艺和质量控制，焊缝要连续、饱满。

4 焊缝中不得夹有焊渣等杂物，焊接后停顿时间要适宜，正常情况下 ϕ300 管桩接头焊接时间宜为 8～10min，ϕ400 管桩宜为 12～15min，ϕ500 管桩宜为 15～22min，ϕ600 管桩宜为22～28min，两节桩应在同一直线上。严格按照焊接操作规程施工。

11.3 静力压桩桩顶标高偏差

11.3.1 存在问题与现象描述

压桩困难，无法压到设计标高（图 11.3-1），或者控制不当，桩顶低于设计要求的控制标高。

图 11.3-1 切桩

11.3.2 原因分析

11.3.2.1 桩身混凝土强度未达到设计要求，沉桩时桩身碎裂无法继续下沉。

11.3.2.2 勘探资料不详。设计考虑持力层或选择桩尖标高有误。

11.3.2.3 设计要求超过施工机械能力或桩身混凝土强度；桩机及配重太小或太大，使桩沉不到或沉过设计要求的控制标高。

11.3.2.4 接桩时节点焊接出现问题，如角钢长度不够、焊缝清理不净、有夹渣、焊缝未垫实焊牢、法兰接盘螺栓未拧紧、螺帽未点焊、螺纹未凿毛等原因，造成不能正常沉桩。

11.3.3　标准及控制措施

11.3.3.1　桩身混凝土强度应达到设计要求强度。

11.3.3.2　探明工程地质情况，必要时应作补勘，正确选择持力层或标高，可根据设计承载力和地层情况，采取贯入度和桩顶标高单控或双控措施。

11.3.3.3　详细了解工程地质情况和设计单桩承载力，选择合适的压桩设备型号、配重。沉桩应连续，沉桩过程中如因意外或其他原因导致停止施工时间较长，继续沉桩有困难时，可先用振动锤或冲击锤先锤击几下、桩身有松动后继续下沉。

11.3.3.4　确保接桩质量，接桩时对上节桩进行垂直度控制，保证上下节桩垂直，接桩处端面平整；焊接结束后应对接头焊接质量进行检查，应等焊接接头冷却后再进行压桩施工。

11.4　混凝土砌块砌体灰缝不均、开裂

11.4.1　存在问题与现象描述

灰缝不饱满、不平直（图 11.4-1），局部砌体开裂。

11.4.2　原因分析

11.4.2.1　进场材料未按规范和图纸要求进行检测，砌块本身尺寸偏差超出允许偏差范围。

11.4.2.2　底部三皮砌块砌筑砂浆厚度不均匀，或未事先用细石混凝土找平标高。

11.4.2.3　施工过程未按施工工艺标准执行，未进行排砖撂底，未设置皮数杆，未按图纸要求进行构造钢筋和孔洞的留置或位置不准确。

11.4.2.4　由于砌体本身干燥、吸水率大或水泥砂浆稠度控制不当，产生收缩裂缝，导致砌体开裂。

11.4.2.5　马牙槎留置形式和结构尺寸不正确（图 11.4-2）。

图 11.4-1　灰缝不饱满、不顺直

图 11.4-2　马牙槎留置形式不正确

11.4.2.6　砌体拉结筋设置数量不足，拉结筋未与结构墙体有效连接。

11.4.2.7　每天砌筑高度超过 1.5m，顶部未按要求留有停歇期，导致局部沉降不均匀。

11.4.3　标准及控制措施

11.4.3.1　砌块进场应严格按照现行国家标准《砌体结构工程施工质量验收规范》GB 50203 的规定进行复检。尤其是轻骨料混凝土小型空心砌块和蒸压加气混凝土砌块的产品龄期，

不应小于 28d，蒸压加气混凝土砌块的含水率宜小于 30%。城市轨道交通工程因特殊要求还应取得砌块相应的耐火等级试验报告。

11.4.3.2　应注意砌筑基底找平或事先用细石混凝土找平标高，确保砌筑时灰缝厚度一致。对砌体结构有特殊要求的房间（如厕卫间、风机房等）应按照图纸要求对底部进行处理。

11.4.3.3　应严格按照施工工艺标准和设计要求进行施工。

1　墙体放线。

应根据图纸和坐标基桩，投放墙体控制线，根据图纸要求制作皮数杆（标明门窗洞口、过梁、圈梁及设备孔洞位置），也可在结构物（混凝土柱、墙）上制作标记。砌筑时，每皮砖砌筑时均应拉水平线，保证水平灰缝均匀。

2　排砖撂底。

根据设计图纸上的门、窗位置大小、构造柱位置、砌块错缝、搭接的构造要求和灰缝厚度要求，在砌筑前按预先绘制好的墙体砌块排列图，把砌块进行排列、摆放、调整，以确保砌体结构竖向灰缝均匀。

3　墙体拉结筋等构造用钢筋，应提前进行预埋或后期植筋。后植钢筋应在试验合格取得正式报告后，方可进行砌筑。构造筋的位置应提前与砌体进行预排，避免因植筋间距与砌体规格的模数不相符，造成砌体灰缝不均匀。

4　砌筑用砂浆可现场机械搅拌或采用成品专用砂浆和预拌砂浆，砂浆应在 2 ~ 3h 内使用完，对于超过使用时间的砂浆和落地灰，不得使用在工程实体中。对于采用专用粘结剂砌筑的，应提前按照拉结筋位置和间距，在砌块上开槽，以保证拉结筋保护层厚度不小于 15mm。

5　砌筑时采用满铺满坐的砌法，满铺砂浆每边缩进砖墙边 10 ~ 15mm（避免砌块坐压砂浆流溢出墙面），“三揉一挤”，砌筑过程中随时拉线检查和校正。

11.4.3.4　马牙槎应先退后进，不得少于 300mm，每砌 300mm 高就需退 60mm 或者进 60mm。

11.4.3.5　严格执行规范要求，每天砌筑高度不等超过 1.5m，顶部与混凝土结构后砌砖部分施工前，应停置超过 14d。

11.5　钢结构网架变形

11.5.1　存在问题与现象描述

网架拼装累计偏差大等原因导致钢网架变形。

11.5.2　原因分析

11.5.2.1　地面拼装时支撑点不均匀，受力不合理，拼装时误差积累，个别杆件错误，导致受力改变，造成网架或个别杆件变形。

11.5.2.2　焊接工艺、焊接顺序有误，产生焊接应力，导致变形。

11.5.2.3　整体吊装时，各吊点起升速度不同，位移、高差超过允许范围，导致变形、破坏。

11.5.2.4　网架支座预埋件、预埋螺栓或柱顶偏移较大，就位困难，强迫就位，导致改变支座，受力条件，杆件变形。

11.5.2.5　上弦支撑时，误差积累过大，导致支座位移，腹杆与支撑面相碰。

11.5.2.6　原材料可能受到不平衡热过程作用或其他因素而存在一些变形，所以制作结构构件前认真检查材料，矫正变形，不允许超出材料规定的变形范围。

11.5.3　标准及控制措施

11.5.3.1　安装前检查网架支座定位轴线、支座锚栓（规格、位置）及支承面顶板（位置、标高、水平度）应符合规范要求。平整度标高不符合要求时，应用钢板垫平。

11.5.3.2　平面网架焊接前应编制好焊接工艺和网接顺序，防止平面网架变形。

1　平面网架焊接应按焊接工艺规定，从钢管下侧中心线左边20～30mm处引弧，向右焊接，逐步完成仰焊、主焊、爬坡焊、平焊等焊接位置。

2　球管焊接应采用斜锯齿形运条手法进行焊接，防止咬肉。

3　焊接运条到圆管上侧中心线后，继续向前焊20～30mm处收弧。

4　焊接完成半圆后，重新从钢管下侧中心线右边20～30mm处反向起弧，向左焊接，与上述工艺相同，到顶部中心线后继续向前焊接，填满弧坑，焊缝搭接平稳，以保证焊缝质量。

5　杆件对接焊缝质量检验除应首先对全部焊缝进行外观检查外，对无损检测的抽样数应至少取焊口总数的20%（一级焊缝要求100%检测）。

6　平面网架的拼装应从中心线开始，逐步向四周展开，先组成封闭四方网格，控制好尺寸后，再拼四周网格，不断扩大。注意应控制累积误差，一般网格以负公差为宜。

11.5.3.3　采用整体吊装或局部吊装法时，应对提升设备进行检查，对提升速度、提升吊点、高空合拢与调整等工作做好试验。正式吊装前应对网架进行试提。

11.5.3.4　支座定位应进行测量复核，对支座预埋件偏移大的应先进行矫正处理。

11.5.3.5　安装前，对杆件要检查，杆件不应有初弯曲。安装中，不得强迫就位和校正，压杆部位不得有杆件弯曲现象。

11.5.3.6　网架的拼装焊接顺序应为先下弦节点，后上弦节点，从中间向两边扩散施焊，以减少拼装中的误差累计和内应力。

11.5.3.7　无论采取何种施工方案（高空散拼法、分条分块安装法、高空滑移法、吊装法、提升法及顶升法等），正式施工前，均需要在地面进行试拼及试安装，待试拼装完成并验收合格后，方可进行正式的施工作业。

11.5.3.8　当构件的变形不大时，可采用冷加工和热加工矫正，当变形较大，而又很难校正时，应采用加固或调换新件进行修复。

11.6　玻璃幕墙脱落

11.6.1　存在问题与现象描述

玻璃幕墙后置埋件变形、松动、遗漏等原因，造成玻璃幕墙脱落。

11.6.2　原因分析

11.6.2.1　设计中存在的问题。

1　未对玻璃幕墙图纸进行细化，未进行计算确定幕墙的风压变形性能等级、水密性能等级、气密性能等级和平面内变形性能等级。

2　节点（防火、防雷等）、构件（锚栓、锚板、连接件等）等的数量、间距、规格等与设计规范要求和现场实际不相符合。

11.6.2.2　后置埋件的质量问题（图11.6-1）。

1　材质不符合图纸要求。

2　后置埋件遗漏或纵横向位置偏位。

3　后置埋件与墙体的固定不符合要求。

11.6.2.3　后置埋件与连接件连接质量问题（图 11.6-2）。

1　连接件与后置埋件之间锚固或焊接不符合要求。

2　连接件与后置埋件节点处理不符合要求。

3　连接件与空心砖砌体及其他轻质墙体连接强度差。

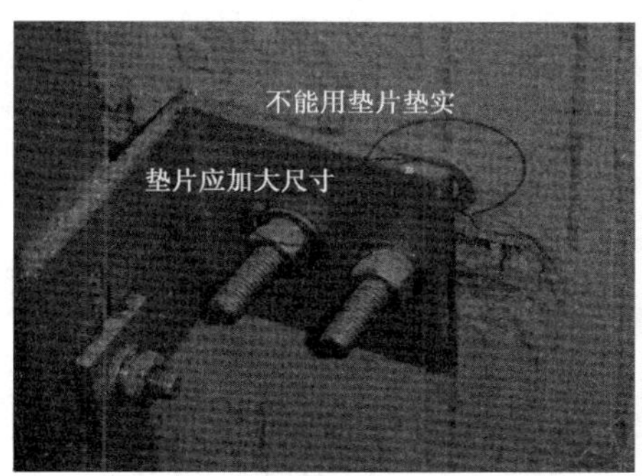

图 11.6-1　后置埋件的问题

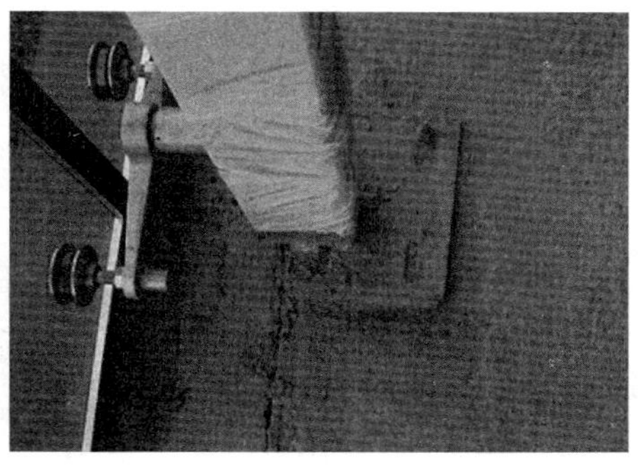

图 11.6-2　后置埋件与连接件的连接方式不正确

11.6.3　标准及控制措施

11.6.3.1　对设计中存在问题的控制。

1　要求设计单位应在正式施工前完成《玻璃幕墙施工图的深化设计》。必须提供所有幕墙类型全套计算书，不得遗漏。尤其是控制中心、基地工程、高架配属用房中的风荷载体型系数、压弯构件的稳定性计算等，应进行详细设计和计算。

2　要求设计单位提供审图单位意见书和设计单位整改回复书，要求施工、监理单位应对照设计规范和施工现场，对节点、构件设计图进行复查，及时召开设计和质量交底会，确认无误后方可正式施工，在施工过程中发现问题应与设计及时沟通、解决。

11.6.3.2　对后置埋件、锚栓等的原材料和加工质量进行验收，应具有中文标识的出厂合格证、产品出厂检验报告、2 年有效期内的型式检验报告，强制性认证产品应有认证标识，进口材料应有商检证明。进场时应进行检查验收，并经监理工程师检查确认和见证取样复检，符合要求的方允许使用。硅酮结构密封胶、硅酮建筑密封胶相容性、粘结性试验的材料应见证取样，经送检合格后方可用于工程。

11.6.3.3　后置埋件的安装按照隐蔽工程要求进行，其锚入墙体的深度、连接和固定等均应可靠，现场应对锚栓等进行拉拔试验，合格后方可进行下道工序。

后置埋件不得锚固在混凝土的保护层或装饰层、抹灰层内。

11.6.3.4　加强后置埋件、连接件的质量控制及连接质量控制。

1　后置埋件应进行承载力计算，一般承载力的取值为计算的 5 倍。

2　后置埋件钢板宜采用热镀锌的 HPB235 号钢，其材质应符合国家有关标准。

3　主体结构混凝土强度不宜低于 C30。

4　膨胀螺栓只能作为局部附加连接措施，使用的膨胀螺栓应处于受剪力状态。

5　连接件与后置埋件之间的锚固或焊接时，应严格按现行规范进行；焊缝应通过计算，焊工应持证上岗，焊接的焊缝应饱满、平整。

6　施工空心砖砌体及轻质墙体时，宜在连接件部位的墙体现浇埋有后置埋钢板的 C30 混凝土枕头梁，其截面应不小于 250mm × 500mm，或连接件穿过墙体，在墙体背面加横扁担铁加强。

7　幕墙构件的面板与边框所形成的空腔注耐候胶前，对胶缝处用二甲苯或丙酮进行两次以上清洁；二次注耐候胶前，按以上办法进行清洗，使密封胶在长期压力下保持弹性；严格按设计要求使用泡沫条，以保证耐候胶缝厚度的一致。一般耐候胶宽深比为2:1（不可小于1:1）。胶缝应横平竖直，缝宽均匀。

11.7　玻璃幕墙渗漏水

11.7.1　存在问题与现象描述

玻璃幕墙与墙体连接处、可开启部位等出现渗漏水。

11.7.2　原因分析

11.7.2.1　密封胶质量差，使用时间长后老化、脱落。

11.7.2.2　密封胶施工质量差或未能有效充填满空隙（图11.7-1）。

图11.7-1　玻璃幕墙开启部位玻璃周边不等边间隙未全部填充

11.7.2.3　未能根据等压防水的原理，在窗顶部位设置一条压缩型的挡水密封胶条，导致了雨水直接接触到开启窗的密封胶条。

11.7.2.4　使用风撑时把窗上面的限位块顶坏。

11.7.2.5　明框玻璃幕墙窗下部空隙未能得到有效充填。

11.7.2.6　开启扇玻璃下端未设置玻璃托件导致结构胶直接受重力。

11.7.2.7　玻璃强度没有达到足够的承载力、玻璃没有作热应力验算、玻璃尺寸公差超标等。

11.7.2.8　一些铝型材料表面不符合国家标准，表面涂层附着力不强或氧化膜过薄、过厚，都导致密封胶粘接失效；铝型材的主柱或横梁强度不足时，会引起幕墙严重变形，出现移位和雨水渗漏。

11.7.3　标准及控制措施

11.7.3.1　选用优质结构硅酮密封胶、耐候硅酮密封胶、墙边胶，而且要加强检验，防止过期使用。

11.7.3.2　选用优质浮法玻璃，玻璃应经边缘处理，玻璃规格尺寸误差符合标准要求。

11.7.3.3　结构硅酮密封胶、耐候硅酮密封胶、墙边胶注胶前，应先将铝框、玻璃或缝隙上的尘埃、油渍、松散物和其他脏物清除干净，注胶后应嵌填密实、表面平整，加强养护，防止手摸、水冲等。

11.7.3.4　按规范要求，玻璃幕墙施工过程中应分层进行抗雨水渗漏性能检查，以便修补，中间控制幕墙质量。

11.7.3.5　设计时首先考虑幕墙防水装置设计构造，运用等压原理，在幕墙铝型材上设置等压腔和特别压力引入孔，达到防止外部水利用压力差渗入幕墙的目的，这是积极防水的措施。

11.7.3.6　在幕墙铝型材上开设流向室外的泄水小孔，把通过细小缝隙进入幕墙内部的水收集排出幕墙外，同时排去玻璃、铝型材与铝扣条之间的等压腔内的少量积水。

11.7.3.7　在玻璃幕墙上设置收集管道和排水管道，将渗入裂隙进入幕墙内部的水收集在一起，通过排水管道通畅地排往室内某一指定的排水孔。

11.7.3.8　注意控制密封胶的使用环境，严禁下雨天露天进行耐候硅酮密封胶施工。结构胶的施工车间要求清洁无尘土，室内温度不宜高于 27℃（不同品牌的结构胶其使用性能不同，对室内温度的要求也略有不同），相对湿度不宜低于 50%。

11.7.3.9　开启窗应认真检查是否达到密封程度，配件是否材质优良、功能可靠，开启、关闭是否灵活。

11.7.3.10　清洁幕墙时，不能对幕墙有任何损坏。

11.7.3.11　从上而下将玻璃缝内老化、开裂的玻璃胶清理干净，并清理缝内的残渣、灰尘等杂物。

11.7.3.12　剔除部分因老化而起壳开裂的密封材料，将玻璃和玻璃之间所有的接缝清洗干净，要求做到表面无油污，灰尘以及其他杂质。

11.7.3.13　用高品质的专用玻璃幕墙结构胶将开裂和密封不严实的地方修补密实。要求做到表面平整、光滑、顺畅、没有缺口和孔洞。

11.7.3.14　用结构胶将玻璃幕墙所有的接缝，在原来的基础上全部加固密封处理，以加固玻璃胶的密实度和延缓玻璃胶因日晒雨淋而导致的材料老化现象。

11.8　金属板屋面板材变形、渗漏水

11.8.1　存在问题与现象描述

金属屋面板表面变形、接缝处张开、天沟、固定处和接缝处等部位渗漏水（图 11.8-1）。

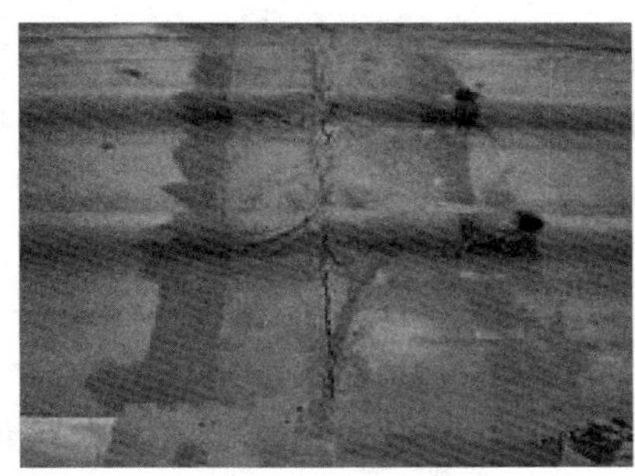
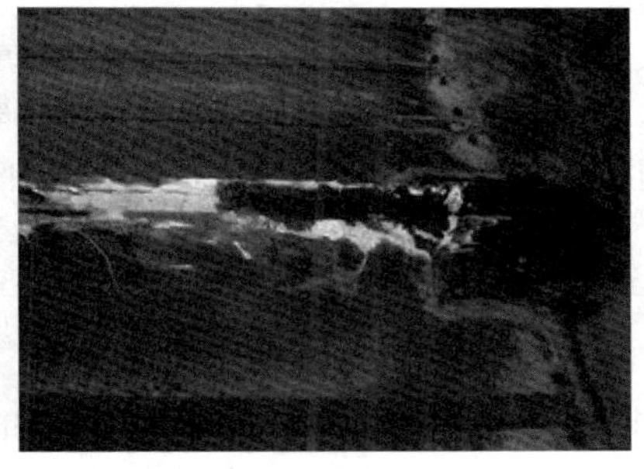

图 11.8-1　金属屋面板渗漏水

11.8.2　原因分析

11.8.2.1　由于材料特性引起的变形，如：金属板自身导热系数大造成变形位移；钢结构由于在温度变化、受风载、雪载等外力的作用下，发生弹性变形，在连接部位产生位移而产生漏水隐患。

11.8.2.2　特殊部位处理不当造成变形和渗漏水，如：金属板屋面与女儿墙泛水未处理好；板搭接通长密封条未压实；固定螺栓（钉）未用防水垫圈固定，固定处未涂密封材料等。

11.8.2.3　房屋结构设计或板型缺陷而引发的漏水隐患。

11.8.3　标准及控制措施

11.8.3.1　由于金属屋面板的材料特性，同时借鉴国外先进经验，应选用适合于金属板屋面的防水材料；如具有较高的粘结强度、好的追随性以及耐候性极佳的丁基橡胶防水密封粘接带，作为金属板屋面的配套防水材料。

11.8.3.2　吊装、搬运、铺设安装中应采取防变形、损伤措施。

11.8.3.3　有针对性的编制恶劣气象条件下的监测、防控及预控方案，同时加强保温节能分部工程验收，严防钢结构在温度变化、风载、雪载等外力作用下发生较大的弹性变形。

11.8.3.4　充分考虑建筑物所在区域气候特征，采用适合该地区的防水措施及材料。合理地进行结构设计，应综合考虑造价、屋面坡度、板型等多种因素，求得最佳方案。

11.8.3.5　做好屋面与女儿墙、天沟与屋面、天沟与落水管、屋面伸出物与屋面等细部构造的防水处理。

1　屋面压型金属板搭接长度应符合设计要求，截面高度 <70mm，屋面坡度 <1/10 时，搭接长度应为 250mm；当屋面坡度≥1/10 时，搭接长度应为 200mm。

2　接头处不得有积水，防止引起金属板的锈蚀及大面积渗漏。

3　加强现场检查，及时发现松动螺丝及孔洞，并进行加固封闭。针对固定螺丝锈蚀及密封圈老化现象，应先查明原因，清除周边的积水及漏水现象，待用除锈刷防锈漆后，可用耐候胶对螺丝头进行封闭。

4　出金属板屋面管道、烟囱与屋面交接处，应与屋面隔开，并在屋面洞口处设置一定高度的泛水板、底部用耐候密封胶封严，泛水板上部的管道上设防雨帽，防雨帽与管道间应密封防水，或在屋面与管道间设置柔性橡胶圈。

5　如节点处漏水是因密封胶打设不密实或积水所致，应排除积水并补胶密实。

11.9　劲性柱变形

11.9.1　存在问题与现象描述

车辆段大型结构中（如：联合车库、运用库、洗车库、物资总库、工程车库等）为达到截面积最小、承载力最大，节约空间的目的，常采用 H 型钢劲性混凝土（型钢外包裹钢筋混凝土的结构，在钢柱上焊有铆钉）。在施工过程中由于劲性柱变形导致结构承载力下降，达不到安全使用功能。

11.9.2　原因分析

11.9.2.1　型钢加工存在的质量缺陷，如：翼缘板截面尺寸不准确、翼缘板与腹板不垂直、连接板螺栓孔偏位、型钢骨架各构件不在同一平面等，导致劲性柱变形。

11.9.2.2　劲性柱型钢现场安装未严格执行规范要求，吊装方案不合理造成型钢变形；劲性柱与混凝土基础间隙未进行处理（图 11.9-1）；劲性柱的型钢校正方法不正确。

11.9.2.3　劲性柱现场焊接质量差，或螺栓连接不牢固，导致劲性柱变形（图 11.9-2）。

图 11.9-1　劲性柱与混凝土基础间未进行填料处理

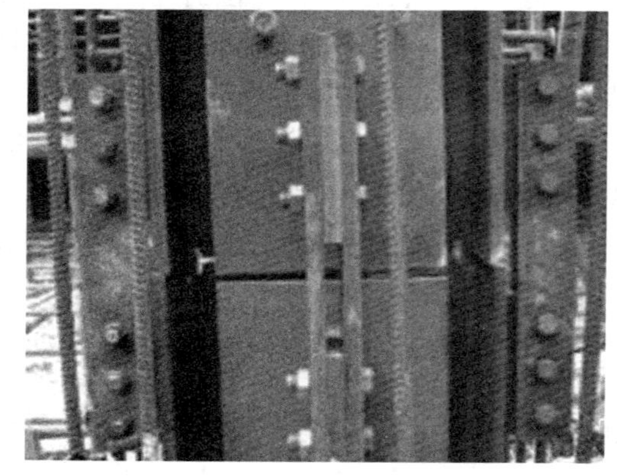

图 11.9-2　螺栓连接不牢固，劲性柱变形

11.9.2.4　梁、柱节点钢筋焊接、穿孔等方法不当，削弱了型钢腹板、翼缘板的截面积，导致劲性柱整体变形。

11.9.3　标准及控制措施

11.9.3.1　加强进场材料的管理和试验检测工作。应提供出厂检验综合报告、按批次提供出厂合格证、质量保证书、原材料检验报告、超声波无损伤检测报告等证明材料。

11.9.3.2　现场应制作劲性柱型钢检验模具，重点检查构件的编号及方向标识、构件的轴线或安装定位线、不对称构件应标出的重心位置、两端部截面是否方整、翼缘板变形、中心线偏差等，在安装前纠正加工误差。

11.9.3.3　现场应按照设计要求从起吊点吊装型钢，严禁随意起吊。不得使用挖掘机等机械设备随意翻动。

11.9.3.4　为保证型钢柱底板与混凝土基础面之间的空隙容易灌注，采用 C40 快速高强灌浆料在型钢柱底板上 4ϕ80 灌浆透气孔处灌注，直至灌浆料溢出。

11.9.3.5　劲性柱吊装基本定位后，吊机回转进行初校正。在上节劲性柱与下节柱轴线相合并垂直度控制在 10mm 之内时，可收紧校正钢缆绳。

11.9.3.6　根据气温控制劲性柱垂直度偏差，钢柱校正测量应排除阳光侧面照射所引起的偏差，测量应选择在阳光、温差影响较小的时刻（上午七时至十时）。依此校正好一根标准柱，其他钢柱则根据当时标准柱温差弹性挠曲值进行校正。

11.9.3.7　对于个别较大的误差，除根据钢骨柱的中心和平面轴线对中调整和分层调整的方法外，尚可利用钢柱规范规定的垂直度最大允许偏差值，调整钢柱上段的垂直偏差值。

11.9.3.8　型钢现场安装焊接方法除必须严格按规范要求和施工方案的要求施焊外，焊接顺序应坚持按反向逆焊法施工，并应对称施焊。

11.9.3.9　现场安装连接板孔径宜适当扩大，确保在安装校正、纠偏固定时，螺栓能顺利通过，避免误差叠加。

11.9.3.10　目前梁柱接头处钢筋连接的方式主要采取梁钢筋穿过柱型钢或焊接在柱型钢上。但是，混凝土梁的上下层钢筋在梁柱节点穿过型钢时，会对腹板、翼缘板造成减弱，根据规范要求应在连接腹板处焊接加劲肋，但是，梁柱节点出双向钢筋呈十字交叉非常密集，加劲肋的施工难度较大，且质量不易保证。焊接的方式由于焊接区域有限，焊点错综复杂，容易造成构件变形。

建议选择在型钢柱周边焊接环板方式连接节点钢筋，即：在翼缘上焊接环板，让钢筋与环板焊接连接，从而达到连接目的。此方案优点为型钢柱不削弱；环板在加工厂通过全熔透焊缝于翼缘连接；现场钢筋与环板连接采用双面焊，工艺成熟，减少焊接引起的型钢变形，劲性柱质量易于保证。

11.9.3.11　劲性柱型钢安装完成后，应对一级焊缝 100% 超声波探伤，二级焊缝不少于 20% 的超声波探伤。同时应对弯曲度、垂直度等进行复测。合格后方可进行下一道工序。

第 12 章　车辆段工艺设备安装工程

车辆段主要工艺设备有：数控不落轮镟床、列车自动清洗机、架车机、起重运输设备、专用工艺设备等，各种检修设备与土建预留接口最多。工艺设备安装的质量控制是车辆保养和运行的保障。

12.1　车辆检修设备无法安装

12.1.1　存在问题及现象描述

基坑中心不在一条直线上或预埋件安装误差不满足设计要求等影响设备安装。

12.1.2　原因分析

12.1.2.1　设备安装单位对土建施工单位交底不清或没交底。

12.1.2.2　混凝土捣实时碰撞模板、预埋件产生位移。

12.1.2.3　施工测量方法不合理导致误差超标。

12.1.3　标准及控制措施

12.1.3.1　设备方的图纸交底应详细、明确主要控制参数，并加强与土建施工的现场配合。

12.1.3.2　标准轴线距离与轨中心线重合偏差 <5mm，预埋钢板中心线位置 <3mm，预埋螺栓中心位置 <2mm。

12.1.3.3　采用振捣器捣实混凝土时，避免碰撞模板、预埋件，并在施振全过程中应用经纬仪经常观察预埋件及其中心线有无位移的现象，发现问题时及时采取措施进行处理。

12.1.3.4　基坑的定位测量应以纵向第一个坑为基准，不应坑与坑间套尺寸。

第4篇　供电、轨道及系统工程

第13章　供 电 工 程

供电系统是提供轨道交通行车、车站照明、各机电系统及各动力设备用电的综合系统。它由主变电站、车站牵引降压变电站、中压环网供电网络、牵引供电设备、电力监控系统和杂散电流系统等组成。供电工程常见质量问题主要发生在变电所电气设备安装、牵引网和系统电缆工程中。

13.1　变电所盘柜无法安装

13.1.1　存在问题及现象描述

预埋不平直、盘柜无法安装、有高差、手车推拉受影响。

13.1.2　原因分析

13.1.2.1　两预埋槽钢或导轨间的平行度及平直度 >1mm/m，屏柜无法安装。

13.1.2.2　预埋件顶面与装修地面不平齐（>5mm），手车推拉受影响。

13.1.2.3　长大预埋件制作时未在中间加装临时横撑保护。

13.1.2.4　预埋件安装后未采取成品保护措施。

13.1.3　标准及控制措施

13.1.3.1　基础预埋件原材料采购时严把质量关，杜绝不平度、不直度超出允许误差的原材料进场使用。

13.1.3.2　预埋件制作前后均要进行相应调整，使其误差在允许范围内方可进行安装，长大预埋件制作时要采取加装临时支撑加固的措施，防止预埋件在运输过程中变形超标。

13.1.3.3　加强与土建装修单位联系，做好水平标高的相互确认工作，统一预埋件顶面与装修地面标高。

13.1.3.4　加强与土建施工、设计以及本专业设计单位沟通联系，发现问题及时协调处理，避免因沟通不及时发生预留孔洞错误而影响设备安装时结构的返工等。

13.1.3.5　预埋件安装过程中严格控制位置及平行度精度，不得超标。安装后做好成品保护措施，并加强与相关施工单位联系避免破坏发生。安装允许偏差值应符合表13.1-1、表13.1-2的规定。

基础预埋件安装的允许偏差表　　表13.1-1

项　　目	允许误差	
	mm/m	mm/全长
不直度	<1	<5
水平度	<1	<5
位置误差及不平行度误差		<5

盘、柜安装的允许偏差表　　表 13.1-2

项　　目		允许误差（mm）
垂直度（每米）		<1.5
水平偏差	相邻两盘顶部	<2
	成列盘顶部	<5
盘面偏差	相邻两盘边	<1
	成列盘面	<5
盘间接缝		<2

13.1.3.6　开关柜运至现场后，按安装顺序吊运至配电室。

1　运输过程中车辆驾驶要平稳，封车牢固可靠，且不能损伤设备。

2　吊装由起重工配合，统一指挥。

3　用专用拖车或滚杠将开关柜体移至安装位置。开关柜摆放顺序应符合图纸要求。

13.1.3.7　开关柜找正固定。

1　将开关柜端部第一块盘用小滚杠和撬棍移动，使其柜边与所打墨线完全重合。再用线坠测量其垂直度，不符合规范要求时，在柜底四角加垫铁调整，达到要求后，将柜体及基础型钢焊接固定按配电盘柜地脚孔距打孔固定。

柜体垂直度≤1.5H/1000，H 为柜高。

柜底螺栓固定或焊接固定，但焊缝长度控制在 30mm，每面柜底焊 4～6 点并作防腐处理。

2　用上述同样方法将本列末端柜找正，但先不要紧牢固，在首末两柜前面中上部拉线。使线与柜距离为 4～5cm，以线为基准，将成列柜找直。

线绳严禁触动，一经触动，需重新找直。

相邻两柜顶部水平度误差≤1.5mm，成列柜顶部水平误差≤4mm。

相邻两柜边不平度为 0，成列柜面不平度≤4mm。

柜间接缝间隙≤1.5mm。

所有紧固件均采用镀锌件。螺栓露扣长度一致，在 2～5 扣之间。

13.2　变电所设备远方操作功能受限

13.2.1　存在问题及现象描述

设备无法进行远方操作、操作对象不对应、上报信息不准确，功能缺失或不能满足运营需求。

13.2.2　原因分析

13.2.2.1　施工时接线错误、通信设备的通信地址设置不正确、通信协议不匹配导致设备间不能进行通信，设备间无法传输信息。

13.2.2.2　设备厂家在调试前互相之间未进行点表核对，对同一信息的描述存在偏差。

13.2.2.3　设计联络时运营单位对设备需要实现的功能及需要上传的信息与设计、厂家未进行详细确认。

13.2.3　标准及控制措施

13.2.3.1　施工前对图纸进行认真核对，避免接线错误；调试时对设备的通信地址按电力监控设备的需求进行设定，采用相应的通信协议。

13.2.3.2　调试前，组织电力监控厂家与各通信设备厂家先在厂内进行模拟调试，确无问题后方进行实际调试。

13.2.3.3　进行设计联络时，运营单位应该把设备需要实现的功能及所需要上传的信息提出并与厂家及时进行确认。

13.3　电流框架保护误动作

13.3.1　存在问题及现象描述

直流开关柜在正常运行中出现电流框架保护动作、联合调试中停电挂地线后出现电流框架保护动作。

13.3.2　原因分析

13.3.2.1　绝缘安装的设备安装好后，设备外壳对地的绝缘电阻值较低或为零。

13.3.2.2　联合调试中只有一个牵引变电所需要进行停电作业，其他牵引变电所仍正常运行且线路有行车。在直流开关柜内采压负母排装设接地线作业，接地线同时碰触了采压负母排和开关柜外壳。

13.3.3　标准及控制措施

13.3.3.1　标准要求：直流设备（包括 1500V 直流开关柜、整流器柜及负极柜等）采用下部铺设绝缘板，柜体用绝缘螺栓固定，设备安装完成后应实测绝缘电阻符合设计要求。绝缘电阻值应符合设计要求（5000V，0.5M；5000V/1min）。

13.3.3.2　施工时固定设备与基础槽钢的螺栓应垂直放置，同时螺栓上的绝缘垫片应正确放置，绝缘垫片应完好无损。

13.3.3.3　送电前应将绝缘板、绝缘垫片上的灰尘、脏污清除干净，同时进行除湿处理。

13.3.3.4　负极母排进行装设接地线作业时，接地线不得同时触及负极母排与设备外壳。

13.4　接触网刮弓、硬点

13.4.1　存在问题及现象描述

列车运行中受电弓发生刮弓、脱弓、碰弓，受电弓通过吊弦线夹、定位线夹、中心锚结线夹、电连接线夹、分段绝缘器、线岔、关节等处时发生刮弓、碰弓。

13.4.2　原因分析

13.4.2.1　接触线存在硬点或硬弯，刚性悬挂接触线脱槽（图 13.4-1），拉出值超标等原因将导致受电弓的刮弓、碰弓。

13.4.2.2　吊弦线夹、定位线夹、中心锚结线夹、电连接线夹的紧固力矩过大导致接触线形变，接触线拧面线夹倾斜（图 13.4-2），关节非工作支抬高不足，关节转换点、线岔交点距线路中心位置超出符合设计要求，线岔始触区两工作支不等高等导致受电弓的刮弓、碰弓。

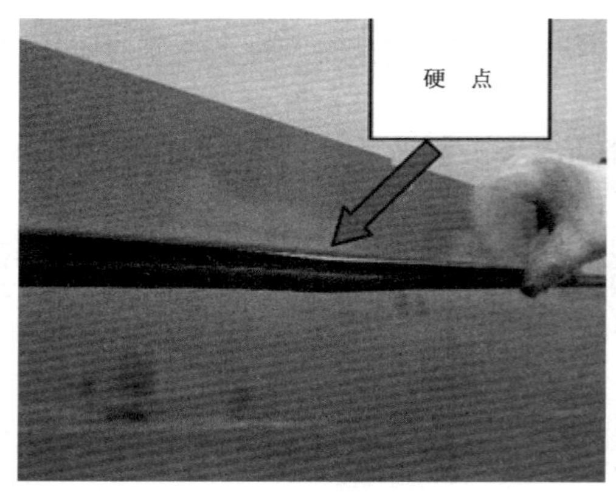

图13.4-1 硬点

图13.4-2 拧面

13.4.3 标准及控制措施

13.4.3.1 应按照现行国家标准《铁路电力牵引供电工程施工质量验收标准》TB 10421-2003第5.31.3条的规定：拉出值最大不应大于400mm，接触线线面正确，无弯曲、碰弓、脱弓现象。第5.31.5条的规定：吊弦线夹、定位线夹、接触线接头线夹、中心锚结线夹、电连接线夹、分段绝缘器、分相绝缘器、线岔等无碰弓现象和不允许的硬点。

13.4.3.2 接触线架设采用恒张力机械架设，严禁人工拖拽。柔性悬挂严格控制两接触线的等张力，高差不得大于5mm，且抬升不得相互干扰。刚性接触线架设必须使用配套的专用工具，架设完成后必须进行平推检查，杜绝接触线脱槽。使用专用仪器准确测量接触线拉出值，重点控制曲线等位置，严禁超出设计最大值。

13.4.3.3 吊弦线夹、定位线夹、中心锚结线夹、电连接线夹等螺栓的紧固必须使用力矩扳手按照产品或设计要求的力矩值紧固。

13.4.3.4 分段绝缘器与受电弓接触部分与轨面平行，轨道有坡度或超高时，根据轨道的倾斜度和坡度，导线和滑板的端头在一条直线上。

13.4.3.5 刚性悬挂锚段关节处两支接触线在关节中间悬挂点处等高，转换悬挂点处非工作支不得低于工作支，允许比工作支高出0~10mm。柔性悬挂线岔两接触线的交点位置符合设计要求，顺线路方向允许偏差±50mm，线岔始触区两工作支严格等高，静态时，交叉点处上下方接触线的间隙为1~3mm。

13.4.3.6 刚性悬挂道岔处在受电弓可能同时接触两支接触线范围内两支接触线等高，在受电弓始触电渡线接触线与正线接触线等高或高出正线接触线1~3mm。单开道岔悬挂点拉出值距正线汇流排中心200mm，允许误差±20mm。交叉渡线道岔在交叉渡线处两线路中心的交叉点处，两支悬挂的汇流排中心线分别距交叉点100mm，允许误差±20mm。

13.4.3.7 交叉吊悬处接触线吊悬线夹螺栓穿向朝下或放松锁片未锁。

13.5 接触网电连接受力影响弓网受流

13.5.1 存在问题及现象描述

接触网电连接产生受力（图13.5-1）影响弓网受流。

图 13.5-1　电连接受力

13.5.2　原因分析

电连接线固定的两端距离不合适或预留量不足，导致极限温度时电连接线受力影响弓网受流。

13.5.3　标准及控制措施

13.5.3.1　应按照现行国家标准《铁路电力牵引供电工程施工质量验收标准》TB 10421-2003 第 5.14.3 条、第 5.16.3 条、第 5.17.2 条、第 5.18.4 条、第 5.21.4 条等的规定：螺栓紧固力矩应符合设计要求。第 5.21.1 条的规定：电连接线所用材质、线夹规格型号及安装形式应符合设计要求，并预留因温度变化而产生的位移长度。

13.5.3.2　计算安装温度与极限温度下电连接量固定端的位移量，提前预留足够长度（注意：需同时考虑两端的位移，如刚性悬挂关节电连接安装时，需同时考虑两支汇流排相向或相对移动时的偏移量）。

13.6　环网电缆腐蚀

13.6.1　存在问题及现象描述

由于电缆外皮划伤（图 13.6-1）、电缆内部受潮，产生的电场或对地短路放电加快腐蚀电缆。

图 13.6-1　电缆外皮划伤

13.6.2　原因分析

13.6.2.1　交叉施工时，因成品保护措施不当，电缆外皮划伤，电缆内部受潮。

13.6.2.2　中间电缆头制作过程中，在现场湿度较大时，未采取有效的防潮措施，电缆内部受潮。

13.6.3　标准及控制措施

13.6.3.1　应按照现行国家标准《电气装置安装工程电缆线路施工及验收规范》GB 50168—2006 第 5.1.1 条第 1 条规定：电缆通道畅通，排水良好；金属部分的防腐层完整；隧道内照明、通风符合要求；第 3 条规定：电缆外观应无损伤、绝缘良好，当对电缆的密封有怀疑时，应进行潮湿判断；第 6.1.3 条的规定：在室外制作 6kV 及以上电缆终端与接头时，其空气相对湿度宜为70%及以下；当湿度大时，可提高环境温度或加热电缆。110kV及以上高压电缆终端与接头施工时，应搭临时工棚，环境湿度应严格控制，温度宜为10~30℃。制作塑料绝缘电力电缆终端与接头时，严禁在雾或雨中施工。

13.6.3.2　电缆在敷设前对现场进行调查，有交叉施工影响的应采取有效的防护措施，做好成品保护。

13.6.3.3　电缆敷设后在做好防破坏的同时也要做好防潮措施，尽快进行电缆中间头的制作，制作时若现场湿度较大可采用大功率照明灯、除尘器、吸湿机等，为制作电缆中间头创造一个良好的环境。

第14章　轨道工程

轨道工程是城市轨道交通工程行车线路的重要组成部分，其主要由钢轨、轨枕、联结零件、道床和道岔等组成。作为整体性工程结构，轨道工程必须具有足够的强度和稳定性，严格控制常见质量问题的发生，是列车能够按时、安全、平稳和不间断运行的保证。

14.1　整体道床积水

14.1.1　存在问题及现象描述

整体道床积水、道岔转辙机坑积水（图14.1-1）。

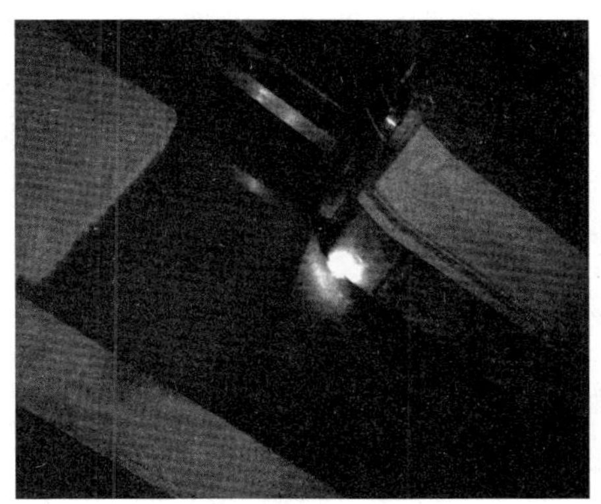

图14.1-1　整体道床内积水和处理

14.1.2　原因分析

14.1.2.1　整体道床水沟模板高低不平顺、方向不顺直，导致灌注的整体道床水沟高低不平顺、方向不顺直，影响整体道床水沟排水，导致线路排水不畅，转辙机坑积水。

14.1.2.2　道岔转辙机坑范围混凝土振捣不密实引起附近水沟积水渗入道岔转辙机坑内引起积水。

14.1.2.3　转辙机坑范围内结构底板渗水，击穿道床从而导致基坑内积水。

14.1.3　标准及控制措施

14.1.3.1　整体道床施工前编制施工方案、作业指导书，专门有针对整体道床、道岔转辙机坑积水以及伸缩缝处道床开裂的预防措施，确保质量。

14.1.3.2　整体道床施工前对结构底板道床范围内的渗漏情况进行调查，如有渗漏应先堵漏后再进行整体道床施工，如难以做到彻底堵塞，采用将露点引出道床外的措施。

14.1.3.3　道床模板支护尺寸必须符合设计要求；使用强度较高的定型模板，模板强度足，不易变形。

14.1.3.4　加强道岔转辙机坑周围道床混凝土的振捣，使道床密实，防止道床渗水。

14.1.3.5　施工前应熟悉设计图纸，掌握不同道床形式之间排水过渡与施工的顺接措施，对长大车站，道岔区及人防门、旁通道处的线路坡度与排水情况进行审查，对由于竖曲线引起的阻水现象提前采取措施。

14.2　整体道床伸缩缝开裂

14.2.1　存在问题及现象描述

整体道床伸缩缝处开裂。

14.2.2　原因分析

14.2.2.1　整体道床伸缩缝模板没有与结构沉降缝对应、施工时模板安装不垂直，模板伸入道床深度不足，模板没有全断面安装导致整体道床开裂。

14.2.2.2　伸缩缝模板的材质必须符合设计要求，采用硬木并且要沥青浸泡，模板的强度要保证；伸缩缝模板安装要道床全断面覆盖，其深度垂直度必须符合规范规定要求。

14.2.2.3　隧道整体道床裂纹按成因可分为收缩裂纹、温度裂纹和沉降裂纹。收缩裂纹主要由于混凝土再水化过程中多余水分蒸发而形成；温度裂纹是由于混凝土内部与表面存在温度差，表面产生张力而形成。这两类裂纹宽度不大，一般在0.2~1mm。由于整体道床伸缩缝与基础沉降缝不吻合，基础产生不均匀沉降形成沉降裂纹，宽度在1~2mm。整体道床裂纹的产生是多种因素共同作用的结果。

14.2.3　标准及控制措施

14.2.3.1　整体道床伸缩缝设置的位置要和结构沉降缝的位置对应，结构的不均匀沉降会造成整体道床开裂；道床伸缩缝遇结构沉降缝必须与其保持一致。

14.2.3.2　整体道床混凝土抹面要严格按照设计断面尺寸进行控制，轨道调整支架下要饱满密实。

14.2.3.3　监控检查。对已发现的道床裂纹进行分类归纳，对0.5mm及以下的裂纹采取检查监控，建立台账，定期检查，随时掌握变化情况，一旦裂纹有所发展，立即采取有效措施进行整治（图14.2-1）。

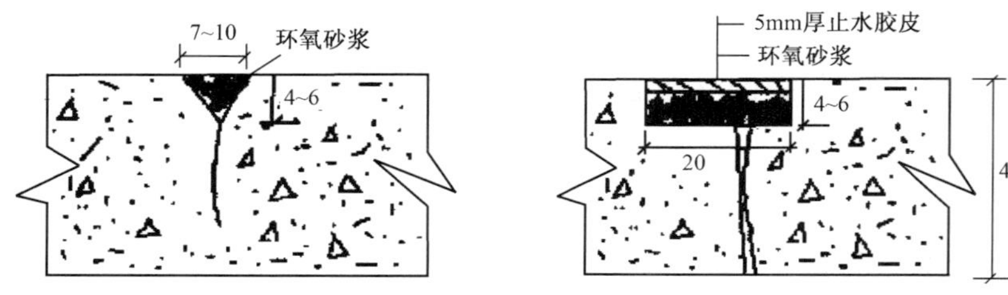

图14.2-1　道床裂缝处理

14.3　钢轨焊接接头错牙

14.3.1　存在问题及现象描述

钢轨焊接接头错牙、接头打磨不平顺（图14.3-1）、接头正火温度高。

14.3.2　原因分析

14.3.2.1　钢轨断面尺寸不匹配，导致焊接接头错牙、扭曲。

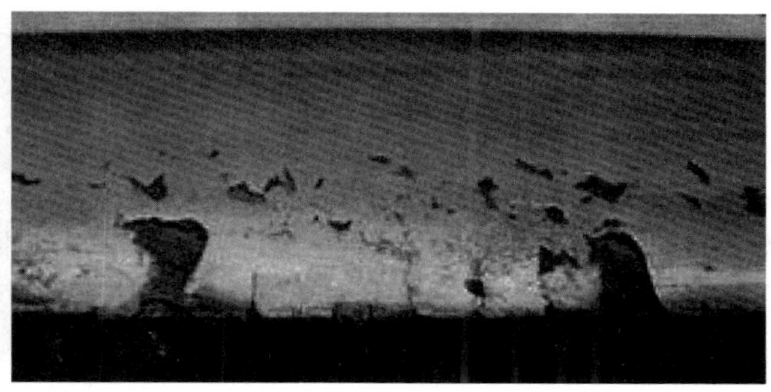

图 14.3-1　轨道接头错台、不平顺

14.3.2.2　焊接前钢轨打磨除锈不彻底、对位不平顺影响焊接质量。

14.3.2.3　接头焊接完成正火时温度控制不到位、正火热影响区超限，影响焊接质量。

14.3.2.4　焊接、正火等工序完成，接头外观精打磨时打磨精度超标，导致接头不平顺，影响舒适度。

14.3.3　标准及控制措施

14.3.3.1　组装轨排时，应按照轨节表以及现行国家标准《钢轨焊接（通用技术条件，闪光焊接，铝热焊接，气压焊接）》TB/T 1632.1～4 中的规定进行配轨，保证每一个焊接接头的两根钢轨断面尺寸匹配。

14.3.3.2　焊轨机调试完成确认设备一切正常后，将待焊轨按照规定的检验要求进行焊接型式试验，确定焊接参数合格后方可进行正式施工。

14.3.3.3　焊接前应按照焊机使用说明检查主机、冷却系统、液压系统、电气控制系统是否正常；检查动力电压、水温、水位、油温、油位钳口上的焊渣及其他碎屑、推瘤刀上的焊接飞溅物是否清楚、焊接参数是否符合实验结果。

14.3.3.4　焊接前应对钢轨进行打磨除锈，在钢轨接头端面及两侧钢轨与焊机导电钳口部位间 500mm 范围内采用手提式砂轮机打磨，打磨后钢轨表面应有金属光泽，不得有锈蚀，对母材的磨耗不得超过 0.2mm；若打磨后的待焊时间超出 24h 或有油水沾污，则必须重新打磨；焊接对位要平顺。

14.3.3.5　焊接完成后应进行接头正火热处理；钢轨焊缝正火后温度降低至 300℃以下时，对钢轨接头进行调直处理。

14.3.3.6　接头外观精打磨时打磨精度应按照现行国家标准《钢轨焊接（通用技术条件，闪光焊接，铝热焊接，气压焊接）》TB/T 1632.1～4 的规定进行控制。焊后打磨分粗打磨和精细打磨，粗打磨利用手提式砂轮机对焊缝及附近轨头顶面、侧面、轨底上面和轨底进行打磨；焊缝踏面部位在常温下不能打亏，打磨时不得横向打磨，打磨面不得发黑、发蓝而应平整有光泽；粗磨应保证焊接接头的表面粗糙度能够满足探伤检查的要求。

14.3.3.7　加强焊前钢轨检查，保证钢轨两端 1m 范围内垂直面及平面不直度不大于 0.5mm，大于 0.5mm 的重新锯轨，冷却后重新测量。不符合设计标准的立即更换，对达到标准的钢轨进行全面探伤检查，并进行轨端除锈和打磨。

14.3.3.8　对焊接钢轨端面用宽座角尺和塞尺进行垂直度检查，凡超过 0.5mm 的，采用钢轨端面打磨机进行打磨，直至符合要求。

14.3.3.9　钢轨焊前打磨的深度不超过母材 0.2mm，钢轨端部 600mm 范围内有出厂标志的，打磨至与轨腰平齐，避免有任何凸出，防止损伤钳口。

14.3.3.10　焊机在现场进行作业时，加强机械保养，及时更换液压油、机械润滑油脂，焊机钳口清扫。并依据设备的性能合理设置电压、电流、顶煅力、夹持力，通过焊机的电脑记录图，当有未焊透、过透、裂纹、气孔夹渣等有害缺陷时，调整电压、电流、顶煅力与时间的关系，确保焊接参数稳定和焊头质量。

14.3.3.11　钢轨焊后采用仿形钢轨打磨机进行精细打磨，打磨完成后，保证钢轨焊头处钢轨顶面不直度不大于 0.3mm，轨头内侧工作面不直度不大于 0.3mm，轨底不直度不大于 1mm。

14.3.3.12　钢轨接头病害的预防。

1　锁定钢轨、防止爬行、不使轨缝拉大。

2　经常上紧接头夹板螺栓，保持接头紧固。

3　加强接头捣固，保持道床密实，接头轨枕材质必须一致，间距符合规定，保持支撑条件一致。

4　及时清筛接头范围内的不清洁道砟，以免造成板结失去弹性，或引起翻浆冒泥。

5　做好路基排水，防止路基发生永久变形。防止措施归纳有：一均（轨缝均匀）；二紧（接头紧固）；三捣（加强捣固）；四筛（及时清筛）；五排（路基排水）。

14.4　线路应力放散不均匀、锁定轨温超限

14.4.1　存在问题及现象描述

线路应力放散不均匀、锁定轨温超限。

图 14.4-1　线路应力放散不均匀导致钢轨断裂

14.4.2　原因分析

14.4.2.1　线路锁定时应力放散不均匀造成线路状态不稳定。

14.4.2.2　线路锁定时轨温超限造成线路胀轨或者焊接接头断裂。

14.4.3　标准及控制措施

14.4.3.1　线路锁定前应按照现行国家标准《无缝线路铺设及养护维修方法》TB/T 2098 的规定进行应力放散，应力放散均匀后才能锁定线路。

14.4.3.2　线路锁定时锁定轨温应满足《无缝线路铺设及养护维修方法》TB/T 2098 中的规定后才能锁定。

14.4.3.3　无缝道岔的铺设与焊接过程需满足以下条件：

1　无缝道岔铺设后焊连前要全面整修一遍道岔。

2　无缝道岔岔内钢轨接头最好在设计锁定轨温范围内焊接，困难条件下也应该在 5～25℃

范围内焊连。焊连顺利为先直股后曲股，最后焊连尖轨跟部。

3　岔内钢轨接头焊接时，一定要使限位器子、母块居中卡死。

4　岔内钢轨接头焊接后要对焊头进行探伤检查，并对道岔再全面整修一遍。

5　在锁定轨温范围内把道岔与两端无缝线路长轨条焊连在一起，并对焊头进行探伤检查。

6　取掉限位器子、母块及卡块，再细整一遍道岔。

14.5　钢轨、扣件、垫板安装离缝

14.5.1　存在问题及现象描述

轨排组装时钢轨与轨距块、轨距块与挡板座之间出现离缝、铁垫板、扣件歪斜，轨下橡胶垫板外露。

14.5.2　原因分析

14.5.2.1　组装轨排时，扣件扣压力不足，导致螺栓松动。

14.5.2.2　轨距挡板、绝缘轨距块使用的型号不匹配，导致扣件与钢轨之间产生较大的缝隙。

14.5.2.3　拼装轨排时轨下橡胶垫板摆放位置不正确，或者钢轨、轨枕发生窜动带动了橡胶垫，导致轨下橡胶垫板歪斜，影响轨距块安装。

14.5.3　标准及控制措施

14.5.3.1　组装轨排时使用电动扳手，使扣件的扣压力应满足《铁路轨道工程施工质量验收标准》TB 10413 的规定，组装完成后用扭力扳手进行加力、检测。

14.5.3.2　组装轨排时要仔细核对轨距块型号，要按照设计的型号配对使用。

14.5.3.3　组装轨排时钢轨落槽后要仔细检查轨下橡胶垫板排放位置是否正确，如果有歪斜要及时调整。

14.5.3.4　组装轨排时应控制好轨距。

第 15 章 系统工程

城市轨道交通工程中系统工程主要分为信号系统、通信系统、综合监控（ISCS）系统、自动售检票（AFC）系统、防灾报警（FAS）系统、电力监控（SCADA）系统、环控通风系统、控制中心等。

15.1 自动折返按钮不复位

15.1.1 存在问题及现象描述

发车进路排好后，后续列车在没有到达停站时间或司机没有准备好的情况下就立即发车，存在安全隐患。

15.1.2 原因分析

15.1.2.1 按钮质量达不到要求，在没有复位的情况下，钥匙能拔出，且不能自动复位。

15.1.2.2 按钮接点粘连。

15.1.2.3 自动折返程序出错。

15.1.3 标准及控制措施

15.1.3.1 自动折返按钮的可靠性必须很高，在没有复位的情况下，复位钥匙不能拔出。

15.1.3.2 自动折返按钮电路中采用双接点。

15.1.3.3 为彻底解决硬件故障带来的安全隐患，应在软件上进行相关处理，系统应判断自动折返按钮的触发时间，如果时间超过触发时间，应判断失效，并且设定的触发时间不应该超过列车最小追踪间隔。

15.2 司机冒进信号

15.2.1 存在问题及现象描述

列车显示距离不够易造成司机冒进信号。

15.2.2 原因分析

15.2.2.1 大弯道造成信号机的显示距离不足。

15.2.2.2 防淹门、人防门的安装由于离站台停车点（停车后的车头位置）很近，造成信号机只能安装在防淹门和人防门后面，造成显示距离不足。

15.2.2.3 为减少屏蔽门与列车之间的间隙，屏蔽门的安装会尽量靠近站台边缘，对信号机的显示造成遮挡。

15.2.2.4 材质质量差，密封透镜和镜框间隙的腻子，在使用中发生了塑性变形，产生裂纹，使信号机不密封，同时灯泡光中心与透镜组的焦点不在同一位置，导致信号机的显示距离达不到要求。

15.2.3 标准及控制措施

15.2.3.1 信号机的显示距离应不小于 200m。

15.2.3.2　对大弯道造成信号机显示距离不足的，应增加复示信号机。

15.2.3.3　为保证信号机的显示距离，防淹门、人防门的安装位置应尽量远离站台，人防门打开位置的边缘、防淹门的门框距离站台停车点至少保留 6.5m 以上的距离。

15.2.3.4　为减少屏蔽门对信号显示的影响，在不超限的情况下，信号机尽可能靠近线路中心，必要时可以安装在线路另一侧。

15.2.3.5　完善检测工艺，严格管理制度，对信号机灯泡进行老化试验。

15.3　道床预留过轨孔错误或缺失

15.3.1　存在问题及现象描述

信号专业线缆需要过轨的地方没有预留过轨孔，线缆直接从钢轨下面安装（图 15.3-1），对轨道维修、信号检修造成不便。

15.3.2　原因分析

15.3.2.1　由于招标时间和设计周期不同，造成轨道在详细设计时，信号的详细设计还没有完成，不能提供准确的设备安装位置，造成轨道的设计不能准确预留各系统过轨孔。

15.3.2.2　在信号系统安装阶段，需要根据现场条件对部分设备的安装位置进行的调整，造成提供给轨道专业预留的孔洞不能满足信号设备实际安装位置需要。

15.3.2.3　设计初期，未考虑预留过轨孔的位置，导致无进行过轨孔施工。

图 15.3-1　轨道下方未留置过轨孔，线缆直接从轨道下方穿过

15.3.3　标准及控制措施

15.3.3.1　信号专业应尽早进行设计，及时提供给轨道专业准确的资料。

15.3.3.2　在信号设计来不及的情况下，在站台端部、道岔区域应多预留过轨孔。

15.3.3.3　在信号设备安装时，应尽量利用附近的过轨预留孔敷设电缆。

15.4　桥架发生触电

15.4.1　存在问题及现象描述

桥架跨接地线未有效连接（图 15.4-1），电气不连通发生触电。

15.4.2　原因分析

15.4.2.1　桥架跨接地线连接质量差，或使用不符合规定线缆。

15.4.2.2　桥架在伸缩缝和软连接处未做地线。

15.4.2.3　桥架与接地干线接地点未连接或接地点少于两处。

15.4.3　标准及控制措施

15.4.3.1　电缆桥架、支吊架和引入或引出金属电缆导管必须进行保护接地，且必须符合

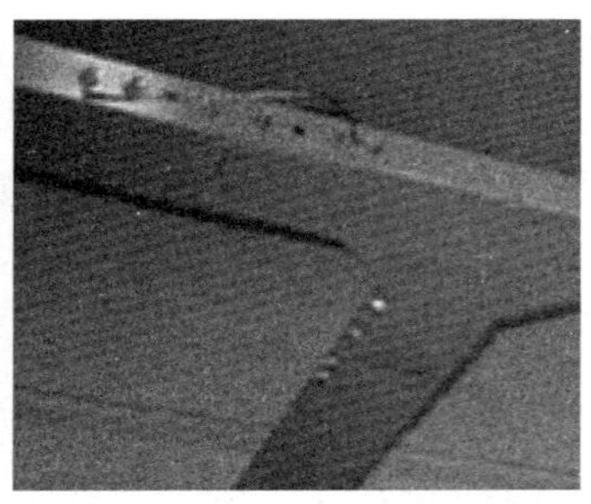

图 15.4-1　部分跨接地线漏接

下列规定：

1　金属电缆桥架及其支吊架全长应不少于 2 处与接地干线相连接。

2　非镀锌电缆桥架间连接板的两端跨接铜芯导线或编织铜线的最小允许截面应不小于 $4mm^2$。

3　镀锌电缆桥架间连接板的两端可不作接地跨接线，但每块连接板应有不少于 2 个有防松动螺帽或防松动垫圈的连接固定螺栓。

15.4.3.2　当允许利用电缆桥架构成接地干线回路时电缆桥架及其支吊架、连接板应能够承受接地故障电流，并满足热效应的要求。

15.4.3.3　作为接地干线的电缆桥架，其托盘、梯架端部之间的连接电阻应不大于 0.00033Ω。

15.4.3.4　当利用电缆桥架作接地干线时，桥架全线各种伸缩缝和软连接处应采用铜软导线或编织铜线连接，其截面应不小于 $16mm^2$。

15.4.3.5　当沿电缆桥架全线采取单独敷设接地干线，接地干线采用扁钢时，室内敷设时其截面应不小于 $60mm^2$，室外敷设时其截面应不小于 $100mm^2$。

15.4.3.6　电缆桥架在引入引出建筑物时，应与建筑物室内接地干线或室外接地装置相连接。

15.4.3.7　为了防止电化学腐蚀作用，在铝合金电缆桥架上不得用裸铜导体作接地干线。

15.4.3.8　桥架外侧敷设通常采用 40×4 扁钢，与各桥架的支吊架进行连接。

15.5　线槽不美观、防火不合格

15.5.1　存在问题及现象

预埋线槽不美观、防火不合格。

15.5.2　原因分析

15.5.2.1　使用不满足设计及规范要求的材料。

15.5.2.2　施工不规范，技术交底未交底。

15.5.2.3　设计或安装时未考虑特殊位置线槽的防火、防水功能要求（图 15.5-1）。

15.5.3　标准及控制措施

15.5.3.1　金属线槽及附件必须采用定型的标准制品，其型号、规格应符合设计要求。线槽应光滑平整、不应有扭曲、翘边等变形现象。

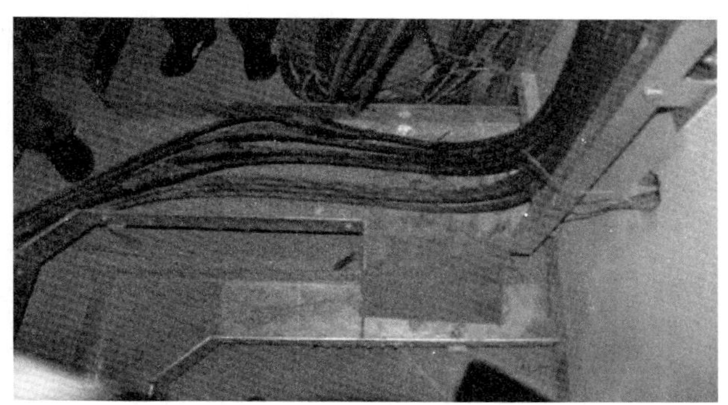

图 15.5-1 线缆安装时未考虑特殊位置线槽的防火、防水功能要求

15.5.3.2 线槽的接口应平整，接缝处应紧密平直，槽盖装上后应平整，无翘角，出线口的位置准确。

15.5.3.3 敷设在竖井、吊顶、通道、加层及设备层等处的线槽应符合有关防火要求。

15.6 线盒遗漏、信息插座高度不统一

15.6.1 存在问题及现象

15.6.1.1 长距离管路或有弯曲管路中未设置过线盒，信息点预埋盒兼作过线盒。

15.6.1.2 信息插座与电源插座安装高度不统一（图 15.6-1），距离或选型规格等不符合设计、规范要求。

15.6.2 原因分析

15.6.2.1 技术交底不到位、施工不规范。

15.6.2.2 专业间施工未沟通配合或配合不畅。

15.6.3 标准及控制措施

15.6.3.1 线盒安装应符合下列规定：

线缆管路有下列情况之一者，中间应增设拉线盒或接线盒，其位置应便于穿线：

1 管路长度每超过 30m 且无弯曲；

2 管路长度每超过 20m 且仅有一个弯曲；

3 管路长度每超过 15m 且仅有两个弯曲；

4 管路长度每超过 8m 且仅有三个弯曲；

5 线缆管路垂直敷设时管内绝缘线缆截面宜小于 150mm^2，当长度超过 30m 时，应增设固定用拉线盒；信息点预埋盒不宜同时兼做过线盒。

图 15.6-1 线盒、插座安装高度不一致

15.6.3.2 信息插座模块安装应符合下列要求：

1 信息插座模块、多用户信息插座、集合点配线模块安装位置和高度应符合设计要求。

2　信息插座底盒同时安装信息插座模块和电源插座时，间距及采取的防护措施应符合设计要求。

3　安装在墙面或柱子上的信息插座，底部离地面高度宜为 300mm。

4　安装在墙面或柱子上的多用户信息插座模块，或集合点配线模块，底面离地面高度宜为 300mm。

5　电源插座与信息插座的水平距离宜为 200mm。

6　安装在活动地板内或地面上时，应固定在接线盒内，插座面板采用直立和水平等形式，接线盒盖可开启，接线盒盖面应与地面齐平。

15.7　双绞线、光缆、跳纤及连接器件连接不通

15.7.1　存在问题及现象

双绞线、光缆、跳纤及连接器件连接不通，数据无法传输。

15.7.2　原因分析

15.7.2.1　制作工艺不达标。

15.7.2.2　线缆的电气性能、机械特性、光缆的传输性能不符合设计要求。

15.7.2.3　连接器件的传输特性与缆线不匹配。

15.7.2.4　现场制作的跳线传输性能达不到链路数据传输要求。

15.7.3　标准及控制措施

15.7.3.1　查验缆线及连接器件进场合格证，产品检测报告。

15.7.3.2　实物检查：

1　查验五类 4 对 UTP 缆线的技术特性：线规 24AWG，外径 5.5mm，裸铜线直径 0.511mm，最大直流阻抗 9.38Ω/100m。

2　查验 6 类 4 对 UTP 的技术特性：线规 23AWG，防火等级 ULCM，外径 6.3mm ±0.2，裸铜线直径 0.574mm，最大直流阻抗 7.42Ω/100m。

3　查验双绞线电缆中每对线的绞距：4 对线的绞距应分别为 10、12、14、16mm 或 16、18、20、22mm，节距公差 <1mm，如果缆线中各对线的绞距相同，说明是劣质产品。

15.7.3.3　光纤信道应采用标称波长为 850nm 和 1300nm，芯核直径 50 ±2.5μm 或芯核直径 62.5 ±2.5μm，包层直径 125 ±2μm 的多模光纤；标称波长为 1310nm 和 1550nm，芯核直径 9.3 ±0.4μm，包层直径 125 ±2μm 的单模光纤。

15.7.3.4　材料的进场验收除应按现行国家标准《智能建筑工程质量验收规范》GB 50339—2013 第 3.3.4 条和第 3.3.5 条的规定执行外，还应符合下列要求：

1　选用的国内外产品均应以我国发布的标准为准则，进行检测和鉴定，未经国家或有关部门的产品质量监督检验机构鉴定合格的设备和器材，不得在工程中使用。

2　清点、检验和抽样测试的主要器材应做好记录，对不符合质量标准的缆线和器材，应单独存放，不应混淆，以备核查与处理，并不允许在工程中使用。

15.7.3.5　缆线的检验要求：

1　工程中使用的对绞电缆和光缆的型号、规格及数量应符合设计中的规定和合同要求。

2　根据材料运单对照检查对绞电缆和光缆的包装标志或标签，要求内容应齐全，字迹应清晰，外包装应注明电缆或光缆的型号、规格、线径或芯数、端别、盘号和盘长等情况，并要与

出厂产品质量合格证一致。

3　电缆和光缆的外包装应无外部破损，对缆身应检查外护套是否完整无损，有无压扁或裂纹等现象，如发现有上述现象，应做记录，以便抽样测试。电缆和光缆均应附有出厂质量检验合格证，还应附有本批量电缆电气性能检验报告和测试记录，供查阅检查。

4　对于电缆的电气性能测试，应从本批量电缆的任意 3 盘中截出 100m 的长度进行抽样测试，测试结果应符合工程验收要求。一般使用五类以上电缆测试仪，对电缆的衰减和近端串扰的技术性能进行测试。

15.7.3.6　对于电缆或光缆有端别要求时，应剥开缆头，分清 A、B 端别，并在电缆或光缆的两端外部标记出端别和序号，以便敷设时予以识别。

15.7.3.7　根据光缆出厂产品质量检验合格证和测试记录，审核光纤的几何、光学和传输特性及机械物理性能是否符合设计要求。光缆开盘后，同时检查光缆外表有无损伤，光缆端头封装是否良好。

15.7.3.8　检测光纤衰减和光纤长度，具体测试要求如下：

1　衰减测试：一般采用光时域反射仪（OTDR）进行测试，如测试结果超出标准，出现异常或与出厂测试数值相差很大时，应查找分析原因，可用光功率计测试，并加以比较，以便断定是测试误差还是光纤本身衰减过大。光纤测试时，应两个方向分别测试，以性能参数较差方向的数据为准。

2　长度测试：要求对每根光纤进行测试对比，测试结果应一致。如在同一盘光缆中，发现光纤的长度差异较大等现象，应从另一端进行复测或作通光检查，以判定是否有断纤现象。如有断纤应进行处理，待检查合格后才允许使用。光纤检查测试完毕后，光缆端头应密封固定，恢复外包装以便保护。

15.7.3.9　光纤跳线检验应符合如下要求：

1　光纤跳线外面应有经过防火处理的光纤保护外皮，以增强其保护性能。跳线两端的活动连接器（活接头用）的端面，应装配有合适的保护盖帽。

2　每根光纤跳线应标有该光纤的类型等明显标记，以便选用。

15.7.3.10　保留线缆、光纤测试仪打印数据，作为进场验收检测文件资料。

1　现场尚无检测手段取得屏蔽布线系统所需的相关技术参数时，可将认证检测机构或生产厂家附有的技术报告作为检查依据。

2　对绞电缆电气性能、机械特性、光缆传输性能及连接器件的具体技术指标和要求，应符合设计和规范要求。经过测试与检查，性能指标不符合设计要求的设备和材料不得在工程中使用。

15.8　预埋线槽找平层凸出装饰地面

15.8.1　存在问题及现象描述

预埋线槽安装完成后，部分区域的线槽超出需预留的高度，导致找平层高出装饰地面（图 15.8-1）。

图 15.8-1　预埋线槽局部高出装饰面

15.8.2　原因分析

15.8.2.1　预埋的线槽型号不符合设计尺寸要求，高度超出设计尺寸。

15.8.2.2 安装线槽前，施工技术人员未参照设计图纸，提前划出线槽的走向布局，并在区域内寻找多个参照点，计算其标高是否符合预埋线槽的高度要求。

15.8.2.3 土建专业地面未预留足够的施工高度或施工遗留建筑垃圾难以清除。

15.8.3 标准及控制措施

15.8.3.1 车站地面预留的AFC系统线槽位置符合设计要求。

15.8.3.2 车站装修单位画出1000mm标高线后，应及时核实其地面标高能否满足线槽安装要求，发现问题及时处理。

15.8.3.3 线槽安装的路径和找平高度应符合设计要求。

15.8.3.4 车站内的建筑垃圾已清理干净或残留的建筑垃圾不影响线槽安装施工。

15.8.3.5 线槽安装过程中，需有专业人员对安装过程每道工序进行严格把关，确保安装过程符合设计要求。

15.9 自动售票机出售过期票

15.9.1 存在问题及现象描述

自动售票机出售的单程票无法正常检票。

15.9.2 原因分析

自动售检票系统的内部有许多时间设置，其参数设置既有UTC时间，又有北京时间，两者存在时差，北京时间8小时=UTC时间。以下情况会出售过期票。

15.9.2.1 自动售票机与自动检票机调用来源不统一的时间参数作为时间同步的时钟，即未统一规定调用UTC时间还是本地时间。

15.9.2.2 自动售检票机运营时间设定不一致。如：正常运营日内自动售票机的正常运营时间为××年10月28日02：30~10月29日01：30，自动检票机的正常运营时间为××年10月28日02：00~10月29日02：00，因此，10月28日出售的单程票只能在10月28日的计算周期内使用，其他时间不能使用。

15.9.3 标准及控制措施

15.9.3.1 在编写自动售检票系统软件时，需注意UTC时间与本地时间的差异。在编写终端设备时间同步的时钟时，需按照城市轨道的线网规程的规范填写，且确定调用的时钟为本地时间还是UTC时间，同时调用两种时间则需换算正确。

15.9.3.2 检查自动售检票机运营时间设置，若发现设定不一致时应及时修正。

15.9.3.3 进闸机将对车票进行有效性检查，如果车票有效，进闸机将提示并准许乘客进入付费区；如果车票无效，进闸机将给出相应的声音和文字提示，不准许乘客进入付费区，并且引导乘客到票务处。

15.10 检票机不能识别特定日票

15.10.1 存在问题及现象描述

清分系统未对某些特定日的参数未作定义，该特定日售票机出售票不能检票。

15.10.2　原因分析

15.10.2.1　清分系统的软件参数未及时设置更新，或对某些特定日运营日启用何种票价参数、运营规则未作明确定义。

15.10.2.2　系统软件测试时未进行全功能全系统测试，即漏测。

15.10.3　标准及控制措施

15.10.3.1　在系统设计时，当某些特定日的系统运营参数未作明确定义时，则系统自动启用默认参数，作普通运营日管理。

15.10.3.2　系统软件测试时应严格按照测试案例进行全功能全系统测试，若发现某些特定日的系统运营参数未作明确定义时应进行定义。

15.11　网络故障、通信中断

15.11.1　存在问题及现象描述

在组网过程中，经常会发现个别车站网络无法接入骨干网，网络连接指示灯无指示，网络连接不稳定，车站网络无法连通中心网络等现象。

15.11.2　原因分析

15.11.2.1　个别车站网络在光纤熔接时因熔接不合格，导致光纤熔接不齐。

15.11.2.2　熔接好的光纤在排线捆扎时野蛮施工，导致尾纤破皮、漏光。

15.11.2.3　尾纤插入交换机接头不牢或接头处有异物。

15.11.2.4　光纤在使用过程中有受潮等情况发生，导致光纤损坏。

15.11.3　标准及控制措施

15.11.3.1　施工前，对光纤熔接做好技术交底工作，确保施工时每一根光纤熔接都是合格的。

15.11.3.2　在理线的过程中，规范施工，尾纤入线槽时避免弯曲过大导致光纤折断或者破皮漏光。

15.11.3.3　光纤模块及尾纤在未使用时，避免裸露在空气中粘上灰尘。

15.11.3.4　光纤的型号规格必须符合设计要求。

15.12　通信协议异常、点表错位

15.12.1　存在问题及现象描述

目前 AFC、ACS、PSD、FAS、PSCADA 等专业大多集成入综合监控系统，综合监控系统在与相关专业的联调的过程中，存在协议不通，点表不准确，重复调试等问题。

15.12.2　原因分析

15.12.2.1　接口协议、点表或定义等未相互确认。

15.12.2.2　相关专业在各自系统调试的过程中，自行更改了协议地址，增加或减少了点位数量，并未及时通知综合监控专业，导致综合监控系统进行现场调试时出现接口协议不通、

点位错位等现象。

15.12.3 标准及控制措施

15.12.3.1 加强项目过程管理，设备进场前，由综合监控专业牵头，各相关专业配合，共同签署接口协议，并在协议中明确接口方式，通信协议等相关内容。

15.12.3.2 根据项目工程进度，按计划分批与各专业厂家开展协议测试，签订设备类表。在设备出厂检验后，开展点对点的测试，确保每个专业在设备发货前均与综合监控专业完成点对点的测试工作，形成最终的设备点表。

15.12.3.3 各接口专业在现场调试时，严格按照已经签字的点表开展调试，若发生变化，应及时告知综合监控专业以作相关的调整。

15.13 温度调节耗时长、无效果

15.13.1 存在问题及现象描述

BAS 系统对通风空调系统进行温度调节调试时出现温度调节时间超长、不稳定、达不到调节效果等问题。

15.13.2 原因分析

15.13.2.1 BAS 系统进行温度调节常采用 PID 控制原理，而 PID 参数设置不合理。

15.13.2.2 传感器探头测量不准确或冷量调节阀门控制不准确。

15.13.3 标准及控制措施

15.13.3.1 PID 调节参数设置需要经验，并且设置参数后需要多观察总结，PID 参数设置的原则是：首先保证系统稳定，其次满足其基本的精度要求，各项参数设定不宜过分，应避免系统振荡，并留有一定余量，当系统经调试不能稳定时，应考虑有关的机械或电气装置中是否存在妨碍系统稳定的因素，作仔细检查并排除这些干扰。

15.13.3.2 现场调试过程中，务必保证传感器探头测量值正确，达到精度要求，冷量调节阀动作正确，达到精度要求。

15.14 IO 箱强电串入、模块烧坏

15.14.1 存在问题及现象描述

BAS 系统在对给排水系统设备进行调试时出现水泵强电串入 BAS 远程 IO 箱的现象，轻者容易烧坏 IO 模件，重者还可能造成触电。

15.14.2 原因分析

水泵配电箱及控制箱上接线图纸未明确表示接线端子用途，现场施工人员误将水泵控制箱内部的强电接入 BAS 系统远程控制箱。

15.14.3 标准及控制措施

15.14.3.1 现场施工接线前，先做技术交底，明确双方接线方式。

15.14.3.2 接线过程中，双方厂家应到现场指导施工人员进行接线。

15.14.3.3 施工时若发现水泵控制箱内未附有详细的端子接线图时，应及时反映情况，不得随意搭接。

15.15 故障电流烧坏设备

15.15.1 存在问题及现象描述

金属导管和线槽连接方式不正确或接地不合格，导致故障电流烧坏设备。

15.15.2 原因分析

15.15.2.1 镀锌钢管跨接地线连接质量不合格。

15.15.2.2 镀锌钢管未采用螺纹连接。

15.15.2.3 线槽连接处接地连接质量不合格。

15.15.2.4 接线方式错误。

15.15.3 标准及控制措施

15.15.3.1 金属导管和线槽必须可靠接地（PE）或接零（PEN），并符合下列规定：

1 镀锌钢导管、可挠性导管和金属线槽不得熔焊跨接接地线，以专用接地跨接的两卡间边线为铜芯软导线，截面积不小于 $4mm^2$。

2 镀锌钢导管必须采用螺纹连接，连接处的两端用专用接地卡固定跨接接地线。

3 金属线槽不作设备的接地导体，当设计无要求时，金属线槽全长不少于 2 处与接地（PE）或接零（PEN）干线连接。

15.15.3.2 镀锌钢导管不得套管熔焊连接。

15.16 FAS 设备误报或感应电压损坏设备

15.16.1 存在问题及现象描述

导线混敷或接头不正确导致设备误报或感应电压损坏设备。

15.16.2 原因分析

15.16.2.1 不同种类、电压等级的导线穿在同一根管道内。

15.16.2.2 不同种类、电压等级的导线敷设在未有隔板的线槽内。

15.16.2.3 导线在管内或线槽内连接方式不正确。

15.16.2.4 其他专业的电缆敷设在 FAS 系统专用线槽内。

15.16.3 标准及控制措施

15.16.3.1 不同系统、不同电压等级、不同电流类别的线路不应穿在同一管内或线槽的同一槽孔内。

15.16.3.2 24V 供电的控制线路可以穿入同一根管内。

15.16.3.3 消防电话通信电缆必须单独穿管。

15.16.3.4 导线在管内或线槽内，不应有接头或扭结。导线的接头，应在接线盒内焊接或用端子连接，不允许中途搭接。

15.17　探测器不报警或报警迟滞

15.17.1　存在问题及现象描述

安装位置或方式等不正确，导致探测器不报警或报警滞后。

15.17.2　原因分析

15.17.2.1　点型火灾探测器的安装不符合要求。

15.17.2.2　线型火灾探测器的安装不符合要求。

15.17.2.3　探测器安装后成品保护不当。

15.17.2.4　交叉施工工序不合理等。

15.17.2.5　探测器报警程序设计不合理。

15.17.2.6　探测器使用时间过长，导致失效。

15.17.3　标准及控制措施

15.17.3.1　点型火灾探测器的安装位置，应符合下列规定：

1　探测器至墙壁、梁边的水平距离，不应小于 0.5m。

2　探测器周围 0.5m 内，不应有遮挡物。

3　探测器至空调送风口的水平距离，不应小于 1.5m。

4　探测器必须水平安装，感烟探测器的安装间距不应超过 15m，探测器距离墙的距离，不应大于探测器安装间距的一半。

5　垂直电梯井设置探测器时，应安装在井的顶部。

6　不吊顶设备房的探测器安装时需要考虑梁突出顶棚的高度，当高度超过 600mm 时，被梁隔断的每个梁间区域至少应设置一个探测器。

7　探测器宜水平安装，当确需要倾斜安装时，倾斜角度不应大于 45°。

15.17.3.2　线型感温火灾探测器的安装必须按照设备本身的安装特性要求安装，并应符合下列规定：

1　线性感温火灾探测器在电缆、变压器等设备安装时，宜采用接触式布置。

2　探测器必须以连续的、无抽头或分支的连续布线方式安装。

3　探测分区的划分依据规范进行，结合探测区域的特征和环境温度，决定探测器使用的长度和回路数。

4　探测器接口转换盒和终端转换盒安装时一定要正放且盒盖上的螺钉必须拧紧。

5　感温电缆与接口转换盒间可以采用信号电缆连接，要求绝缘电阻大于 1500MΩ，电缆的内阻小于 100Ω。

6　应当尽量避免重物压在探测器上。

7　避免将探测器锐角折弯使用。

8　避免在探测器上涂刷腐蚀性物质。

9　避免使探测器长期在水中浸泡。

15.17.3.3　线型红外光束感烟火灾探测器的安装必须按照设备本身的安装特性要求安装，并应符合下列规定：

1　红外光束感烟探测器的光束轴线至顶棚的距离应为 0.3 ~ 1.0m，距地不宜超过 20m。

2　相邻红外光束感烟探测器的安装距离不应大于 14m。

3　发射器和接收器之间的光路上应无遮挡物或干扰源。

15.17.3.4　感烟探测器安装完成之后，火灾自动报警系统验收之前的时间段，必须采取相应的保护措施，以保护探头免受灰尘影响而缩短其寿命。

1　点型感烟探测器应采用防尘罩保护探头。

2　红外光束感烟探测器采用塑料薄膜粘贴在设备探测区域。

3　公共区域及不吊顶设备房需要喷黑部位的探测器在喷黑施工完成后再进行安装。

15.17.3.5　探测器投入使用以后，需经常进行检查、检测，对失效的探测器进行及时更换。

15.18　模块箱内进水损坏设备

15.18.1　存在问题及现象描述

进线方式不正确，模块箱内进水造成设备损坏。

15.18.2　原因分析

15.18.2.1　设计交底不明确。

15.18.2.2　模块箱生产工艺错误。

15.18.2.3　模块箱施工工艺错误。

15.18.3　标准及控制措施

15.18.3.1　所有模块箱均采用下进线方式。

15.18.3.2　由模块箱到监视或控制设备的电线电缆所采用的线管应采用多根穿线敷设。当出线比较多的时候宜采用线槽敷设。

15.18.3.3　在进行墙体配管施工时，技术交底需要根据模块箱的安装高度明确预埋盒的标高。

15.18.3.4　模块箱生产制作时，需要明确模块箱的进线预留孔洞在模块箱的下部。

15.18.3.5　模块箱生产制作时，需要严格按照设计图纸进行施工，并有专人对每道工序进行验收。

15.19　防排烟系统火灾模式触发错误

15.19.1　存在问题及现象描述

火灾模式不正确，防排烟系统运转未能达到设计要求。

15.19.2　原因分析

15.19.2.1　火灾模式启动部位（编号）不正确。

15.19.2.2　火灾模式启动程序混乱。

15.19.2.3　火灾模式测试时部分点测试遗漏或未进行测试。

15.19.3　标准及控制措施

15.19.3.1　依据暖通专业控制工艺图中“车站大系统运行模式表”和“车站小系统运行模式表”及相对应的图纸，列出 FAS 系统火灾模式点位表。

1　结合建筑专业防火分区图与暖通专业控制工艺图，将FAS报警点位进行模式区域分类。

2　依据火灾事故联动程序编制要求，进行火灾报警控制盘的FAS系统联动程序的编制与下载。

15.19.3.2　依据FAS与BAS接口协议，建立对应且一致的FAS-BAS火灾模式表。

15.19.3.3　FAS系统与BAS系统完成各自的单体调试后，首先进行火灾模式全点虚拟通信测试，确保FAS系统与BAS系统通信正常且执行模式号一致。

15.19.3.4　依据火灾模式所对应的房间或有关区域，进行全点火灾报警点测试，确保FAS内部联动程序及火灾模式触发的正确。

15.19.3.5　系统调试所使用的测试仪器和仪表，性能应稳定可靠，其精度等级及最小分度值应能满足测定的要求，并应符合国家有关计量法规及检定规程的规定。

附　　录：

附录一　建设工程质量管理条例（国务院令第 279 号）

建设工程质量管理条例

国务院令第 279 号

（2000 年 1 月 10 日国务院第 25 次常务会议通过，自 2000 年 1 月 30 日起施行）

第一章　总　　则

第一条　为了加强对建设工程质量的管理，保证建设工程质量，保护人民生命和财产安全，根据《中华人民共和国建筑法》，制定本条例。

第二条　凡在中华人民共和国境内从事建设工程的新建、扩建、改建等有关活动及实施对建设工程质量监督管理的，必须遵守本条例。

本条例所称建设工程，是指土木工程、建筑工程、线路管道和设备安装工程及装修工程。

第三条　建设单位、勘察单位、设计单位、施工单位、工程监理单位依法对建设工程质量负责。

第四条　县级以上人民政府建设行政主管部门和其他有关部门应当加强对建设工程质量的监督管理。

第五条　从事建设工程活动，必须严格执行基本建设程序，坚持先勘察、后设计、再施工的原则。

县级以上人民政府及其有关部门不得超越权限审批建设项目或者擅自简化基本建设程序。

第六条　国家鼓励采用先进的科学技术和管理方法，提高建设工程质量。

第二章　建设单位的质量责任和义务

第七条　建设单位应当将工程发包给具有相应资质等级的单位。

建设单位不得将建设工程肢解发包。

第八条　建设单位应当依法对工程建设项目的勘察、设计、施工、监理以及与工程建设有关的重要设备、材料等的采购进行招标。

第九条　建设单位必须向有关的勘察、设计、施工、工程监理等单位提供与建设工程有关的原始资料。

原始资料必须真实、准确、齐全。

第十条　建设工程发包单位不得迫使承包方以低于成本的价格竞标，不得任意压缩合理工期。

建设单位不得明示或者暗示设计单位或者施工单位违反工程建设强制性标准，降低建设工程质量。

第十一条 建设单位应当将施工图设计文件报县级以上人民政府建设行政主管部门或者其他有关部门审查。施工图设计文件审查的具体办法，由国务院建设行政主管部门会同国务院其他有关部门制定。

施工图设计文件未经审查批准的，不得使用。

第十二条 实行监理的建设工程，建设单位应当委托具有相应资质等级的工程监理单位进行监理，也可以委托具有工程监理相应资质等级并与被监理工程的施工承包单位没有隶属关系或者其他利害关系的该工程的设计单位进行监理。

下列建设工程必须实行监理：

（一）国家重点建设工程；

（二）大中型公用事业工程；

（三）成片开发建设的住宅小区工程；

（四）利用外国政府或者国际组织贷款、援助资金的工程；

（五）国家规定必须实行监理的其他工程。

第十三条 建设单位在领取施工许可证或者开工报告前，应当按照国家有关规定办理工程质量监督手续。

第十四条 按照合同约定，由建设单位采购建筑材料、建筑构配件和设备的，建设单位应当保证建筑材料、建筑构配件和设备符合设计文件和合同要求。

建设单位不得明示或者暗示施工单位使用不合格的建筑材料、建筑构配件和设备。

第十五条 涉及建筑主体和承重结构变动的装修工程，建设单位应当在施工前委托原设计单位或者具有相应资质等级的设计单位提出设计方案；没有设计方案的，不得施工。

房屋建筑使用者在装修过程中，不得擅自变动房屋建筑主体和承重结构。

第十六条 建设单位收到建设工程竣工报告后，应当组织设计、施工、工程监理等有关单位进行竣工验收。

建设工程竣工验收应当具备下列条件：

（一）完成建设工程设计和合同约定的各项内容；

（二）有完整的技术档案和施工管理资料；

（三）有工程使用的主要建筑材料、建筑构配件和设备的进场试验报告；

（四）有勘察、设计、施工、工程监理等单位分别签署的质量合格文件；

（五）有施工单位签署的工程保修书。

建设工程经验收合格的，方可交付使用。

第十七条 建设单位应当严格按照国家有关档案管理的规定，及时收集、整理建设项目各环节的文件资料，建立、健全建设项目档案，并在建设工程竣工验收后，及时向建设行政主管部门或者其他有关部门移交建设项目档案。

第三章 勘察、设计单位的质量责任和义务

第十八条 从事建设工程勘察、设计的单位应当依法取得相应等级的资质证书，并在其资质等级许可的范围内承揽工程。

禁止勘察、设计单位超越其资质等级许可的范围或者以其他勘察、设计单位的名义承揽工程。禁止勘察、设计单位允许其他单位或者个人以本单位的名义承揽工程。

勘察、设计单位不得转包或者违法分包所承揽的工程。

第十九条 勘察、设计单位必须按照工程建设强制性标准进行勘察、设计，并对其勘察、设计的质量负责。

注册建筑师、注册结构工程师等注册执业人员应当在设计文件上签字，对设计文件负责。

第二十条　勘察单位提供的地质、测量、水文等勘察成果必须真实、准确。

第二十一条　设计单位应当根据勘察成果文件进行建设工程设计。

设计文件应当符合国家规定的设计深度要求，注明工程合理使用年限。

第二十二条　设计单位在设计文件中选用的建筑材料、建筑构配件和设备，应当注明规格、型号、性能等技术指标，其质量要求必须符合国家规定的标准。

除有特殊要求的建筑材料、专用设备、工艺生产线等外，设计单位不得指定生产厂、供应商。

第二十三条　设计单位应当就审查合格的施工图设计文件向施工单位作出详细说明。

第二十四条　设计单位应当参与建设工程质量事故分析，并对因设计造成的质量事故，提出相应的技术处理方案。

第四章　施工单位的质量责任和义务

第二十五条　施工单位应当依法取得相应等级的资质证书，并在其资质等级许可的范围内承揽工程。

禁止施工单位超越本单位资质等级许可的业务范围或者以其他施工单位的名义承揽工程。禁止施工单位允许其他单位或者个人以本单位的名义承揽工程。

施工单位不得转包或者违法分包工程。

第二十六条　施工单位对建设工程的施工质量负责。

施工单位应当建立质量责任制，确定工程项目的项目经理、技术负责人和施工管理负责人。

建设工程实行总承包的，总承包单位应当对全部建设工程质量负责；建设工程勘察、设计、施工、设备采购的一项或者多项实行总承包的，总承包单位应当对其承包的建设工程或者采购的设备的质量负责。

第二十七条　总承包单位依法将建设工程分包给其他单位的，分包单位应当按照分包合同的约定对其分包工程的质量向总承包单位负责，总承包单位与分包单位对分包工程的质量承担连带责任。

第二十八条　施工单位必须按照工程设计图纸和施工技术标准施工，不得擅自修改工程设计，不得偷工减料。

施工单位在施工过程中发现设计文件和图纸有差错的，应当及时提出意见和建议。

第二十九条　施工单位必须按照工程设计要求、施工技术标准和合同约定，对建筑材料、建筑构配件、设备和商品混凝土进行检验，检验应当有书面记录和专人签字；未经检验或者检验不合格的，不得使用。

第三十条　施工单位必须建立、健全施工质量的检验制度，严格工序管理，作好隐蔽工程的质量检查和记录。隐蔽工程在隐蔽前，施工单位应当通知建设单位和建设工程质量监督机构。

第三十一条　施工人员对涉及结构安全的试块、试件以及有关材料，应当在建设单位或者工程监理单位监督下现场取样，并送具有相应资质等级的质量检测单位进行检测。

第三十二条　施工单位对施工中出现质量问题的建设工程或者竣工验收不合格的建设工程，应当负责返修。

第三十三条　施工单位应当建立、健全教育培训制度，加强对职工的教育培训；未经教育培训或者考核不合格的人员，不得上岗作业。

第五章 工程监理单位的质量责任和义务

第三十四条 工程监理单位应当依法取得相应等级的资质证书，并在其资质等级许可的范围内承担工程监理业务。

禁止工程监理单位超越本单位资质等级许可的范围或者以其他工程监理单位的名义承担工程监理业务。禁止工程监理单位允许其他单位或者个人以本单位的名义承担工程监理业务。

工程监理单位不得转让工程监理业务。

第三十五条 工程监理单位与被监理工程的施工承包单位以及建筑材料、建筑构配件和设备供应单位有隶属关系或者其他利害关系的，不得承担该项建设工程的监理业务。

第三十六条 工程监理单位应当依照法律、法规以及有关技术标准、设计文件和建设工程承包合同，代表建设单位对施工质量实施监理，并对施工质量承担监理责任。

第三十七条 工程监理单位应当选派具备相应资格的总监理工程师和监理工程师进驻施工现场。

未经监理工程师签字，建筑材料、建筑构配件和设备不得在工程上使用或者安装，施工单位不得进行下一道工序的施工。未经总监理工程师签字，建设单位不拨付工程款，不进行竣工验收。

第三十八条 监理工程师应当按照工程监理规范的要求，采取旁站、巡视和平行检验等形式，对建设工程实施监理。

第六章 建设工程质量保修

第三十九条 建设工程实行质量保修制度。

建设工程承包单位在向建设单位提交工程竣工验收报告时，应当向建设单位出具质量保修书。质量保修书中应当明确建设工程的保修范围、保修期限和保修责任等。

第四十条 在正常使用条件下，建设工程的最低保修期限为：

（一）基础设施工程、房屋建筑的地基基础工程和主体结构工程，为设计文件规定的该工程的合理使用年限；

（二）屋面防水工程、有防水要求的卫生间、房间和外墙面的防渗漏，为5年；

（三）供热与供冷系统，为2个采暖期、供冷期；

（四）电气管线、给排水管道、设备安装和装修工程，为2年。

其他项目的保修期限由发包方与承包方约定。

建设工程的保修期，自竣工验收合格之日起计算。

第四十一条 建设工程在保修范围和保修期限内发生质量问题的，施工单位应当履行保修义务，并对造成的损失承担赔偿责任。

第四十二条 建设工程在超过合理使用年限后需要继续使用的，产权所有人应当委托具有相应资质等级的勘察、设计单位鉴定，并根据鉴定结果采取加固、维修等措施，重新界定使用期。

第七章 监督管理

第四十三条 国家实行建设工程质量监督管理制度。

国务院建设行政主管部门对全国的建设工程质量实施统一监督管理。国务院铁路、交通、水利等有关部门按照国务院规定的职责分工，负责对全国的有关专业建设工程质量的监督管理。

县级以上地方人民政府建设行政主管部门对本行政区域内的建设工程质量实施监督管理。

县级以上地方人民政府交通、水利等有关部门在各自的职责范围内，负责对本行政区域内的专业建设工程质量的监督管理。

第四十四条　国务院建设行政主管部门和国务院铁路、交通、水利等有关部门应当加强对有关建设工程质量的法律、法规和强制性标准执行情况的监督检查。

第四十五条　国务院发展计划部门按照国务院规定的职责，组织稽察特派员，对国家出资的重大建设项目实施监督检查。

国务院经济贸易主管部门按照国务院规定的职责，对国家重大技术改造项目实施监督检查。

第四十六条　建设工程质量监督管理，可以由建设行政主管部门或者其他有关部门委托的建设工程质量监督机构具体实施。

从事房屋建筑工程和市政基础设施工程质量监督的机构，必须按照国家有关规定经国务院建设行政主管部门或者省、自治区、直辖市人民政府建设行政主管部门考核；从事专业建设工程质量监督的机构，必须按照国家有关规定经国务院有关部门或者省、自治区、直辖市人民政府有关部门考核。经考核合格后，方可实施质量监督。

第四十七条　县级以上地方人民政府建设行政主管部门和其他有关部门应当加强对有关建设工程质量的法律、法规和强制性标准执行情况的监督检查。

第四十八条　县级以上人民政府建设行政主管部门和其他有关部门履行监督检查职责时，有权采取下列措施：

（一）要求被检查的单位提供有关工程质量的文件和资料；

（二）进入被检查单位的施工现场进行检查；

（三）发现有影响工程质量的问题时，责令改正。

第四十九条　建设单位应当自建设工程竣工验收合格之日起 15 日内，将建设工程竣工验收报告和规划、公安消防、环保等部门出具的认可文件或者准许使用文件报建设行政主管部门或者其他有关部门备案。

建设行政主管部门或者其他有关部门发现建设单位在竣工验收过程中有违反国家有关建设工程质量管理规定行为的，责令停止使用，重新组织竣工验收。

第五十条　有关单位和个人对县级以上人民政府建设行政主管部门和其他有关部门进行的监督检查应当支持与配合，不得拒绝或者阻碍建设工程质量监督检查人员依法执行职务。

第五十一条　供水、供电、供气、公安消防等部门或者单位不得明示或者暗示建设单位、施工单位购买其指定的生产供应单位的建筑材料、建筑构配件和设备。

第五十二条　建设工程发生质量事故，有关单位应当在 24 小时内向当地建设行政主管部门和其他有关部门报告。对重大质量事故，事故发生地的建设行政主管部门和其他有关部门应当按照事故类别和等级向当地人民政府和上级建设行政主管部门和其他有关部门报告。

特别重大质量事故的调查程序按照国务院有关规定办理。

第五十三条　任何单位和个人对建设工程的质量事故、质量缺陷都有权检举、控告、投诉。

第八章　罚　　则

第五十四条　违反本条例规定，建设单位将建设工程发包给不具有相应资质等级的勘察、设计、施工单位或者委托给不具有相应资质等级的工程监理单位的，责令改正，处 50 万元以上 100 万元以下的罚款。

第五十五条　违反本条例规定，建设单位将建设工程肢解发包的，责令改正，处工程合同价款百分之零点五以上百分之一以下的罚款；对全部或者部分使用国有资金的项目，并可以暂停项目执行或者暂停资金拨付。

第五十六条 违反本条例规定，建设单位有下列行为之一的，责令改正，处20万元以上50万元以下的罚款：

（一）迫使承包方以低于成本的价格竞标的；

（二）任意压缩合理工期的；

（三）明示或者暗示设计单位或者施工单位违反工程建设强制性标准，降低工程质量的；

（四）施工图设计文件未经审查或者审查不合格，擅自施工的；

（五）建设项目必须实行工程监理而未实行工程监理的；

（六）未按照国家规定办理工程质量监督手续的；

（七）明示或者暗示施工单位使用不合格的建筑材料、建筑构配件和设备的；

（八）未按照国家规定将竣工验收报告、有关认可文件或者准许使用文件报送备案的。

第五十七条 违反本条例规定，建设单位未取得施工许可证或者开工报告未经批准，擅自施工的，责令停止施工，限期改正，处工程合同价款百分之一以上百分之二以下的罚款。

第五十八条 违反本条例规定，建设单位有下列行为之一的，责令改正，处工程合同价款百分之二以上百分之四以下的罚款；造成损失的，依法承担赔偿责任；

（一）未组织竣工验收，擅自交付使用的；

（二）验收不合格，擅自交付使用的；

（三）对不合格的建设工程按照合格工程验收的。

第五十九条 违反本条例规定，建设工程竣工验收后，建设单位未向建设行政主管部门或者其他有关部门移交建设项目档案的，责令改正，处1万元以上10万元以下的罚款。

第六十条 违反本条例规定，勘察、设计、施工、工程监理单位超越本单位资质等级承揽工程的，责令停止违法行为，对勘察、设计单位或者工程监理单位处合同约定的勘察费、设计费或者监理酬金1倍以上2倍以下的罚款；对施工单位处工程合同价款百分之二以上百分之四以下的罚款，可以责令停业整顿，降低资质等级；情节严重的，吊销资质证书；有违法所得的，予以没收。

未取得资质证书承揽工程的，予以取缔，依照前款规定处以罚款；有违法所得的，予以没收。

以欺骗手段取得资质证书承揽工程的，吊销资质证书，依照本条第一款规定处以罚款；有违法所得的，予以没收。

第六十一条 违反本条例规定，勘察、设计、施工、工程监理单位允许其他单位或者个人以本单位名义承揽工程的，责令改正，没收违法所得，对勘察、设计单位和工程监理单位处合同约定的勘察费、设计费和监理酬金1倍以上2倍以下的罚款；对施工单位处工程合同价款百分之二以上百分之四以下的罚款；可以责令停业整顿，降低资质等级；情节严重的，吊销资质证书。

第六十二条 违反本条例规定，承包单位将承包的工程转包或者违法分包的，责令改正，没收违法所得，对勘察、设计单位处合同约定的勘察费、设计费百分之二十五以上百分之五十以下的罚款；对施工单位处工程合同价款百分之零点五以上百分之一以下的罚款；可以责令停业整顿，降低资质等级；情节严重的，吊销资质证书。

工程监理单位转让工程监理业务的，责令改正，没收违法所得，处合同约定的监理酬金百分之二十五以上百分之五十以下的罚款；可以责令停业整顿，降低资质等级；情节严重的，吊销资质证书。

第六十三条 违反本条例规定，有下列行为之一的，责令改正，处10万元以上30万元以下的罚款：

（一）勘察单位未按照工程建设强制性标准进行勘察的；

（二）设计单位未根据勘察成果文件进行工程设计的；

（三）设计单位指定建筑材料、建筑构配件的生产厂、供应商的；

（四）设计单位未按照工程建设强制性标准进行设计的。

有前款所列行为，造成工程质量事故的，责令停业整顿，降低资质等级；情节严重的，吊销资质证书；造成损失的，依法承担赔偿责任。

第六十四条 违反本条例规定，施工单位在施工中偷工减料的，使用不合格的建筑材料、建筑构配件和设备的，或者有不按照工程设计图纸或者施工技术标准施工的其他行为的，责令改正，处工程合同价款百分之二以上百分之四以下的罚款；造成建设工程质量不符合规定的质量标准的，负责返工、修理，并赔偿因此造成的损失；情节严重的，责令停业整顿，降低资质等级或者吊销资质证书。

第六十五条 违反本条例规定，施工单位未对建筑材料、建筑构配件、设备和商品混凝土进行检验，或者未对涉及结构安全的试块、试件以及有关材料取样检测的，责令改正，处10万元以上20万元以下的罚款；情节严重的，责令停业整顿，降低资质等级或者吊销资质证书；造成损失的，依法承担赔偿责任。

第六十六条 违反本条例规定，施工单位不履行保修义务或者拖延履行保修义务的，责令改正，处10万元以上20万元以下的罚款，并对在保修期内因质量缺陷造成的损失承担赔偿责任。

第六十七条 工程监理单位有下列行为之一的，责令改正，处50万元以上100万元以下的罚款，降低资质等级或者吊销资质证书；有违法所得的，予以没收；造成损失的，承担连带赔偿责任：

（一）与建设单位或者施工单位串通，弄虚作假、降低工程质量的；

（二）将不合格的建设工程、建筑材料、建筑构配件和设备按照合格签字的。

第六十八条 违反本条例规定，工程监理单位与被监理工程的施工承包单位以及建筑材料、建筑构配件和设备供应单位有隶属关系或者其他利害关系承担该项建设工程的监理业务的，责令改正，处5万元以上10万元以下的罚款，降低资质等级或者吊销资质证书；有违法所得的，予以没收。

第六十九条 违反本条例规定，涉及建筑主体或者承重结构变动的装修工程，没有设计方案擅自施工的，责令改正，处50万元以上100万元以下的罚款；房屋建筑使用者在装修过程中擅自变动房屋建筑主体和承重结构的，责令改正，处5万元以上10万元以下的罚款。

有前款所列行为，造成损失的，依法承担赔偿责任。

第七十条 发生重大工程质量事故隐瞒不报、谎报或者拖延报告期限的，对直接负责的主管人员和其他责任人员依法给予行政处分。

第七十一条 违反本条例规定，供水、供电、供气、公安消防等部门或者单位明示或者暗示建设单位或者施工单位购买其指定的生产供应单位的建筑材料、建筑构配件和设备的，责令改正。

第七十二条 违反本条例规定，注册建筑师、注册结构工程师、监理工程师等注册执业人员因过错造成质量事故的，责令停止执业1年；造成重大质量事故的，吊销执业资格证书，5年以内不予注册；情节特别恶劣的，终身不予注册。

第七十三条 依照本条例规定，给予单位罚款处罚的，对单位直接负责的主管人员和其他直接责任人员处单位罚款数额百分之五以上百分之十以下的罚款。

第七十四条 建设单位、设计单位、施工单位、工程监理单位违反国家规定，降低工程质量标准，造成重大安全事故，构成犯罪的，对直接责任人员依法追究刑事责任。

第七十五条 本条例规定的责令停业整顿，降低资质等级和吊销资质证书的行政处罚，由颁发资质证书的机关决定；其他行政处罚，由建设行政主管部门或者其他有关部门依照法定职权决定。

依照本条例规定被吊销资质证书的，由工商行政管理部门吊销其营业执照。

第七十六条 国家机关工作人员在建设工程质量监督管理工作中玩忽职守、滥用职权、徇私舞弊，构成犯罪的，依法追究刑事责任；尚不构成犯罪的，依法给予行政处分。

第七十七条 建设、勘察、设计、施工、工程监理单位的工作人员因调动工作、退休等原因离开该单位后，被发现在该单位工作期间违反国家有关建设工程质量管理规定，造成重大工程质量事故的，仍应当依法追究法律责任。

第九章 附 则

第七十八条 本条例所称肢解发包，是指建设单位将应当由一个承包单位完成的建设工程分解成若干部分发包给不同的承包单位的行为。

本条例所称违法分包，是指下列行为：

（一）总承包单位将建设工程分包给不具备相应资质条件的单位的；

（二）建设工程总承包合同中未有约定，又未经建设单位认可，承包单位将其承包的部分建设工程交由其他单位完成的；

（三）施工总承包单位将建设工程主体结构的施工分包给其他单位的；

（四）分包单位将其承包的建设工程再分包的。

本条例所称转包，是指承包单位承包建设工程后，不履行合同约定的责任和义务，将其承包的全部建设工程转给他人或者将其承包的全部建设工程肢解以后以分包的名义分别转给其他单位承包的行为。

第七十九条 本条例规定的罚款和没收的违法所得，必须全部上缴国库。

第八十条 抢险救灾及其他临时性房屋建筑和农民自建低层住宅的建设活动，不适用本条例。

第八十一条 军事建设工程的管理，按照中央军事委员会的有关规定执行。

第八十二条 本条例自发布之日起施行。

附：刑法有关条款

第一百三十七条 建设单位、设计单位、施工单位、工程监理单位违反国家规定，降低工程质量标准，造成重大安全事故的，对直接责任人员处五年以下有期徒刑或者拘役，并处罚金；后果特别严重的，处五年以上十年以下有期徒刑，并处罚金。

附录二　城市轨道交通工程安全质量管理暂行办法（建质［2010］5号）

关于印发《城市轨道交通工程安全质量管理暂行办法》的通知

建质［2010］5号

各省、自治区住房城乡建设厅，直辖市建委（建设交通委），新疆生产建设兵团建设局：

现将《城市轨道交通工程安全质量管理暂行办法》印发给你们，请结合本地区实际，认真贯彻执行。贯彻执行中的有关问题和情况及时反馈住房和城乡建设部。

中华人民共和国住房和城乡建设部

二〇一〇年一月八日

城市轨道交通工程安全质量管理暂行办法

第一章　总　　则

第一条　为了加强城市轨道交通工程安全质量管理，保障人民群众生命财产安全，制定本办法。

第二条　在中华人民共和国境内从事城市轨道交通新建、扩建、改建等有关活动及实施对城市轨道交通工程安全质量的监督管理，必须遵守本办法。

第三条　从事城市轨道交通工程建设活动必须坚持先勘察、后设计、再施工的原则，严格执行基本建设程序，保证各阶段合理的工期和造价，加强全过程安全质量风险管理。

第四条　国务院住房和城乡建设主管部门负责全国城市轨道交通工程安全质量的监督管理。

县级以上地方人民政府承担城市轨道交通工程安全质量监督管理职责的主管部门（以下称建设主管部门）负责本行政区域内城市轨道交通工程安全质量的监督管理。

第二章　建设单位安全质量责任

第五条　建设单位对工程项目管理负总责。

建设单位必须建立健全安全质量责任制和管理制度，设置安全质量管理机构，配备与建设规模相适应的安全质量管理人员，对勘察、设计、施工、监理、监测等单位进行安全质量履约管理。

第六条　建设单位应当在初步设计阶段组织开展城市轨道交通工程安全质量风险评估（含建设工期、造价对工程安全质量影响性评估）并组织专家论证，同时按照有关规定组织专家进行抗震、抗风等专项论证。

建设单位在报送初步设计文件审查时，应当提交经专家论证的安全质量风险评估报告。

第七条　建设单位应当向设计、施工、监理、监测等单位提供气象水文和地形地貌资料，工程地质和水文地质资料，施工现场及毗邻区域内的建筑物和构筑物、地下管线、桥梁、隧道、道路、轨道交通设施等（以下简称工程周边环境）资料。

建设单位因工程需要，组织调查前款相关资料时，有关部门或单位应当支持配合。

第八条　工程周边环境严重影响工程实施或因工程施工可能造成其严重损害的，建设单位应当在确定线路规划方案时尽可能予以避让。无法避让且因条件所限不能进行拆除、迁移的，建设单位应当根据设计要求和工程实际，组织开展现状评估，并将现状评估报告提供给设计、施工、监理、监测等单位。

第九条　建设单位应当依法将施工图设计文件（含勘察文件）报送经认定具有资格的施工图审查机构进行审查。

施工图设计文件未经审查或审查不合格的，不得使用。

第十条　建设单位应当按规定办理安全、质量监督手续。

第十一条　建设单位应当及时组织勘察单位向设计单位进行勘察文件交底，在施工前组织勘察、设计单位向施工、监理、监测等单位进行勘察、设计文件交底。

勘察、设计文件交底应当重点说明勘察、设计文件中涉及工程安全质量的内容，并形成文字记录，由各方签字并盖章。

第十二条　建设单位应当委托工程监测单位和质量检测单位进行第三方监测和质量检测。

第十三条　建设单位在编制工程概算时，应当包括安全质量风险评估费、工程监测费、工程周边环境调查费及现状评估费等保障工程安全质量所需的费用。

第十四条　建设单位在施工招标前，应当组织专家对施工工期和造价进行论证，论证时应充分考虑工程的复杂程度及其周边环境拆除、迁移等对施工工期和造价的影响。

专家论证报告作为招标文件编制的依据。

第十五条　建设单位应当依法执行国家有关勘察设计费、监理费等管理规定，不得明示或暗示勘察、设计、施工、监理、监测等单位以低于成本的价格或政府指导价竞标。

建设单位应当科学确定勘察、设计、施工等各阶段工期，不得任意压缩合同约定的工期。

迫使承包方以低于成本的价格或政府指导价竞标，或任意压缩合同约定工期导致发生安全质量事故的，建设单位应当承担相应责任。

第十六条　建设单位在编制工程量清单时，应当将安全措施费用单列，施工单位竞标时不得删减。

建设单位与施工单位应当在施工合同中明确安全措施费用，以及费用预付、支付计划，使用要求及调整方式等条款。

建设单位应当按合同约定及时将安全措施费用拨付给施工单位。

第十七条　建设单位应当在施工前组织地下管线产权单位或管理单位向施工单位进行现场交底，并形成文字记录，由各方签字并盖章。

第十八条　建设单位应当在工程完工后组织不载客试运行调试，试运行调试三个月后，方可按有关规定进行工程竣工验收并办理工程竣工验收备案手续。

第三章　勘察、设计单位安全质量责任

第十九条　勘察、设计单位从事城市轨道交通工程勘察、设计业务，必须具有相应资质，不得转包或者违法分包所承揽的工程勘察、设计业务。

第二十条　勘察、设计单位对工程项目的安全质量承担勘察、设计责任。

勘察、设计单位的主要负责人对本单位勘察、设计安全质量工作全面负责。

项目负责人应当具有相应执业资格和城市轨道交通工程勘察、设计工作经验。项目负责人对所承担工程项目的勘察、设计安全质量负责。

从事工程勘察、设计的执业人员应当对其签字的勘察、设计文件负责。

第二十一条　勘察、设计单位必须建立健全安全质量责任制和管理制度，设置或明确安全

质量管理机构，对工程勘察、设计的安全质量实施管理。

勘察外业工作应当严格执行勘察方案、操作规程和安全生产有关规定，并采取措施保护勘察作业范围内的地下管线和地下构筑物等，保证外业安全质量。

勘探孔应当按规定及时回填，避免对工程施工等造成影响。

第二十二条 勘察单位进行勘察时，对尚不具备现场勘察条件的，应当书面通知建设单位，并在勘察文件中说明情况，提出合理建议。在具备现场勘察条件后，应当及时进行勘察。

工程设计、施工条件发生变化的，建设单位应当及时委托勘察单位进行补充勘察。

第二十三条 勘察单位提交的勘察文件应当真实、准确、可靠，符合国家规定的勘察深度要求，满足设计、施工的需要，并结合工程特点明确说明地质条件可能造成的工程风险，必要时针对特殊地质条件提出专项勘察建议。

第二十四条 设计单位提交的设计文件应当符合国家规定的设计深度要求，并应根据工程周边环境的现状评估报告提出设计处理措施，必要时进行专项设计。

设计文件中应当注明涉及工程安全质量的重点部位和环节，并提出保障工程安全质量的设计处理措施。

施工图设计应当包括工程及其周边环境的监测要求和监测控制标准等内容。

第二十五条 设计单位应当对安全质量风险评估确定的高风险工程的设计方案、工程周边环境的监测控制标准等组织专家论证。

第二十六条 工程设计条件发生变化的，设计单位应当及时变更施工图设计。施工图设计发生重大变更的，应当按有关规定重新报审。

第二十七条 勘察、设计单位应当将勘察、设计文件和原始资料归档保存。

第二十八条 勘察、设计单位应当委派专业技术人员配合施工单位及时解决与勘察、设计工作有关的问题。

第四章 施工单位安全质量责任

第二十九条 施工单位从事城市轨道交通工程施工活动，必须具备相应资质，依法取得安全生产许可证，不得转包或者违法分包。

第三十条 施工单位对工程项目的施工安全质量负责。

施工单位主要负责人对本单位施工安全质量工作全面负责，项目负责人对所承担工程项目的施工安全质量负责。

施工单位主要负责人、项目负责人和专职安全生产管理人员应当依法取得安全生产考核合格证书。项目负责人应当具有相应执业资格和城市轨道交通工程施工管理工作经验。建筑施工特种作业人员应当持证上岗。

第三十一条 施工单位必须建立健全安全质量责任制和管理制度，加强对施工现场项目管理机构的管理。

项目安全质量管理人员专业、数量应当符合相关规定，并满足项目管理需要。

第三十二条 施工单位项目负责人原则上在一个工程项目任职，如确需在其他项目兼任的，应当征得建设单位书面同意。

第三十三条 施工总承包单位对施工现场安全生产负总责。

总承包单位依法将工程分包给专业分包单位的，专业分包合同应当明确各自的安全责任。总承包单位和专业分包单位对专业分包工程的安全生产承担连带责任。

总承包单位和专业分包单位依法进行劳务分包的，总承包单位和专业分包单位应当对劳务作业进行管理。

第三十四条 施工单位应当按照合同约定的工期要求编制合理的施工进度计划，不得盲目抢进度、赶工期。

施工单位不得以低于成本的价格竞标。

第三十五条 施工单位应将安全措施费用用于施工安全防护用具及设施的采购和更新、安全施工措施的落实、安全生产条件的改善等，不得挪作他用。

第三十六条 施工单位应当对工程周边环境进行核查。工程周边环境现状与建设单位提供的资料不一致的，建设单位应当组织有关单位及时补充完善。

第三十七条 施工单位应当按照有关规定对危险性较大分部分项工程（含可能对工程周边环境造成严重损害的分部分项工程，下同）编制专项施工方案。对超过一定规模的危险性较大分部分项工程专项施工方案应当组织专家论证。

专项施工方案应当根据设计处理措施、专项设计和工程实际情况编制，并经施工单位技术负责人和总监理工程师签字后实施，不得随意变更。

第三十八条 工程施工前，施工单位项目技术人员应当就有关施工安全质量的技术要求向施工作业班组、作业人员作详细说明，并由双方签字确认。

第三十九条 施工单位应当指定专人保护施工现场地下管线及地下构筑物等，在施工前将地下管线、地下构筑物等基本情况、相应保护及应急措施等向施工作业班组和作业人员作详细说明，并在现场设置明显标识。

第四十条 施工单位应当对工程支护结构、围岩以及工程周边环境等进行施工监测、安全巡视和综合分析，及时向设计、监理单位反馈监测数据和巡视信息。发现异常时，及时通知建设、设计、监理等单位，并采取应对措施。

施工单位应当按照设计要求和工程实际编制施工监测方案，并经监理单位审查后实施。

第四十一条 施工单位应当按照施工图设计文件和施工技术标准施工，落实设计文件中提出的保障工程安全质量的设计处理措施，不得擅自修改工程设计，不得偷工减料。

施工单位应当按照规定和合同约定对建筑材料、建筑构配件、设备等进行检验。未经检验或检验不合格的，不得使用。

对涉及结构安全的试块、试件及有关材料，施工单位应当在监理单位见证下，按规定进行现场取样，并送有相应资质的质量检测单位进行质量检测。

第四十二条 建筑起重机械安装完成后，施工单位应当委托具有相应资质的检测检验机构进行检验，经检验合格并经验收合格后方可使用。

施工单位应当按规定向工程所在地建设主管部门办理建筑起重机械使用登记手续。

第四十三条 施工单位应当按照有关规定对管理人员和作业人员进行安全质量教育培训，教育培训情况记入个人工作档案。教育培训考核不合格的人员，不得上岗。

第四十四条 施工单位应当按规定做好安全质量资料的收集、整理和归档，保证安全质量文件真实、完整。

第四十五条 施工单位在提交工程竣工验收报告时，应当向建设单位出具质量保修书，明确保修范围、保修期限和保修责任等。保修范围、保修期限应当符合国家有关规定。

第五章　监理单位安全质量责任

第四十六条 监理单位从事城市轨道交通工程监理业务，必须具备相应资质，不得转让所承担的工程监理业务。

监理单位不得与被监理工程的施工单位以及建筑材料、建筑构配件和设备供应单位有隶属关系或者其他利害关系。

第四十七条　监理单位对工程项目的安全质量承担监理责任。监理单位主要负责人对本单位监理工作全面负责。项目总监理工程师对所承担工程项目的安全质量监理工作负责。

项目总监理工程师应当具有相应专业的注册监理工程师执业资格和城市轨道交通工程监理工作经验。

第四十八条　监理单位必须建立健全安全质量责任制和管理制度，加强对施工现场项目监理机构的管理。

项目监理人员专业、数量应当满足监理工作的需要。

第四十九条　项目总监理工程师原则上在一个工程项目任职，如确需在其他项目兼任的，应当征得建设单位书面同意。

第五十条　监理单位应当编制包括工程安全质量监理内容的项目监理规划，对超过一定规模的危险性较大工程编制专项安全生产监理实施细则。

第五十一条　监理单位应当审查施工组织设计中安全技术措施、专项施工方案及施工监测方案是否符合工程建设强制性标准和设计文件要求。

第五十二条　建筑材料、建筑构配件和设备未经注册监理工程师签字，不得在工程上使用或安装，施工单位不得进行下一道工序的施工。

第五十三条　监理单位应当会同有关单位按照施工技术标准规范和有关规定进行隐蔽工程和分部分项工程验收，并对工程重要部位和环节进行施工前条件验收。

第五十四条　监理单位应当检查施工监测点的布置和保护情况，比对、分析施工监测和第三方监测数据及巡视信息。发现异常时，及时向建设、施工单位反馈，并督促施工单位采取应对措施。

第五十五条　监理单位在实施监理过程中，发现施工单位有下列情况之一的，应当要求施工单位立即整改。情况严重的，应当要求施工单位暂时停止施工，并及时报告建设单位。

（一）工程施工不符合工程设计和标准规范要求的；

（二）不按批准的施工组织设计、专项施工方案或施工监测方案组织施工或监测的；

（三）未落实安全措施费用的；

（四）施工现场存在安全质量隐患的；

（五）项目主要管理人员不到位或资格、数量不符合要求的；

（六）其他违法违规行为。

施工单位拒不整改或者不停止施工的，监理单位应当及时向建设单位报告，建设单位应当责令施工单位整改或停止施工，施工单位仍不整改或不停止施工的，建设单位应当向工程所在地建设主管部门报告。

第五十六条　监理单位应当按规定对监理人员进行安全质量培训。

第五十七条　监理单位应当按照规定将工程监理资料立卷归档。

第六章　工程监测、质量检测单位安全质量责任

第五十八条　从事城市轨道交通工程第三方监测业务的工程监测单位（以下简称监测单位），应当具有相应工程勘察资质，并向工程所在地建设主管部门办理备案手续。

监测单位不得转包监测业务，不得与所监测工程的施工单位有隶属关系或者其他利害关系。

第五十九条　从事城市轨道交通工程质量检测业务的质量检测单位，应当具备相应资质。

质量检测单位不得转包检测业务，不得与所检测工程项目相关的设计单位、施工单位、监理单位有隶属关系或者其他利害关系。

第六十条　监测单位对工程项目的安全质量承担监测责任。监测单位主要负责人应当对本

单位监测工作全面负责。项目监测负责人对所承担工程项目的安全质量监测工作负责。

项目监测负责人应当具有相应执业资格和城市轨道交通工程监测工作经验。

第六十一条 监测单位必须建立健全安全质量责任制和管理制度，加强对施工现场项目监测机构的管理。

项目监测人员专业、数量应当满足监测工作的需要。

第六十二条 监测单位应当根据勘察设计文件、安全质量风险评估报告、监测合同及有关资料编制第三方监测方案，经专家论证并经监测单位主要负责人签字后实施。

监测单位应当按照第三方监测方案开展监测和巡视工作，及时向建设、监理、设计单位提供监测报告。发现异常时，立即向建设单位反馈。

第六十三条 质量检测机构应当按照工程建设标准和国家有关规定进行质量检测。在检测过程中发现有结构安全检测结果不合格、严重影响使用功能等情况，应当及时向建设、监理单位反馈。

第六十四条 监测、质量检测单位出具的监测、检测报告应当经监测、检测人员签字，监测、质量检测单位法定代表人或其授权签字人签署，并加盖公章后方可生效。质量检测单位出具的见证取样检测报告中应当注明见证人单位及姓名。

监测、质量检测单位应当对监测、检测报告的真实性和准确性负责。

第六十五条 监测、质量检测单位应当按规定对监测、检测人员进行安全质量培训，培训考核合格后方可上岗。

第六十六条 监测、质量检测单位应当按照规定将工程监测、质量检测资料立卷归档。

第七章 安全质量事故应急处置

第六十七条 城市轨道交通工程所在地县级以上地方人民政府建设主管部门、建设单位、施工单位应当编制城市轨道交通工程安全质量事故应急预案，建立健全安全生产预警和应急协调保障机制。

建设单位、施工单位应当将编制的应急预案报工程所在地建设主管部门备案，并组织定期演练。

第六十八条 城市轨道交通工程安全质量事故发生后，施工单位应当立即采取防止事故危害扩大的必要措施，并按有关规定向工程所在地建设主管部门报告。工程所在地建设主管部门接到报告后，应当按照规定逐级上报上级建设主管部门。

工程所在地建设主管部门应当在当地人民政府的统一领导下，针对事故危害程度，启动相应应急预案，可以采取以下应急处置措施：

（一）组织制定抢险救援方案；

（二）组织应急抢险队伍参加抢险救援工作；

（三）拆除、迁移妨碍应急处置和抢险救援的设施、设备或者其他障碍物等；

（四）采取防止发生次生、衍生灾害的其他必要措施。

第六十九条 应急抢险结束后，建设单位应当组织设计、施工等单位制定工程恢复方案，必要时经专家论证后实施。

第七十条 鼓励建设、施工等单位参加工程保险，采用现代化信息技术加强施工现场监控管理，提高风险防范能力。

第八章 监督管理

第七十一条 城市轨道交通工程所在地县级以上地方人民政府建设主管部门应当对城市轨

道交通工程安全质量相关法律、法规以及强制性标准的执行情况实施监督检查。

第七十二条　城市轨道交通工程所在地县级以上地方人民政府建设主管部门可以委托建设工程安全质量监督机构（以下简称监督机构）具体实施对城市轨道交通工程安全质量的监督检查。

监督机构应当根据城市轨道交通工程规模，配备城市轨道交通工程相关专业监督人员。

第七十三条　城市轨道交通工程所在地县级以上地方人民政府建设主管部门或其委托的监督机构履行监督检查职责时，有权采取下列措施：

（一）要求被检查单位提供工程安全质量的文件和资料；

（二）进入被检查单位的施工现场或工作场所进行检查；

（三）对检查中发现的安全质量隐患，责令立即整改；对于重大安全质量隐患，责令暂时停止施工。

第七十四条　城市轨道交通工程所在地县级以上人民政府建设主管部门应当建立、公布并及时更新城市轨道交通工程专家库，并制定相应管理制度。

第七十五条　城市轨道交通工程安全质量情况实行逐级报送制度。城市轨道交通工程所在地县级以上地方人民政府建设主管部门应当每季度向上级建设主管部门上报上季度本行政区域内城市轨道交通工程安全质量情况。发生安全质量事故的，应当及时报送事故调查处理情况。

城市轨道交通工程所在地县级以上地方人民政府建设主管部门应当定期公布建设、勘察、设计、施工、监理、监测、质量检测等单位安全质量信息。

第七十六条　建设、勘察、设计、施工、监理、监测、质量检测等单位有违反建设法律法规规章行为的，由县级以上人民政府建设主管部门按照管理权限依法予以罚款、停业整顿、降低资质等级、吊销资质证书等行政处罚；构成犯罪的，依法追究刑事责任。

第九章　附　　则

第七十七条　本办法由国务院住房和城乡建设主管部门负责解释。

第七十八条　本办法自公布之日起施行。

附录三　城市轨道交通建设工程验收管理暂行办法（建质［2014］42号）

住房城乡建设部关于印发城市轨道交通建设工程验收管理暂行办法的通知

建质［2014］42号

各省、自治区住房城乡建设厅，直辖市建委（建交委），新疆生产建设兵团建设局：

为规范城市轨道交通建设工程验收工作，提高城市轨道交通建设工程质量安全水平，我部制定了《城市轨道交通建设工程验收管理暂行办法》。现印发给你们，请结合本地区实际，认真贯彻执行。

中华人民共和国住房和城乡建设部

二〇一四年三月二十七日

城市轨道交通建设工程验收管理暂行办法

第一章　总　　则

第一条　为规范城市轨道交通建设工程验收工作，依据《建设工程质量管理条例》、《房屋建筑和市政基础设施工程竣工验收备案管理办法》、《房屋建筑和市政基础设施工程竣工验收规定》和《城市轨道交通工程安全质量管理暂行办法》等有关规定，结合城市轨道交通工程建设的实际，制定本办法。

第二条　本办法所称城市轨道交通是指采用专用轨道导向运行的城市公共客运交通系统，包括地铁、轻轨、单轨、磁浮、自动导向轨道等系统。

第三条　本办法适用于新建、扩建、改建城市轨道交通建设工程的验收活动及其监督管理。

第四条　国务院住房城乡建设主管部门对全国城市轨道交通建设工程验收实施统一监督管理。

县级以上地方人民政府住房城乡建设主管部门负责本行政区域内城市轨道交通建设工程验收的监督管理，具体工作可委托所属工程质量监督机构实施。

县级以上地方人民政府有关部门按照法律法规规定负责相关的专项验收。

第五条　城市轨道交通建设工程验收除应执行本管理办法外，还应符合国家、行业等有关规定和标准。

第六条　城市轨道交通建设工程验收分为单位工程验收、项目工程验收、竣工验收三个阶段。

单位工程验收是指在单位工程完工后，检查工程设计文件和合同约定内容的执行情况，评价单位工程是否符合有关法律法规和工程技术标准，符合设计文件及合同要求，对各参建单位的质量管理进行评价的验收。单位工程划分应符合国家、行业等现行有关规定和标准。

项目工程验收是指各项单位工程验收后、试运行之前，确认建设项目工程是否达到设计文件及标准要求，是否满足城市轨道交通试运行要求的验收。

竣工验收是指项目工程验收合格后、试运营之前，结合试运行效果，确认建设项目是否达到设计目标及标准要求的验收。

专项验收是指为保证城市轨道交通建设工程质量和运行安全，依据相关法律法规由政府有关部门负责的验收。

第七条　城市轨道交通建设工程所包含的单位工程验收合格且通过相关专项验收后，方可组织项目工程验收；项目工程验收合格后，建设单位应组织不载客试运行，试运行三个月、并通过全部专项验收后，方可组织竣工验收；竣工验收合格后，城市轨道交通建设工程可履行相关试运营手续。

第八条　参与工程验收的建设、勘察、设计、施工、监理等各方不能形成一致意见时，应当协商提出解决的方法，待意见一致后，重新组织验收。

第九条　住房城乡建设主管部门或其委托的工程质量监督机构应当对各验收阶段的组织形式、验收程序、执行验收标准等情况进行现场监督，发现有违反建设工程质量安全管理规定行为的，责令改正，并出具验收监督意见。

第二章　单位工程验收

第十条　单位工程验收应具备以下条件：

（一）完成工程设计和合同约定的各项内容，对不影响运营安全及使用功能的缓建项目已经相关部门同意；

（二）质量控制资料应完整；

（三）单位工程所含分部工程的质量均应验收合格；

（四）有关安全和功能的检测、测试和必要的认证资料应完整；主要功能项目的检验检测结果应符合相关专业质量验收规范的规定；设备、系统安装工程需通过各专业要求的检测、测试或认证；

（五）有勘察、设计、施工、工程监理等单位签署的质量合格文件或质量评价意见；

（六）观感质量应符合验收要求；

（七）住房城乡建设主管部门及其委托的工程质量监督机构等有关部门责令整改的问题已经整改完毕。

第十一条　施工单位对单位工程质量自验合格后，总监理工程师应组织专业监理工程师，依据有关法律、法规、工程建设强制性标准、设计文件及施工合同，对施工单位报送的验收资料进行审查后，组织单位工程预验。单位工程各相关参建单位须参加预验，预验程序可参照单位工程验收程序。

单位工程预验合格、遗留问题整改完毕后，施工单位应向建设单位提交单位工程验收报告，申请单位工程验收。验收报告须经该工程总监理工程师签署意见。

第十二条　单位工程验收由建设单位组织，勘察、设计、施工、监理等各参建单位的项目负责人参加，组成验收小组。

（一）建设单位应对验收小组主要成员资格进行核查；

（二）建设单位应制定验收方案，验收方案的内容应包括验收小组人员组成、验收方法等。方案应明确对工程质量进行抽样检查的内容、部位等详细内容，抽样检查应具有随机性和可操作性；

（三）建设单位应当在单位工程验收7个工作日前，将验收的时间、地点及验收方案书面报送工程质量监督机构。

第十三条　单位工程验收的内容和程序：

（一）建设、勘察、设计、施工、监理等单位分别汇报工程合同履约情况和在工程建设各个环节执行法律、法规和工程建设强制性标准的情况；

（二）验收小组实地查验工程质量，审阅建设、勘察、设计、监理、施工单位的工程档案资料，并形成验收意见。查验及审阅至少应包括以下内容：

1. 检查合同和设计相关内容的执行情况；

2. 检查单位工程实体质量（涉及运营安全及使用功能的部位应进行抽样检测），检查工程档案资料；

3. 检查施工单位自检报告及施工技术资料（包括主要产品的质量保证资料及合格报告）；

4. 检查监理单位独立抽检资料、监理工作总结报告及质量评价资料。

单位工程验收时，对重要分部工程应核查质量验收记录，进行质量抽样检查，经验收记录核查和质量抽样检查合格后，方可判定所含的分部工程质量合格。单位工程质量验收时，可委托第三方质量检测机构进行工程质量抽测。

（三）工程质量监督机构出具验收监督意见。

第十四条 当一个单位工程由多个子单位工程组成时，子单位工程质量验收的组织和程序应参照单位工程质量验收组织和程序进行。

第三章 项目工程验收

第十五条 项目工程验收应具备以下条件：

（一）项目所含单位工程均已完成设计及合同约定的内容，并通过了单位工程验收。对不影响运营安全及使用功能的缓建、缓验项目已经相关部门同意；

（二）单位工程质量验收提出的遗留问题、住房城乡建设行政主管部门或其委托的工程质量监督机构责令整改的问题已全部整改完毕；

（三）设备系统经联合调试符合运营整体功能要求，并已由相关单位出具认可文件；

（四）已通过对试运行有影响的相关专项验收。

第十六条 城市轨道交通建设项目工程验收工作由建设单位组织，各参建单位项目负责人以及运营单位、负责专项验收的城市政府有关部门代表参加，组成验收组。

（一）建设单位应对验收组主要成员资格进行核查；

（二）建设单位应制定验收方案，验收方案的内容应包括验收组人员组成、验收方法等；

（三）建设单位应当在项目工程验收7个工作日前，将验收的时间、地点及验收方案书面报送工程质量监督机构。

第十七条 项目工程验收的内容和程序：

（一）建设单位代表向验收组汇报工程合同履约情况和在工程建设各个环节执行法律、法规和工程建设强制性标准的情况；

（二）各验收小组实地查验工程质量，复查单位工程验收遗留问题的整改情况；审阅建设、勘察、设计、监理、施工单位的工程档案和各项功能性检测、监测资料；

（三）验收组对工程勘察、设计、施工、监理、设备安装质量等方面进行评价，审查对试运行有影响的相关专项验收情况；审查系统设备联合调试情况，签署项目工程验收意见；

（四）工程质量监督机构出具验收监督意见。

第十八条 城市轨道交通建设工程自项目工程验收合格之日起可投入不载客试运行，试运行时间不应少于三个月。

第四章 竣工验收

第十九条 竣工验收应具备以下条件：

（一）项目工程验收的遗留问题全部整改完毕；

（二）有完整的技术档案和施工管理资料；

（三）试运行过程中发现的问题已整改完毕，有试运行总结报告；

（四）已通过规划部门对建设工程是否符合规划条件的核实和全部专项验收，并取得相关验收或认可文件；暂时甩项的，应经相关部门同意。

第二十条　城市轨道交通建设工程竣工验收由建设单位组织，各参建单位项目负责人以及运营单位、负责规划条件核实和专项验收的城市政府有关部门代表参加，组成验收委员会。省、自治区住房城乡建设主管部门应当加强对本行政区域内城市轨道交通建设工程竣工验收的监督。

（一）建设单位应对验收组主要成员资格进行核查；

（二）建设单位应制定验收方案，验收方案的内容应包括验收委员会人员组成、验收内容及方法等；

（三）验收委员会可按专业分为若干专业验收组；

（四）建设单位应当在竣工验收7个工作日前，将验收的时间、地点及验收方案书面报送工程质量监督机构。

第二十一条　竣工验收的内容和程序：

（一）建设、勘察、设计、监理、施工等单位代表简要汇报工程概况、合同履约情况和在工程建设各个环节执行法律、法规和工程建设强制性标准的情况；

（二）建设单位汇报试运行情况；

（三）相关部门代表进行专项验收工作总结；

（四）验收委员会审阅工程档案资料、运行总结报告及检查项目工程验收遗留问题和试运行中发现问题的整改情况；

（五）验收委员会质询相关单位，讨论并形成验收意见；

（六）验收委员会签署工程竣工验收报告，并对遗留问题做出处理决定；

（七）工程质量监督机构出具验收监督意见。

第五章　附　　则

第二十二条　施工单位应在竣工验收合格后，签订工程质量保修书，自竣工验收合格之日开始履行质保义务。

第二十三条　建设单位应在竣工验收合格之日起15个工作日内，将竣工验收报告和相关文件，报城市建设主管部门备案。

第二十四条　各地住房城乡建设主管部门可依据本办法，制定本地实施细则。

第二十五条　本办法由住房城乡建设部负责解释。

第二十六条　本办法自颁布之日起施行。

建筑施工项目经理质量安全责任十项规定（试行）

建质［2014］123号

各省、自治区住房城乡建设厅，直辖市建委，新疆生产建设兵团建设局：

为进一步落实建筑施工项目经理质量安全责任，保证工程质量安全，我部制定了《建筑施工项目经理质量安全责任十项规定（试行）》。现印发给你们，请遵照执行。执行中的问题和建议，请反馈我部工程质量安全监管司。

中华人民共和国住房和城乡建设部
二〇一四年八月二十五日

建筑施工项目经理质量安全责任十项规定（试行）

一、建筑施工项目经理（以下简称项目经理）必须按规定取得相应执业资格和安全生产考核合格证书；合同约定的项目经理必须在岗履职，不得违反规定同时在两个及两个以上的工程项目担任项目经理。

二、项目经理必须对工程项目施工质量安全负全责，负责建立质量安全管理体系，负责配备专职质量、安全等施工现场管理人员，负责落实质量安全责任制、质量安全管理规章制度和操作规程。

三、项目经理必须按照工程设计图纸和技术标准组织施工，不得偷工减料；负责组织编制施工组织设计，负责组织制定质量安全技术措施，负责组织编制、论证和实施危险性较大分部分项工程专项施工方案；负责组织质量安全技术交底。

四、项目经理必须组织对进入现场的建筑材料、构配件、设备、预拌混凝土等进行检验，未经检验或检验不合格，不得使用；必须组织对涉及结构安全的试块、试件以及有关材料进行取样检测，送检试样不得弄虚作假，不得篡改或者伪造检测报告，不得明示或暗示检测机构出具虚假检测报告。

五、项目经理必须组织做好隐蔽工程的验收工作，参加地基基础、主体结构等分部工程的验收，参加单位工程和工程竣工验收；必须在验收文件上签字，不得签署虚假文件。

六、项目经理必须在起重机械安装、拆卸，模板支架搭设等危险性较大分部分项工程施工期间现场带班；必须组织起重机械、模板支架等使用前验收，未经验收或验收不合格，不得使用；必须组织起重机械使用过程日常检查，不得使用安全保护装置失效的起重机械。

七、项目经理必须将安全生产费用足额用于安全防护和安全措施，不得挪作他用；作业人员未配备安全防护用具，不得上岗；严禁使用国家明令淘汰、禁止使用的危及施工质量安全的工艺、设备、材料。

八、项目经理必须定期组织质量安全隐患排查，及时消除质量安全隐患；必须落实住房城乡建设主管部门和工程建设相关单位提出的质量安全隐患整改要求，在隐患整改报告上签字。

九、项目经理必须组织对施工现场作业人员进行岗前质量安全教育，组织审核建筑施工特种作业人员操作资格证书，未经质量安全教育和无证人员不得上岗。

十、项目经理必须按规定报告质量安全事故，立即启动应急预案，保护事故现场，开展应急救援。

建筑施工企业应当定期或不定期对项目经理履职情况进行检查，发现项目经理履职不到位的，及时予以纠正；必要时，按照规定程序更换符合条件的项目经理。

住房城乡建设主管部门应当加强对项目经理履职情况的动态监管，在检查中发现项目经理违反上述规定的，依照相关法律法规和规章实施行政处罚（建筑施工项目经理质量安全违法违规行为行政处罚规定见附件1），同时对相应违法违规行为实行记分管理（建筑施工项目经理质量安全违法违规行为记分管理规定见附件2），行政处罚及记分情况应当在建筑市场监管与诚信信息发布平台上公布。

附件：1. 建筑施工项目经理质量安全违法违规行为行政处罚规定

2. 建筑施工项目经理质量安全违法违规行为记分管理规定

附件1　建筑施工项目经理质量安全违法违规行为行政处罚规定

一、违反第一项规定的行政处罚

（一）未按规定取得建造师执业资格注册证书担任大中型工程项目经理的，对项目经理按照《注册建造师管理规定》第35条规定实施行政处罚。

（二）未取得安全生产考核合格证书担任项目经理的，对施工单位按照《建设工程安全生产管理条例》第62条规定实施行政处罚，对项目经理按照《建设工程安全生产管理条例》第58条或第66条规定实施行政处罚。

（三）违反规定同时在两个及两个以上工程项目担任项目经理的，对项目经理按照《注册建造师管理规定》第37条规定实施行政处罚。

二、违反第二项规定的行政处罚

（一）未落实项目安全生产责任制，或者未落实质量安全管理规章制度和操作规程的，对项目经理按照《建设工程安全生产管理条例》第58条或第66条规定实施行政处罚。

（二）未按规定配备专职安全生产管理人员的，对施工单位按照《建设工程安全生产管理条例》第62条规定实施行政处罚，对项目经理按照《建设工程安全生产管理条例》第58条或第66条规定实施行政处罚。

三、违反第三项规定的行政处罚

（一）未按照工程设计图纸和技术标准组织施工的，对施工单位按照《建设工程质量管理条例》第64条规定实施行政处罚；对项目经理按照《建设工程质量管理条例》第73条规定实施行政处罚。

（二）在施工组织设计中未编制安全技术措施的，对施工单位按照《建设工程安全生产管理条例》第65条规定实施行政处罚；对项目经理按照《建设工程安全生产管理条例》第58条或第66条规定实施行政处罚。

（三）未编制危险性较大分部分项工程专项施工方案的，对施工单位按照《建设工程安全生产管理条例》第65条规定实施行政处罚；对项目经理按照《建设工程安全生产管理条例》第58条或第65条规定实施行政处罚。

（四）未进行安全技术交底的，对施工单位按照《建设工程安全生产管理条例》第64条规定实施行政处罚；对项目经理按照《建设工程安全生产管理条例》第58条或第66条规定实施行政处罚。

四、违反第四项规定的行政处罚

（一）未对进入现场的建筑材料、建筑构配件、设备、预拌混凝土等进行检验的，对施工单位按照《建设工程质量管理条例》第65条规定实施行政处罚；对项目经理按照《建设工程质量管理条例》第73条规定实施行政处罚。

（二）使用不合格的建筑材料、建筑构配件、设备的，对施工单位按照《建设工程质量管理条例》第64条规定实施行政处罚；对项目经理按照《建设工程质量管理条例》第73条规定实施行政处罚。

（三）未对涉及结构安全的试块、试件以及有关材料取样检测的，对施工单位按照《建设工程质量管理条例》第65条规定实施行政处罚；对项目经理按照《建设工程质量管理条例》第73条规定实施行政处罚。

五、违反第五项规定的行政处罚

（一）未参加分部工程、单位工程和工程竣工验收的，对施工单位按照《建设工程质量管理条例》第64条规定实施行政处罚；对项目经理按照《建设工程质量管理条例》第73条规定实施行政处罚。

（二）签署虚假文件的，对项目经理按照《注册建造师管理规定》第37条规定实施行政处罚。

六、违反第六项规定的行政处罚

使用未经验收或者验收不合格的起重机械的，对施工单位按照《建设工程安全生产管理条例》第65条规定实施行政处罚；对项目经理按照《建设工程安全生产管理条例》第58条或第66条规定实施行政处罚。

七、违反第七项规定的行政处罚

（一）挪用安全生产费用的，对施工单位按照《建设工程安全生产管理条例》第63条规定实施行政处罚；对项目经理按照《建设工程安全生产管理条例》第58条或第66条规定实施行政处罚。

（二）未向作业人员提供安全防护用具的，对施工单位按照《建设工程安全生产管理条例》第62条规定实施行政处罚；对项目经理按照《建设工程安全生产管理条例》第58条或第66条规定实施行政处罚。

（三）使用国家明令淘汰、禁止使用的危及施工安全的工艺、设备、材料的，对施工单位按照《建设工程安全生产管理条例》第62条规定实施行政处罚；对项目经理按照《建设工程安全生产管理条例》第58条或第66条规定实施行政处罚。

八、违反第八项规定的行政处罚

对建筑安全事故隐患不采取措施予以消除的，对施工单位按照《建筑法》第71条规定实施行政处罚，对项目经理按照《建设工程安全生产管理条例》第58条或第66条规定实施行政处罚。

九、违反第九项规定的行政处罚

作业人员或者特种作业人员未经安全教育培训或者经考核不合格即从事相关工作的，对施工单位按照《建设工程安全生产管理条例》第62条规定实施行政处罚；对项目经理按照《建设工程安全生产管理条例》第58条或第66条规定实施行政处罚。

十、违反第十项规定的行政处罚

未按规定报告生产安全事故的，对项目经理按照《建设工程安全生产管理条例》第58条或第66条规定实施行政处罚。

附件2　建筑施工项目经理质量安全违法违规行为记分管理规定

一、建筑施工项目经理（以下简称项目经理）质量安全违法违规行为记分周期为12个月，满分为12分。自项目经理所负责的工程项目取得《建筑工程施工许可证》之日起计算。

二、依据项目经理质量安全违法违规行为的类别以及严重程度，一次记分的分值分为12分、6分、3分、1分四种。

三、项目经理有下列行为之一的，一次记12分：

（一）超越执业范围或未取得安全生产考核合格证书担任项目经理的；

（二）执业资格证书或安全生产考核合格证书过期仍担任项目经理的；

（三）因未履行安全生产管理职责或未执行法律法规、工程建设强制性标准造成质量安全事故的；

（四）谎报、瞒报质量安全事故的；

（五）发生质量安全事故后故意破坏事故现场或未开展应急救援的。

四、项目经理有下列行为之一的，一次记6分：

（一）违反规定同时在两个或两个以上工程项目上担任项目经理的；

（二）未按照工程设计图纸和施工技术标准组织施工的；

（三）未按规定组织编制、论证和实施危险性较大分部分项工程专项施工方案的；

（四）未按规定组织对涉及结构安全的试块、试件以及有关材料进行见证取样的；

（五）送检试样弄虚作假的；

（六）篡改或者伪造检测报告的；

（七）明示或暗示检测机构出具虚假检测报告的；

（八）未参加分部工程验收，或未参加单位工程和工程竣工验收的；

（九）签署虚假文件的；

（十）危险性较大分部分项工程施工期间未在现场带班的；

（十一）未组织起重机械、模板支架等使用前验收的；

（十二）使用安全保护装置失效的起重机械的；

（十三）使用国家明令淘汰、禁止使用的危及施工质量安全的工艺、设备、材料的；

（十四）未组织落实住房城乡建设主管部门和工程建设相关单位提出的质量安全隐患整改要求的。

五、项目经理有下列行为之一的，一次记3分：

（一）合同约定的项目经理未在岗履职的；

（二）未按规定组织对进入现场的建筑材料、构配件、设备、预拌混凝土等进行检验的；

（三）未按规定组织做好隐蔽工程验收的；

（四）挪用安全生产费用的；

（五）现场作业人员未配备安全防护用具上岗作业的；

（六）未组织质量安全隐患排查，或隐患排查治理不到位的；

（七）特种作业人员无证上岗作业的；

（八）作业人员未经质量安全教育上岗作业的。

六、项目经理有下列行为之一的，一次记1分：

（一）未按规定配备专职质量、安全管理人员的；

（二）未落实质量安全责任制的；

（三）未落实企业质量安全管理规章制度和操作规程的；

（四）未按规定组织编制施工组织设计或制定质量安全技术措施的；

（五）未组织实施质量安全技术交底的；

（六）未按规定在验收文件或隐患整改报告上签字，或由他人代签的。

七、工程所在地住房城乡建设主管部门在检查中发现项目经理有质量安全违法违规行为的，应当责令其改正，并按本规定进行记分；在一次检查中发现项目经理有两个及以上质量安全违法违规行为的，应当分别记分，累加分值。

八、项目经理在一个记分周期内累积记分超过 6 分的，工程所在地住房城乡建设主管部门应当对其负责的工程项目实施重点监管，增加监督执法抽查频次。

九、项目经理在一个记分周期内累积记分达到 12 分的，住房城乡建设主管部门应当依法责令该项目经理停止执业 1 年；情节严重的，吊销执业资格证书，5 年内不予注册；造成重大质量安全事故的，终身不予注册。项目经理在停止执业期间，应当接受住房城乡建设主管部门组织的质量安全教育培训，其所属施工单位应当按规定程序更换符合条件的项目经理。

十、各省、自治区、直辖市人民政府住房城乡建设主管部门可以根据本办法，结合本地区实际制定实施细则。

附录五 建筑工程五方责任主体项目负责人质量终身责任追究暂行办法（建质［2014］124号）

住房城乡建设部关于印发《建筑工程五方责任主体项目负责人质量终身责任追究暂行办法》的通知

建质［2014］124号

各省、自治区住房城乡建设厅，直辖市建委（规委），新疆生产建设兵团建设局：

为贯彻《建设工程质量管理条例》，强化工程质量终身责任落实，现将《建筑工程五方责任主体项目负责人质量终身责任追究暂行办法》印发给你们，请认真贯彻执行。

中华人民共和国住房和城乡建设部

二〇一四年八月二十五日

建筑工程五方责任主体项目负责人质量终身责任追究暂行办法

第一条 为加强房屋建筑和市政基础设施工程（以下简称建筑工程）质量管理，提高质量责任意识，强化质量责任追究，保证工程建设质量，根据《中华人民共和国建筑法》、《建设工程质量管理条例》等法律法规，制定本办法。

第二条 建筑工程五方责任主体项目负责人是指承担建筑工程项目建设的建设单位项目负责人、勘察单位项目负责人、设计单位项目负责人、施工单位项目经理、监理单位总监理工程师。

建筑工程开工建设前，建设、勘察、设计、施工、监理单位法定代表人应当签署授权书，明确本单位项目负责人。

第三条 建筑工程五方责任主体项目负责人质量终身责任，是指参与新建、扩建、改建的建筑工程项目负责人按照国家法律法规和有关规定，在工程设计使用年限内对工程质量承担相应责任。

第四条 国务院住房城乡建设主管部门负责对全国建筑工程项目负责人质量终身责任追究工作进行指导和监督管理。

县级以上地方人民政府住房城乡建设主管部门负责对本行政区域内的建筑工程项目负责人质量终身责任追究工作实施监督管理。

第五条 建设单位项目负责人对工程质量承担全面责任，不得违法发包、肢解发包，不得以任何理由要求勘察、设计、施工、监理单位违反法律法规和工程建设标准，降低工程质量，其违法违规或不当行为造成工程质量事故或质量问题应当承担责任。

勘察、设计单位项目负责人应当保证勘察设计文件符合法律法规和工程建设强制性标准的要求，对因勘察、设计导致的工程质量事故或质量问题承担责任。

施工单位项目经理应当按照经审查合格的施工图设计文件和施工技术标准进行施工，对因施工导致的工程质量事故或质量问题承担责任。

监理单位总监理工程师应当按照法律法规、有关技术标准、设计文件和工程承包合同进行监理，对施工质量承担监理责任。

第六条 符合下列情形之一的，县级以上地方人民政府住房城乡建设主管部门应当依法追究项目负责人的质量终身责任：

（一）发生工程质量事故；

（二）发生投诉、举报、群体性事件、媒体报道并造成恶劣社会影响的严重工程质量问题；

（三）由于勘察、设计或施工原因造成尚在设计使用年限内的建筑工程不能正常使用；

（四）存在其他需追究责任的违法违规行为。

第七条 工程质量终身责任实行书面承诺和竣工后永久性标牌等制度。

第八条 项目负责人应当在办理工程质量监督手续前签署工程质量终身责任承诺书，连同法定代表人授权书，报工程质量监督机构备案。项目负责人如有更换的，应当按规定办理变更程序，重新签署工程质量终身责任承诺书，连同法定代表人授权书，报工程质量监督机构备案。

第九条 建筑工程竣工验收合格后，建设单位应当在建筑物明显部位设置永久性标牌，载明建设、勘察、设计、施工、监理单位名称和项目负责人姓名。

第十条 建设单位应当建立建筑工程各方主体项目负责人质量终身责任信息档案，工程竣工验收合格后移交城建档案管理部门。项目负责人质量终身责任信息档案包括下列内容：

（一）建设、勘察、设计、施工、监理单位项目负责人姓名，身份证号码，执业资格，所在单位，变更情况等；

（二）建设、勘察、设计、施工、监理单位项目负责人签署的工程质量终身责任承诺书；

（三）法定代表人授权书。

第十一条 发生本办法第六条所列情形之一的，对建设单位项目负责人按以下方式进行责任追究：

（一）项目负责人为国家公职人员的，将其违法违规行为告知其上级主管部门及纪检监察部门，并建议对项目负责人给予相应的行政、纪律处分；

（二）构成犯罪的，移送司法机关依法追究刑事责任；

（三）处单位罚款数额5%以上10%以下的罚款；

（四）向社会公布曝光。

第十二条 发生本办法第六条所列情形之一的，对勘察单位项目负责人、设计单位项目负责人按以下方式进行责任追究：

（一）项目负责人为注册建筑师、勘察设计注册工程师的，责令停止执业1年；造成重大质量事故的，吊销执业资格证书，5年以内不予注册；情节特别恶劣的，终身不予注册；

（二）构成犯罪的，移送司法机关依法追究刑事责任；

（三）处单位罚款数额5%以上10%以下的罚款；

（四）向社会公布曝光。

第十三条 发生本办法第六条所列情形之一的，对施工单位项目经理按以下方式进行责任追究：

（一）项目经理为相关注册执业人员的，责令停止执业1年；造成重大质量事故的，吊销执业资格证书，5年以内不予注册；情节特别恶劣的，终身不予注册；

（二）构成犯罪的，移送司法机关依法追究刑事责任；

（三）处单位罚款数额5%以上10%以下的罚款；

（四）向社会公布曝光。

第十四条 发生本办法第六条所列情形之一的，对监理单位总监理工程师按以下方式进行责任追究：

（一）责令停止注册监理工程师执业1年；造成重大质量事故的，吊销执业资格证书，5年以内不予注册；情节特别恶劣的，终身不予注册；

（二）构成犯罪的，移送司法机关依法追究刑事责任；

（三）处单位罚款数额5%以上10%以下的罚款；

（四）向社会公布曝光。

第十五条　住房城乡建设主管部门应当及时公布项目负责人质量责任追究情况，将其违法违规等不良行为及处罚结果记入个人信用档案，给予信用惩戒。

鼓励住房城乡建设主管部门向社会公开项目负责人终身质量责任承诺等质量责任信息。

第十六条　项目负责人因调动工作等原因离开原单位后，被发现在原单位工作期间违反国家法律法规、工程建设标准及有关规定，造成所负责项目发生工程质量事故或严重质量问题的，仍应按本办法第十一条、第十二条、第十三条、第十四条规定依法追究相应责任。

项目负责人已退休的，被发现在工作期间违反国家法律法规、工程建设标准及有关规定，造成所负责项目发生工程质量事故或严重质量问题的，仍应按本办法第十一条、第十二条、第十三条、第十四条规定依法追究相应责任，且不得返聘从事相关技术工作。项目负责人为国家公职人员的，根据其承担责任依法应当给予降级、撤职、开除处分的，按照规定相应降低或取消其享受的待遇。

第十七条　工程质量事故或严重质量问题相关责任单位已被撤销、注销、吊销营业执照或者宣告破产的，仍应按本办法第十一条、第十二条、第十三条、第十四条规定依法追究项目负责人的责任。

第十八条　违反法律法规规定，造成工程质量事故或严重质量问题的，除依照本办法规定追究项目负责人终身责任外，还应依法追究相关责任单位和责任人员的责任。

第十九条　省、自治区、直辖市住房城乡建设主管部门可以根据本办法，制定实施细则。

第二十条　本办法自印发之日起施行。

工程建设标准强制性条文（城市建设部分摘录）

1　工程设计

《地铁设计规范》GB 50157—2013

1.0.12　地铁的主体结构工程，以及因结构损坏或大修对地铁运营安全有严重影响的其他结构工程，设计使用年限不应低于100年。

1.0.17　地铁浅埋、高架及地面线路设计时，应采取降低噪声、减少振动和减少对生态环境影响的措施。

1.0.19　地铁工程设计应采取防火灾、水淹、地震、风暴、冰雪、雷击等灾害的措施。

1.0.20　地铁工程应设置安防设施。安防设施的设计除应符合本规范的有关规定外，尚应合理设置安全检查设备的接口、监控系统、危险品处理设施，以及相关用房等。

1.0.21　地铁工程应设置无障碍乘行和使用设施。

3.3.2　地铁列车必须在安全防护系统的监控下运行。

4.1.2　车辆应确保在寿命周期内正常运行时的行车安全和人身安全；同时应具备故障、事故和灾难情况下对人员和车辆救助的条件。

4.1.3　车辆及其内部设施应使用不燃材料或无卤、低烟的阻燃材料。

4.1.19　列车应具有下列故障运行能力：

1　列车在超员荷载和在丧失1/4动力的情况下，应能维持运行到终点；

2　列车在超员荷载和在丧失1/2动力的情况下，应具有在正线最大坡道上启动和运行到最近车站的能力；

3　一列空载列车应具有在正线线路的最大坡道上牵引另一列超员荷载的无动力列车运行到下一车站的能力。

4.7.2　列车应设置报警系统，客室内应设置乘客紧急报警装置，乘客紧急报警装置应具有乘务员与乘客间双向通信功能。当采用无人驾驶运行模式时，报警系统设置应符合现行国家标准《城市轨道交通技术规范》GB 50490的有关规定。

4.7.4　客室车门系统应设置安全联锁，应确保车速大于5km/h时不能开启、车门未全关闭时不能启动列车。

4.7.6　客室、司机室应配置便携式灭火器具，安放位置应有明显标识并便于取用。

6.1.2　地铁选线应符合下列规定：

4　地铁线路之间交叉，以及地铁线路与其他交通线路交叉时，必须采用立体交叉方式；

7.1.3　无砟轨道主体结构及混凝土轨枕的设计使用年限不应低于100年。

7.4.1　无砟道床结构应符合下列规定：

1　混凝土强度等级，隧道内和U形结构地段不应低于C35，高架线和地面线地段不应低于C40，道床结构的耐久性满足设计使用年限100年的规定。

7.6.2　采取减振工程措施时，不应削弱轨道结构的强度、稳定性及平顺性。

8.3.5　路基的工后沉降量应符合下列要求：

1　有砟轨道线路不应大于200mm，路桥过渡段不应大于100mm，沉降速率不应大于

50mm/年；

2　无砟轨道线路路基工后不均匀沉降量，不应超过扣件允许的调高量，路桥或路隧交界处差异沉降不应大于10mm，过渡段沉降造成的路基和桥梁或隧道的折角不应大于1/1000。

9.3.10　在站台计算长度以外的车站结构立柱、墙等与站台边缘的距离，必须满足限界要求。

9.3.11　当站台设置站门时，自站台边缘起向内1m范围的站台地面装饰层下应进行绝缘处理。

9.4.4　车站内应设置导向、事故疏散、服务乘客等标志。

10.1.3　区间桥梁应按100年设计使用年限设计。

11.1.6　地下结构的耐久性设计应符合下列规定：

1　主体结构和使用期间不可更换的结构构件，应根据使用环境类别，按设计使用年限为100年的要求进行耐久性设计；

11.1.10　地下结构的净空尺寸必须符合地铁建筑限界要求，并应满足使用及施工工艺要求，同时应计入施工误差、结构变形和位移的影响等因素。

13.1.4　地铁通风、空调与供暖系统应具有下列功能：

1　当列车在正常运行时，应保证地铁内部空气环境在规定标准范围内；

2　当列车阻塞在区间隧道内时，应保证对阻塞区间进行有效通风；

3　当列车在区间隧道发生火灾事故时，应具有排烟、通风功能；

4　当车站内发生火灾事故时，应具备排烟、通风功能。

13.2.31　设置气体灭火的房间应设置机械通风系统，所排除的气体必须直接排出地面。

14.2.5　管道布置和敷设应符合下列规定：

5　给水管不应穿过变电所、通信信号机房、控制室、配电室等电气房间；

14.3.1　地铁排水量定额应符合下列规定：

4　地面车站、高架车站屋面排水管道的排水设计重现期应当按当地10年一遇的暴雨强度设计，设计降水历时应按5min计算；屋面雨水工程与溢流设施的总排水能力不应小于50年重现期的雨水量；

5　高架区间、敞开出入口、敞开风井及隧道洞口的雨水泵站、排水沟及排水管渠的排水能力，应按当地50年一遇的暴雨强度计算，设计降雨历时应按计算确定。

15.1.6　一级负荷必须采用双电源双回路供电。

15.1.7　一级负荷中特别重要的负荷，应增设应急电源，并严禁其他负荷接入。

15.1.23　在地下使用的主要材料应选用无卤、低烟的阻燃或耐火的产品。

15.3.26　接触网应满足限界要求。车辆基地内架空接触网应设置限界门。

15.4.1　系统采用的电力电缆应符合下列规定：

1　地下线路应采用无卤、低烟的阻燃电线和电缆；

15.4.2　火灾时需要保证供电的配电线路应采用耐火铜芯电缆或矿物绝缘耐火铜芯电缆。

15.7.15　直流牵引供电系统应为不接地系统，牵引变电所中的直流牵引供电设备必须绝缘安装。

15.7.16　正常双边供电运行时，站台处走行轨对地电位不应大于120V，车辆基地库线走行轨对地电位不应大于60V。当走行轨对地电压超标时，应采取短时接地措施。

16.1.13　隧道内托板托架、线缆的设置严禁侵入设备限界；车载台无线天线的设置严禁超出车辆限界。

16.2.11　地下线路的通信主干电缆、光缆应采用无卤、低烟的阻燃材料，并应具有抗电气化干扰的保护层。

17.1.3 ATP 系统、设备及电路应符合故障导向安全的原则。采用的安全系统、设备应经过安全认证。

17.1.9 信号系统的车载设备严禁超出车辆限界，信号系统的地面设备严禁侵入设备限界。

17.4.9 ATP 系统应符合下列要求：

1 地铁必须配置 ATP 系统，其系统安全完善度等级应满足安全完整性等级（SIL）4 级标准；ATP 系统内部设备之间的信息传输通道也应符合故障导向安全原则；

2 在安全防护预定停车地点的外方应设安全防护距离或防护区段，安全防护距离应通过计算确定；

17.4.11 ATP 车载设备应符合下列要求：

1 ATP 系统导致列车停车应为最高安全准则。车地连续通信中断、列车完整性电路断路、列车超速、列车的非预期移动、车载设备重要故障等均应导致列车强迫制动；

17.4.15 ATP 设备应符合下列联锁功能要求：

1 ATP 设备应确保进路上道岔、信号机和区段的联锁。联锁条件不符时，严禁进路开通。敌对进路应相互照查，不得同时开通；

7 车站站台及车站控制室应设站台紧急关闭按钮。站台紧急关闭按钮电路应符合故障导向安全的原则；

18.1.9 车站控制室应设置紧急控制按钮，并应与火灾自动报警系统实现联动；当车站处于紧急状态或设备失电时，自动检票机阻挡装置应处于释放状态。

19.3.1 消防联动控制系统应实现消火栓系统、自动灭火系统、防烟排烟系统，以及消防电源及应急照明、疏散指示、防火卷帘、电动挡烟垂帘、消防广播、售检票机、站台门、门禁、自动扶梯等系统在火灾情况下的消防联动控制。

19.4.5 地下车站的站厅层公共区、站台层公共区、换乘公共区、各种设备机房、库房、值班室、办公室、走廊、配电室、电缆隧道或夹层，以及长度超过 60m 的出入口通道，应设置火灾探测器。

20.3.10 综合监控系统应具备下列主要联动功能：

2 火灾工况，区间火灾防排烟模式控制、车站火灾消防应急广播、车站火灾场景的视频监控和乘客信息系统的火灾信息发布功能；

21.2.4 环境与设备监控系统和火灾自动报警系统之间应设置通信接口；火灾工况应由火灾自动报警系统发布火灾模式指令，环境与设备监控系统应优先执行相应的控制程序。

21.2.5 防烟、排烟系统与正常通风系统合用的设备，在火灾情况下应由环境与设备监控系统统一监控。

21.3.3 执行防灾和阻塞模式应具备下列功能：

1 接收车站自动或手动火灾模式指令，执行车站防烟、排烟模式；

2 接收列车区间停车位置、火灾部位信息，执行隧道防排烟模式；

3 接收列车区间阻塞信息，执行阻塞通风模式；

4 监控车站乘客导向标识系统和应急照明系统；

5 监视各排水泵房危险水位。

21.7.6 环境与设备监控系统的信号线与电源线不应共用电缆，并不应敷设在同一根金属套管内。

22.6.1 乘客信息系统的数据线和电源线不应共用电缆，并不应敷设在同一根金属套管内。

22.6.3 数据线应采用无卤、低烟的阻燃屏蔽电缆。

23.1.7　设有门禁装置的通道门、设备及管理用房门的电子锁，应满足防冲撞和消防疏散的要求。电子锁应具备断电自动释放功能，设备及管理用房门电子锁还应具备手动机械解锁功能。

23.1.8　门禁系统应实现与火灾自动报警系统的联动控制。车站控制室综合后备控制盘（IBP）上应设置门禁紧急开门控制按钮，并应具备手动、自动切换功能。

24.8.1　控制中心应设置火灾自动报警、环境与设备监控、火灾事故广播、自动灭火、水消防、防排烟等系统。多线路中央控制室应设置自动灭火系统。

25.1.10　自动扶梯和自动人行道的传输设备应采用阻燃材料。

25.1.15　当自动扶梯额定速度为0.5m/s，且提升高度不大于6m时，上、下水平梯级数量不得少于2块；当额定速度为0.5m/s，且提升高度大于6m时，上、下水平梯级数量不得少于3块；当额定速度等于0.65m/s时，上、下水平梯级数量不得少于3块；当额定速度大于0.65m/s时，上、下水平梯级数量不得少于4块；

25.2.8　当电梯兼做消防梯时，其设施应符合消防电梯的功能，供电应采用一级负荷。

26.1.7　站台门不得作为防火隔离装置。

26.1.8　地下车站站台门系统的绝缘材料、密封材料和电线电缆等应采用无卤、低烟的阻燃材料；地面和高架车站站台门系统的绝缘材料、密封材料和电线电缆等应采用低卤、低烟的阻燃材料。

27.3.8　地面接触轨应分段设置并加装安全防护罩。停车、列检库和双周/三月检库线采用架空接触网时，每线列位之间和库前均应设置隔离开关或分段器，并应设置送电时的信号显示或音响设施。

27.4.2　车辆段的定修库、大架修库和临修库均不应设置接触网或接触轨供电。定修段需在定修库内进行升弓调试作业时，应在库端设移动接触网。

27.4.14　油漆库应设置通风设备，并应采取消防和环保措施。库内电器设备均应符合防爆要求。

28.1.5　车站站台、站厅和出入口通道的乘客疏散区内不得设置商业场所，除地铁运营、服务设备、设施外，也不得设置妨碍乘客疏散的设备、设施及其他物体。

28.2.1　地铁各建（构）筑物的耐火等级应符合下列规定：

1　地下的车站、区间、变电站等主体工程及出入口通道、风道的耐火等级应为一级；

3　控制中心建筑耐火等级应为一级；

28.2.3　车站安全出口设置应符合下列规定：

1　车站每个站厅公共区安全出口数量应经计算确定，且应设置不少于2个直通地面的安全出口；

2　地下单层侧式站台车站，每侧站台安全出口数量应经计算确定，且不应少于2个直通地面的安全出口；

3　地下车站的设备与管理用房区域安全出口的数量不应少于2个，其中有人值守的防火分区应有1个安全出口直通地面；

4　安全出口应分散设置，当同方向设置时，两个安全出口通道口部之间净距不应小于10m；

5　竖井、爬梯、电梯、消防专用通道，以及设在两侧式站台之间的过轨地道不应作为安全出口；

6　地下换乘车站的换乘通道不应作为安全出口。

28.2.5　两个防火分区之间应采用耐火极限不低于3h的防火墙和甲级防火门分隔，在防火墙设有观察窗时，应采用甲级防火窗；防火分区的楼板应采用耐火极限不低于1.5h的楼板。

28.2.9 车站装修材料应符合下列规定：

1 地下车站公共区和设备与管理用房的顶棚、墙面、地面装修材料及垃圾箱，应采用燃烧性能等级为A级不燃材料；

2 地上车站公共区墙面、顶棚的装修材料及垃圾箱，应采用A级不燃材料，地面应采用不低于B_1级难燃材料。设备与管理用房区内的装修材料，应符合现行国家标准《建筑内部装修设计防火规范》GB 50222的有关规定；

3 地上、地下车站公共区的广告灯箱、导向标志、休息椅、电话亭、售检票机等固定服务设施的材料，应采用不低于B1级的难燃材料。装修材料不得采用石棉、玻璃纤维、塑料类等制品。

28.2.11 车站站台公共区的楼梯、自动扶梯、出入口通道，应满足当发生火灾时在6min内将远期或客流控制期超高峰小时一列近站列车所载的乘客及站台上的候车人员全部撤离站台到达安全区的要求。

28.4.1 地下车站及区间隧道内必须设置防烟、排烟和事故通风系统。

28.4.2 下列场所应设置机械防烟、排烟措施：

1 地下车站的站台和站台；

2 连续长度大于300m的区间隧道和全封闭车道；

3 防烟楼梯间和前室。

28.4.7 防烟、排烟系统与事故通风应具有下列功能：

1 当区间隧道发生火灾时，应背着乘客主要疏散方向排烟，迎着乘客疏散方向送新风；

2 当地下车站的站厅、站台发生火灾时，应具备防烟、排烟、通风功能；

3 当列车阻塞在区间隧道时，应对阻塞区间进行有效通风；

4 当地面或高架车站发生火灾时，应具备排烟功能；

5 当设备与管理用房发生火灾时，应具备防烟、排烟、通风功能。

28.4.22 通风空调系统下列部位应设置防火阀：

1 风管穿越防火分区的防火墙及楼板处；

2 每层水平干管与垂直总管的交接处；

3 穿越变形缝且有隔墙处。

28.5.1 地铁公务电话交换机应具有火警时能自动转换到市话网“119”的功能；同时，地铁内应配备在发生灾害时供救援人员进行地上、地下联络的无线通信设施。

28.5.5 地铁应设置消防专用调度电话，防灾调度电话系统应在控制中心设调度电话总机，并应在车站及车辆基地设分机。

28.6.1 消防用电设备应按一级负荷供电，并应在末级配电箱处设置自动切换装置。当发生火灾而切断生产、生活用电时，消防设备应能保证正常工作。

28.6.5 下列部位应设置应急疏散照明：

1 车站站厅、站台、自动扶梯、自动人行道及楼梯；

2 车站附属用房内走道等疏散通道；

3 区间隧道；

4 车辆基地内的单体建筑物及控制中心大楼的疏散楼梯间、疏散通道、消防电梯间（含前室）。

28.6.6 下列部位应设置疏散指示标志：

1 车站站厅、站台、自动扶梯、自动人行道及楼梯口；

2　车站附属用房内走道等疏散通道及安全出口；

3　区间隧道；

4　车辆基地内的单体建筑物及控制中心大楼的疏散楼梯间、疏散通道及安全出口。

28.7.1　地铁车站出入口及敞口低风井等口部的防淹措施，应满足当地防洪排涝要求。

29.4.17　车辆基地与停车场含油废水必须进行厂区内污水处理，并应达到国家和地方污水排放标准后排放。

《地铁杂散电流腐蚀防护技术规程》CJJ 49—92

2.0.2　新建的地铁线路，在其工程设计中，应包括下述有关杂散电流腐蚀防护的内容：

一、在地铁的牵引供电与回流系统中限制杂散电流的措施；

二、设计合理、性能可靠持久的隧洞绝缘防水措施；

三、主体结构钢筋及金属管线结构的防护措施；

四、在地铁沿线敷设的各种电缆、水管等管线结构，应选择符合杂散电流腐蚀防护要求的材质、结构设计和施工方法；

五、沿线及车站防蚀监测点的设置方案；

六、杂散电流腐蚀特殊防护方法论证和实施方案。

3.0.3　电腐蚀危险性的直接定量指标漏泄电流密度，其允许值应符合表3.0.3的规定。

地铁结构允许漏泄电流密度　　　　**表3.0.3**

材料与结构	允许漏泄电流密度（mA/dm^2）	材料与结构	允许漏泄电流密度（mA/dm^2）
生铁	0.75	混凝土结构中的钢筋	0.60
钢结构	0.15		

注：1. 表中所列为列车运行高峰时的1h平均值；

2. 漏泄电流密度的计算方法见附录二。

4.1.3　在正常运行情况下，地铁接触网应实行双边供电。馈电区间两侧牵引变电站直流母线上的空载电压值应保持一致，不应出现越区供电现象。

4.1.4　不得从一个牵引变电站向不同的地铁线路实行牵引供电。

4.1.8　地铁车辆段中的牵引供电网，应具有来自本段牵引变电站的主电源及来自正线的备用牵引电源。在两电源的接合处，接触网和回流轨应分别实现电气分断并分别装设相应的断路器与隔离开关，两者应能实现同步操作。

4.2.1　兼用作回流的地铁走行轨与隧洞主体结构（或大地）之间的过渡电阻值（按闭塞区间分段进行测量并换算为1km长度的电阻值），对于新建线路不应小于15Ω·km。

4.2.2　木质轨枕必须先用绝缘防腐剂进行防腐处理。枕木的端面和螺纹道钉孔，必须经过绝缘处理，或设置专门的绝缘层。螺纹道钉孔不应贯通。轨底部与道床之间的间隙值不得小于30mm。

4.2.4　走行轨回路中的扼流变压器、道岔等与线路的路基，路面混凝土及主体结构之间，应具有良好的绝缘。道岔转撤装置控制电缆的金属外铠装与道岔本体之间亦应具有良好绝缘。扼流变压器的塑料连接电缆、股道间均流线用塑料电缆的绝缘要求，应与负回流电缆相同。

4.2.6　地铁隧洞内及沿线的各种金属设施和设备、临时存放洞内的钢轨、备用材料及设备等与走行轨之间不得有金属连接。

4.2.8　地铁线路的结构，应能保证道床、线路上部建筑及轨道不受水流和积水的浸蚀，不污染。隧洞结构不得漏水和积水，且应具有良好的排水系统。严禁采用直排废水入隧洞的设计与运行方式。

4.2.14 地铁走行轨的下述部位，应实现电气隔离：

一、所有的电气化与非电气化区段之间；

二、地铁的运行线路与正在建设的线路区段之间；

三、地铁与地面铁道线路之间；

四、尽头线每条轨道的车挡装置与电气化轨道之间。

5.1.1 结合工程的具体情况，应将地铁主体结构沿纵向分为若干结构段，相邻的结构段之间应绝缘。每个结构段内部的主钢筋，应实现可靠焊接，在结构段两端的变形缝或沉降缝处附近，应按设计要求焊接引出杂散电流测防端子。

5.2.1 敷设在地铁沿线的电力、通信及控制测量电缆，应采用防水绝缘护套的双塑电缆。

5.2.5 所有通向地铁隧洞外部的电缆和管道，必须装有绝缘接头或绝缘法兰，并应装设在地铁中的干燥和可以接近的部位，以便于进行观察和检测。上述电缆及管道结构位于绝缘法兰至穿越部位的区段应与周围的结构绝缘。

5.3.1 地铁与城市管网相连接的电缆和水管线路，在其离开车辆段的部位，应设置绝缘接头、绝缘套管或绝缘法兰。

5.3.2 在地铁车辆段范围内，直接埋设在地中的金属管线，应具有双倍加强的绝缘保护层。必要时，经过论证可采用阴极保护或保护阳极等防护方法。

6.1.1 地铁沿线应设置专用的防蚀监测点。

6.2.2 在有绝缘轨道电路的线路上，监测点应设在距轨道扼流变压器10m以内处。在采用无绝缘轨道电路的线路上，监测点的设置应与走行轨分断点配合。

2 工程施工

《地下铁道工程施工及验收规范》GB 50299—1999（2003版）

3.1.3 支护桩及腰梁、横撑、锚杆等，必须经过计算，并按设计要求施工。

3.2.7 沉桩过程中，应随时检测校正桩的垂直度。钢桩沉设贯入度每击20次不应小于10mm。

3.6.3 护筒设置位置应正确、稳定，与孔壁之间应用黏土填实。其埋置深度，黏土层不应小于1.0m，砂质或杂填土层不应小于1.5m。

3.6.7 成孔施工中如发现斜孔、弯孔、缩孔、塌孔或沿护筒周围冒浆及地面沉陷等现象时，应及时采取措施处理后方可继续施工。

3.6.15 水下混凝土灌注应符合下列规定：

1 混凝土灌注前应在导管内临近泥浆面位置吊挂隔水栓；

2 导管底端距孔底应保持300~500mm；

3 导管埋人混凝土深度应保持2~3m，并随提升随拆除。

4 导管吊放和提升不得碰撞钢筋笼。

3.7.9 锚杆布置应符合下列规定：

1 最上层锚杆覆土厚度不应小于3m；

4 位置正确并应避开邻近地下构筑物或管线，如锚杆长度超过施工范围时，应取得有关单位同意；

5　锚固段必须设置于滑动土体1m以外的地层中，锚固段与非锚固段应界限分明。

3.7.14　锚杆应进行抗拉和验收试验，并应符合下列规定：

1　试件数量：抗拉试件宜为总数量的2%，且不应少于2根；验收试件宜为总数量3%，且不应少于3根；

2　加荷方式：依次为设计荷载的25%、50%、75%、100%、120%（验收试验锚杆），133%（抗拉试验锚杆）；

3　验收试验锚杆总位移量不应大于抗拉试验锚杆总位移量。

5.1.2　隧道基坑必须保持地下水位稳定在基底0.5m以下。

5.1.3　隧道基坑土石方需要爆破时，必须事先编制爆破方案，报城市主管部门批准，经公安部门同意后方可实施。

5.2.1　隧道基坑开挖范围内各种管线，施工前应调查清楚，经有关单位同意后方可确定拆迁、改移或采取悬吊措施。

5.3.4　便桥两端应设置限载、限速和禁止超车、停车等标志。人行便桥应设置禁止机动车或机械通行标志，并应设置护栏。

5.4.2　存土点不得选在建筑物、地下管线和架空线附近，基坑两侧10m范围内不得存土。在已回填的隧道结构顶部存土时，应核算沉降量后确定堆土高度。

5.4.4　基坑开挖宽度，放坡基坑的基底至隧道结构边缘距离不得小于0.5m。设排水沟、集水井或其他设施时，可根据需要适当加宽；支护桩或地下连续墙临时支护的基坑，隧道结构边缘至桩、墙边距不得小于1m。

5.4.11　土方及打桩、降水、地下连续墙等施工机械，在架空输电线路和通信线路下作业时，其施工的安全距离应符合技术安全规范的规定。

5.4.16　基坑必须在隧道和地下管线结构达到设计强度后回填。

基坑回填前，应将基坑内积水、杂物清理干净，符合回填的虚土应压实，并经隐检合格后方可回填。

5.5.2　钢筋运输、储存应保留标牌，并分批堆放整齐，不得锈蚀和污染。

5.5.11　钢筋绑扎必须牢固稳定，不得变形松脱和开焊。变形缝处主筋和分布筋均不得触及止水带和填缝板，混凝土保护层、钢筋级别、直径、数量、间距、位置等应符合设计要求。预埋件固定应牢固、位置正确。

5.7.2　混凝土灌注地点应采取防止暴晒和雨淋措施。

混凝土灌注前应对模板、钢筋、预埋件、端头止水带等进行检查，清除模内杂物，隐检合格后，方可灌注混凝土。

5.7.10　混凝土抗压、抗渗试件应在灌注地点制作，同一配合比的留置组数应符合下列规定：

1　抗压强度试件：

1）垫层混凝土每灌注一次留置一组；

2）每段结构（不应大于30m长）的底板、中边墙及顶板，车站主体各留置4组，区间及附属建筑物结构各留置2组；

3）混凝土柱结构，每灌注10根留置一组，一次灌注不足10根者，也应留置一组；

4）如需要与结构同条件养护的试件，其留置组数可根据需要确定。

2　抗渗压力试件：每段结构（不应大于30m），车站留置2组，区间及附属建筑物各留置一组。

6.1.2　盖挖逆筑法施工，必须保持围护墙内土层的地下水位稳定在基底0.5m以下。

6.1.5 隧道结构围护墙和支承柱，在底板未封闭前，必须验算其承载力和稳定性，必要时应采取加强措施。

6.2.1 隧道结构围护墙采用钢筋混凝土灌注桩或地下连续墙时，位置必须正确，以线路中线为准，其允许偏差为：

1 平面位置：

1）支护桩：纵向 ±50mm、横向 $^{+30}_{0}$mm；

2）地下连续墙 $^{+30}_{0}$mm；

2 垂直度 3‰。

6.3.3 钢筋混凝土顶、楼、底板和梁的土方开挖时，必须严格控制高程，并应夯填密实、平整，其允许偏差为：高程 $^{+10}_{0}$mm；平整度 10mm 并在 1m 范围内不多于一处。如遇有软弱或渣土层时，应采取换填或其他加固措施。

6.3.4 隧道洞内每一结构层土方，应根据地质和结构断面尺寸分层、分段进行开挖，其开挖断面坡度必须符合设计规定，不得出现反坡。

6.3.5 隧道洞内土方在未完成相应层的隧道结构前，不得继续开挖下层土方。

7.1.2 隧道喷锚暗挖施工应充分利用围岩自承作用，开挖后及时施工初期支护结构并适时闭合，当开挖面围岩稳定时间不能满足初期支护结构施工时，应采取预加固措施。

7.2.4 竖井与通道、通道与正洞连接处，应采取加固措施。

7.3.12 注浆施工期间应对地下水取样检查，如有污染应采取措施。

7.3.13 注浆过程中浆液不得溢出地面及超出有效注浆范围。地面注浆结束后，注浆孔应封填密实。

7.4.3 爆破参数应依照浅孔、密布、弱爆、循序渐进的原则按表 7.4.3 选用，并必须经现场试爆后确定。

爆破参数值 表 7.4.3

爆破类别	岩石种类	岩石单轴和抗压强度（MPa）	周边眼间距 E（mm）	周边眼抵抗线 W（mm）	周边眼密集系数 E/W	周边眼至内排崩落眼间距（mm）	装药集中度 q（g/m）
光面爆破	硬岩	>60	550 ~ 700	600 ~ 800	0.7 ~ 1.0	—	300 ~ 350
	中硬岩	30 ~ 60	450 ~ 650	600 ~ 800	0.7 ~ 1.0	—	200 ~ 300
	软岩	<30	350 ~ 500	450 ~ 600	0.5 ~ 0.8	—	70 ~ 120
预裂爆破	硬岩	>60	400 ~ 500	—	—	400	300 ~ 400
	中硬岩	30 ~ 60	400 ~ 450	—	—	400	200 ~ 250
	软岩	<30	350 ~ 400	—	—	350	70 ~ 120
预留光面层的爆破	硬岩	>60	600 ~ 700	700 ~ 800	0.7 ~ 1.0	—	200 ~ 300
	中硬岩	30 ~ 60	400 ~ 500	500 ~ 600	0.8 ~ 1.0	—	100 ~ 150
	软岩	<30	400 ~ 500	500 ~ 600	0.7 ~ 0.9	—	70 ~ 120

注：表列参数适用于炮眼深度 1 ~ 1.5m，炮眼直径 40 ~ 50mm，药卷直径 20 ~ 25mm。

7.5.11　隧道开挖前应制定防坍塌方案，备好抢险物资，并在现场堆码整齐。

7.6.9　混合料应搅拌均匀并符合下列规定：

1　配合比：水泥与砂石重量比应取1:4～1:4.5，砂率应取45%～55%，水灰比应取0.4～0.45。速凝剂掺量应通过试验确定。

2　原材料称量允许偏差为：水泥和速凝剂±2%，砂石±3%。

3　运输和存放中严防受潮，大块石等杂物不得混入，装入喷射机前应过筛，混合料应随拌随用，存放时间不应超过20min。

7.6.12　喷射混凝土2h后应养护，养护时间不应少于14d，当气温低于+5℃时，不得喷水养护。

7.6.18　锚杆应进行抗拔试验。同一批锚杆每100根应取一组试件，每组3根（不足100根也取3根），设计或材料变更时应另取试件。

同一批试件抗拔力的平均值不得小于设计锚固力，且同一批试件抗拔力最低值不应小于设计锚固力的90%。

7.10.1　隧道施工应设双回路电源，并有可靠切断装置。照明线路电压在施工区域内不得大于36V，成洞和施工区以外地段可用220V。

7.10.3　隧道施工范围内必须有足够照明。交通要道、工作面和设备集中处并应设置安全照明。

7.10.4　动力照明的配电箱应封闭严密，不得乱接电源，应设专人管理并经常检查、维修和保养。

7.10.8　隧道施工应采用机械通风。当主风机满足不了需要时，应设置局部通风系统。

7.10.9　隧道内通风应满足各施工作业面需要的最大风量，风量应按每人每分钟供应新鲜空气$3m^3$计算，风速为0.12～0.25m/s。

7.10.12　隧道凿岩必须湿作业，装渣、放炮后必须喷雾洒水净化粉尘，喷射混凝土时必须采取防尘措施并定期测定粉尘和有害气体的浓度。

8.1.3　盾构设备制造质量，必须符合设计要求，整机总装调试合格，经现场试掘进50～100m距离合格后方可正式验收。

盾构及其部件吊运中，不得损坏和变形。

8.4.2　盾构掘进速度，应与地表控制的隆陷值、进出土量、正面土压平衡调整值及同步注浆等相协调。如停歇时间较长时，必须及时封闭正面土体。

8.4.3　盾构掘进中遇有下列情况之一时，应停止掘进，分析原因并采取措施：

1　盾构前方发生坍塌或遇有障碍；

2　盾构自转角度过大；

3　盾构位置偏离过大；

4　盾构推力较预计的增大；

5　可能发生危及管片防水、运输及注浆遇有故障等。

8.5.1　气压盾构的最低气压应满足工作面稳定和防止涌水的需要。遇有透水性强的地层且覆土厚度较小时，必须采取措施，保证安全。

8.5.5　气压盾构工作面应保持安全、卫生、空气新鲜，并符合劳动保护卫生要求。

8.8.2　钢筋混凝土管片拼装前应逐块对粘贴的防水密封条进行检查，拼装时不得损坏防水密封条。当隧道基本稳定后应及时进行嵌缝防水处理。

8.11.5　钢筋混凝土管片，每生产50环应抽查1块管片做检漏测试，连续三次达到检测标准，则改为每生产100环抽检1块管片，再连续三次达到检测标准，最终检测频率为每生产200

环抽查1块管片做检漏测试。如果出现一次检测不达标，则恢复每生产50环抽查1块管片做检漏测试的最初检测频率，再按上述要求进行抽检。每套模具每生产200环做一组（3环）水平拼装检验，其水平拼装检验标准应符合表8.11.5的规定。

钢筋混凝土管片拼装检验标准 表8.11.5

项目	检验要求	检验方法	质量误差（mm）
环向缝间隙	每环测6点	插片	2
纵向缝间隙	每条缝测3点	插片	2
成环后内径	测4条（不放衬垫）	用钢卷尺	±2
成环后外径	测4条（不放衬垫）	用钢卷尺	-2～+6

9.2.3 防水混凝土配合比必须经试验确定。其抗渗等级应比设计要求提高0.2MPa，并应符合下列规定：

1 每立方米混凝土的水泥用量不应低于320kg，当掺活性粉细料时，不应低于280kg；

2 水灰比宜小于0.55，并不得大于0.60；

3 砂率应为35%～40%；

4 灰砂比应为1:2～1:2.5；

5 坍落度应为100～210mm；

6 掺引气剂或引气性减水剂时，混凝土含气量应控制在3%～5%。

9.2.17 防水混凝土试件的留置组数，同一配合比时，每$100m^3$和$500m^3$（不足者也分别按$100m^3$和$500m^3$计）应分别做两组抗压强度和抗渗压力试件，其中一组在同条件下养护，另一组在标准条件下养护。

9.3.2 卷材防水层必须在基层面验收合格后方可铺贴，并在铺贴完毕经验收合格后及时施工保护层。

9.4.1 涂膜防水层应采用耐水、耐裂和耐腐蚀、无毒（或低毒）、刺激性小的合成高分子或高聚物改性沥青涂料。施工前应进行涂布试验，合格后方可正式施工。

9.4.2 涂膜防水层基层面必须坚实、平整、清洁，不得有渗水、结露、凸角、凹坑及起砂现象。采用油溶性或非湿固性涂料时，基层面应保持干燥。

10.1.5 路基采用土工布做渗滤和隔离层时，应根据设计选用材料，其铺设应符合下列规定：

1 铺设前应平整地基，不得有带尖角的杂物；

2 铺设应沿长度方向进行；

3 两幅隔离层应采用焊缝连接。两幅渗滤层搭接，在平面上后幅应压前幅，在斜坡和直墙上应上幅压下幅，其搭接长度不得小于300mm；

4 铺设完毕后应及时摊铺填料，并在300mm范围内不得采用机械碾压。

10.2.4 路堑应自上而下逐层开挖，严禁掏洞施工。路堑边坡应边开挖边修理。边坡设防护时，应紧跟边坡开挖施工，否则，应暂留一层保护层，待施工护坡时再刷坡至设计位置。

10.3.5 沼泽地或杂填土地段的路堤应提前施工，对软土层、空洞及暗塘等，应按设计要求处理合格后方可进行填筑。

10.3.7 路堤雨季填筑施工应符合下列规定：

1 取、运、填、铺、压各工序应连续作业，逐段完成；

2　路堤周围应做好排水系统，傍山沿河地段，应采取防洪措施；

3　涵洞（管）和易翻浆或低洼地段应提前施工；

4　严禁在大、中雨或连阴雨天填筑非透水性填料；

5　路堤填筑应留横向排水坡度并应边填边压实。

10.3.9　路堤填筑应严格控制填料含水量，其碾压密实度检测应符合下列规定：

1　每层填筑按路基长度，每 50m（也不大于 $1000m^2$）取样一组，每组不应小于 3 个点，即路基中部和两边各 1 点。

2　遇有填料类别和特征有明显变化和对压实质量可疑处，应增加测点。

10.3.14　涵洞施工允许偏差应符合下列规定：

1　现浇或砌筑涵洞孔径为 ±20mm；

2　中线位移为 ±20mm；

3　结构厚度：混凝土或钢筋混凝土结构为 ±15mm；砌石结构为 ±20mm；

4　结构不平整度为：混凝土或钢筋混凝土结构 15mm；砌石结构 30mm；

5　变形缝直顺度为 15mm。

11.1.4　钢筋混凝土高架桥施工时，应采取措施减少对城市正常生活秩序和交通干扰。

11.2.3　基坑上边缘临时堆土不得影响基坑开挖和坑壁稳定，其距基坑边缘不应小于基坑深度。

11.3.7　模板拆除时的混凝土强度应符合下列规定：

1　不承重结构侧模板不应小于 2.5MPa；

2　跨度小于 3m 的板、梁不低于设计强度的 50%。跨度大于 3m 的板、梁不低于设计强度的 70%。

11.3.11　大跨度的简支梁或支架坐落在刚性不同基底上的连续梁或悬臂梁，混凝土灌注应采取下列措施之一：

1　混凝土掺缓凝剂并加速灌注，在最初灌注的混凝土初凝前灌注完毕；

2　对支架施加全部结构荷载，使其充分变形后随卸载随灌注混凝土；

3　以正负弯矩变换点附近分段，先灌注正弯矩区段。

11.3.14　混凝土强度未达到 2.5MPa 时，不得承受荷载。

11.3.16　混凝土抗压强度试件留置组数，同一配合比其基础和承台每 $150m^3$ 制作一组，墩、台、柱、梁每 $100m^3$ 制作一组；一次灌柱混凝土不足以上规定者，亦应制作一组。

11.4.10　构件应在承重结构和构件本身混凝土分别达到设计强度的 70% 和 100% 时方可安装。构件安装前应测放其位置，就位后应及时固定。

11.5.1　预应力混凝土不得掺氯盐、引气剂和引气型减水剂。其水泥用量不应超过 $500kg/m^3$。

11.5.2　预应力混凝土结构采用的锚夹具应符合下列规定：

1　类型应符合设计和预应力筋张拉的要求；

2　产品必须有出厂合格证；

3　组合试验时的锚固力不应低于预应力筋标准抗拉强度的 90%。

11.5.8　张拉机具应专人使用、管理和维护，定期校验。其校验期限不宜超过 6 个月或 200 次，其千斤顶使用中出现不正常现象或检修后均应重新校验。

11.5.24　预应力筋放张时的混凝土不应低于设计强度的 70%。

11.5.27　波纹管孔道形成后应逐根检查，合格后方可进行下道工序施工。施工中严禁电火花损伤管道。

11.5.36　预制构件的孔道水泥浆达到设计强度的55%，并不低于20MPa时方可移运和吊装。

12.2.2　吊顶的吊挂件不得与设备管道及检修通道的吊挂件合用，也不得吊挂在管道或其他设备上。设备管道不得架设在吊顶龙骨上。

12.3.2　站厅（台）地面必须以轨道中线位置及高程为基准，测放其高程及站台侧面帽石外缘的位置，其允许偏差为：距离 $^{+3}_{0}$mm，高程 ±3mm。

12.3.4　站台面设置的变形缝及检查人孔，其镶边角钢预埋件应与地面基层结合牢固、直顺、宽窄一致并与站台面齐平。变形缝的盖板条及检查孔盖板，表面应平整并与站台面相平。

13.1.4　钢轨焊接接头应按操作工艺规程施焊，并应进行超声波探伤和外观检查，其标准应符合国家现行标准《钢轨焊接接头技术条件》TB/T 1632的规定。

13.6.5　混凝土灌注终凝后应及时养护，其强度达到5MPa时方可拆除钢轨支撑架。

混凝土未达到设计强度的70%时，道床上不得行驶车辆和承重。

14.6.4　动力回路和电气安全回路的绝缘电阻不应小于0.5MΩ。

14.6.5　扶梯桁架和电气设备金属外壳应与保护地线（PE线）可靠连接。

14.6.6　限速器、断链保护、断带保护等装置的联动开关及安全保护开关的安装与调整，均应符合产品技术文件的规定，其动作应准确，灵敏可靠。

14.7.1　自动扶梯安全保护装置应固定牢固，不得在运行中产生位移。

14.7.3　自动扶梯有下列情况之一时，应自动停止运行并发出报警信号：

1　无控制电压；

2　电路接地故障；

3　运行速度超过额定速度的1.2倍；

4　控制装置在超速和运行方向非操纵逆转下动作；

5　驱动链、牵引链和扶手带的断链与断带保护开关动作；

6　附加制动器动作；

7　梯级进入梳齿板处有异物卡住；

8　扶手带入口保护装置动作；

9　梯级下陷保护开关动作；

10　安全电路的断电器和保护电动机的断路器动作。

15.1.7　预埋件的埋设应符合下列规定：

5　管路经过结构变形缝时的防护及金属管路的接地应符合设计规定。

15.2.8　电缆接续应符合下列要求：

1　铅套管不得变形、漏气，内外应光滑，干燥清洁；

2　芯线接续应牢固，线序正确，芯线套管排列应整齐、平直；

3　电缆接续不得有混线及断线；

4　电缆接头不宜设在电缆与障碍物交叉的位置；

5　绝缘电阻及电气绝缘强度应符合国家现行标准《铁路通信施工规范》TBJ 205的规定；

6　聚乙烯绝缘与纸绝缘的电缆接续，应设气闭绝缘套管；

7　芯线接续长度及扭绞方向应一致，不得改变芯线原有的扭矩和对称性，并恢复屏蔽线对的原屏蔽层；

8　分歧尾巴电缆接入干线的端别与干线应一致；

9　灌制气闭后不得漏气；

10　芯线接续完毕，应填写接头卡片，并封焊在铅套管内；

11　充油电缆剖头应使用电缆清洗剂清洗干净，端盖与电缆护套上下盖应密封严密，护套内应灌满密封化合物，并不得渗漏，电缆内外护套应分别沟通。

15.3.7　高频（智能）开关电源设备的输入电源的相线和零线不得接错，其零线不得虚接或断开。

16.3.11　轨道电路区段内连接两钢轨的装置，其绝缘配件应齐全、完整，绝缘性能符合产品技术文件规定。

16.3.15　钢轨绝缘安装应符合下列规定：

1　轨道电路中相对的两绝缘节应对齐，不能对齐时，其错开距离不得大于2.5m；

2　绝缘配件齐全并不应破损，紧固螺栓应拧紧。

16.3.16　无绝缘轨道电路安装，应符合下列规定：

1　轨道电路区段配置的短路棒、调谐单元、电缆和环线安装位置应符合设计规定；

2　连接线焊接应牢固。

17.2.4　高压柜、低压柜、直流开关柜、整流柜、电源柜等设备的基础型钢应与结构钢筋进行电气隔离，柜体的非带电金属部分应接地。

17.3.28　架空接触网设备安装的安全距离应符合下列规定：

1　架空接触网带电部分至车辆限界线的最小安全间隙为115mm；

2　架空接触网带电部分在静态时至建筑物及设备的最小安全距离为150mm；

3　架空接触网设备安装后，受电弓与结构的最小安全间隙为150mm；

4　架空接触网上配件的横向突出部分与受电弓最小安全间隙为15mm；

5　隔离开关触头带电部分至顶部建筑物距离，不应小于500mm。

17.4.2　隧道行车段的配线，严禁采用粘接法施工。

17.4.6　动力箱、照明箱、电控箱（柜）的金属外壳应接地，接地线另一端应与变电所低压柜的接地线相接。

17.5.10　接地体和接地线的材质应符合设计规定；当设计无规定时，应采用铜质材料。

17.5.15　隧道内接地线与隧道外引入的接地线应采用螺栓连接，连接处的表面应按现行国家标准《电气装置安装工程母线装置施工及验收规范》GBJ 149 的规定处理。接地线宜通过配管进入接地箱。

17.6.3　强电回路应和弱电回路分开布线。

18.1.2　通风与空调工程所使用的材料应为不燃材料，并应具有防潮、防腐、防蛀的性能，或已达到上述性能要求的防护措施。

18.1.5　通风与空调工程施工中应与环境监控系统和消防监控系统配合，做好接口处理工作。

18.4.14　防火阀、排烟阀安装前应做检查，安装后应做动作试验，其动作应灵敏可靠，阀板关闭严密。

19.1.6　消火栓安装位置应正确，启闭灵活，关闭严密，密封填料完好。

19.2.11　管道安装位置应正确，其允许偏差为：中心线 ±15mm，高程为 ±20mm。

19.3.3　设备仪表安装应符合下列规定：

1　压力表位置、高程、表盘朝向应便于观察及维修；

2　液压指示计或液位控制装置应指示正确，动作可靠，显示清晰。